45 일간 서유럽자유여행에 가치를 담다

저자가 45 일간 서유럽자유여행을 통해
경험한 일상과 깨달은 지혜를 담은 여행기

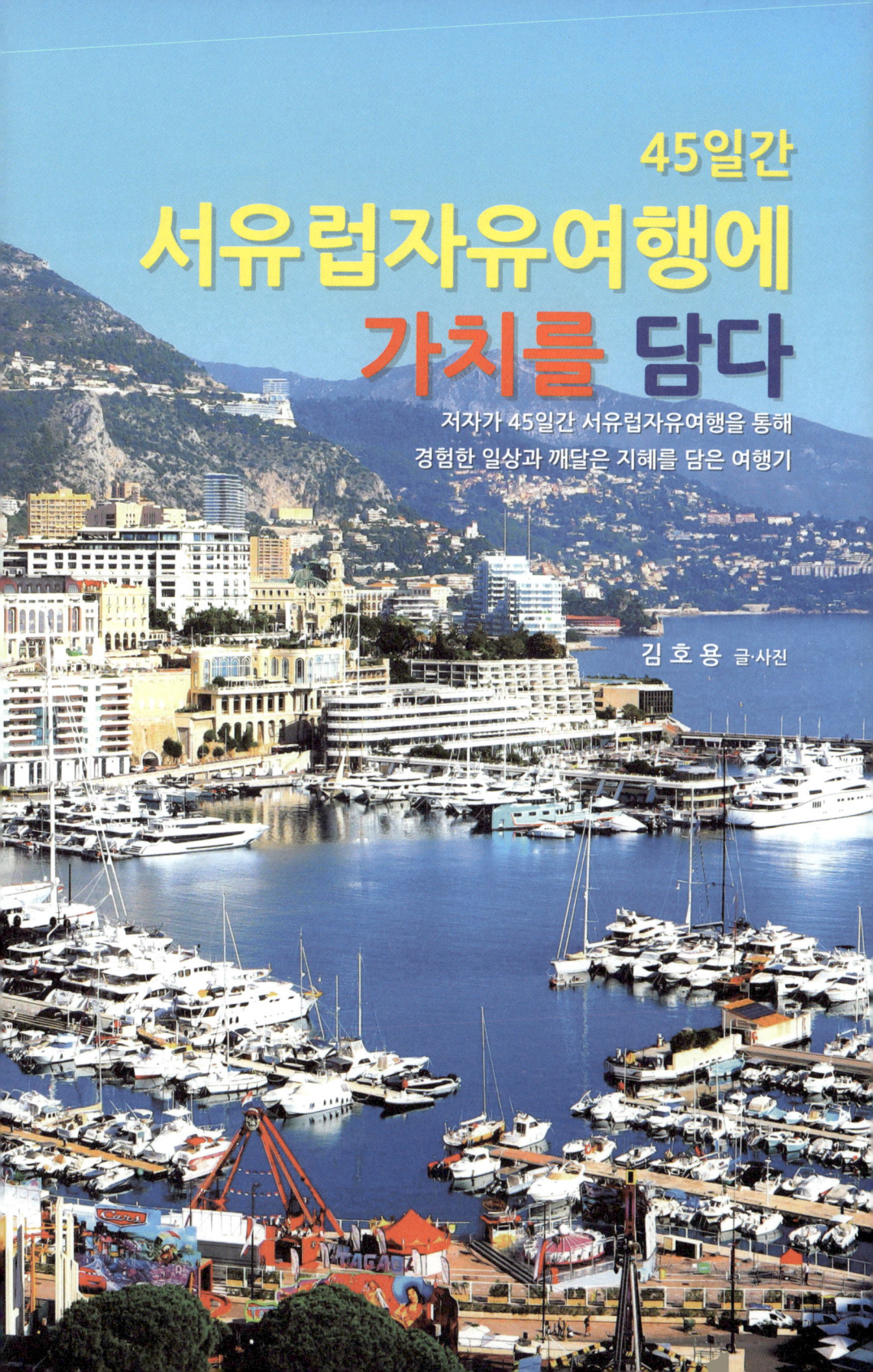

45일간
서유럽자유여행에
가치를 담다

저자가 45일간 서유럽자유여행을 통해
경험한 일상과 깨달은 지혜를 담은 여행기

김호용 글·사진

머리말

"이 나이에, 이 건강에, 이 실력에, 이 삶에 무슨 여행을?"이란 생각 속에 막연하게 시작한 자유여행 계획. 무엇부터 어디서부터 시작해야 할지를 몰라 우왕좌왕하며 그 동안 여행했던 나라, 구글지도, 유튜브, 구글, 블로그 그리고 각종 국내외 사이트를 닥치는 대로 뒤져 44 박 45 일간의 서유럽 자유여행 계획을 마무리하니, 자유여행 첫번째 도시, 로마로 떠나기 3 일전!

"인생은 나그네 길"이라 했지만, 머문 그곳이 좋아서인지 두려워서인지 아니면 형편이 되지 않아서인지, 이런 저런 이유로 떠나지 못하는 우리네 인생들. 하지만 그것이 어디 여행뿐이겠는가!

흔히들 딱 정해진 그 길로만 가면 안전이 보장된다 생각하지만, 누구나 가는 길이라면 그 길에는 정해진 답만 있을 뿐 인생에서 누리고 만끽할 수 있는 다양한 풍요와 성장은 언제나 뒷전이 아니겠는가!

그래서 누구나 꼭 해보고 싶다고 생각하는 멋진 경험을 내가 직접 계획하고 실행하여, 매번 다른 사람이 차지했던 멋진 몫을 내가 한번 차지해 보면, 이것이 인생사는 재미 아니겠는가!

딱 한번 뿐인 인생인데 부정적인 생각은 일단 접어두고, 지금 내가 해 볼 수 있는 것들을 생각해 보고, 그 중 실현가능한 것을 목표로 정하여, 이를 꿈과 희망삼아 계획을 세우고, 준비하고, 실행하는 과정을 통하여 인생은 깊어지고 넓어지고 풍요로워지게 될 것을 믿으니, 내일 맞이할 더 나은 인생을 위하여 나는 오늘 44 박 45 일간의 자유여행을 떠난다." **[45 일간 서유럽자유여행 출사표]**

이 책은 아내와 함께 44박 45일 동안 서유럽을 자유롭게 여행하며 발견한 소중한 순간들을 담았습니다. 로마 공항에서 길을 헤매던 낯선 순간부터 프라도 미술관에서 예술 작품이 주는 깊은 울림에 눈뜨던 날까지, 이 여정은 매 순간 저에게 새로운 질문을 던지고 그 답을 찾아가는 과정이었습니다.

당신에게 여행이란 어떤 의미인가요? 바쁜 일상에서 잠시 벗어나기 위한 탈출일 수도 있고, 자신을 돌아보는 성찰의 기회일 수도 있습니다. 아니면 그저 새로운 풍경과 문화를 만나는 설레는 즐거움일지도 모릅니다.

저는 **45일간의 서유럽 자유여행을 통해** 여행이 단순히 일상의 탈출이나 새로운 풍경 탐험에 그치지 않는다는 것을 깨달았습니다. **여행은 익숙함에서 벗어나 나 자신을 새롭게 발견하고, 내 삶의 가치를 더욱 풍요롭고 깊이 있게 만들어주는 과정이었습니다.**

이 책은 제가 그 과정에서 만난 사람들, 마주한 풍경, 그리고 삶을 바라보는 시선이 변화한 이야기들을 나누기 위해 썼습니다.

지금 이 순간, 당신의 삶에 새로운 가치를 더하고 싶지 않으신가요? 이 책과 함께 여행을 떠나보세요. 낯선 곳에서 자신만의 방식으로 세상을 탐험하며, 당신만의 특별한 여행지와 삶의 의미를 발견하는 여정을 함께할 수 있기를 바랍니다. 이 책이 당신의 삶과 여행에 새로운 의미와 영감을 불어넣기를 간절히 바랍니다.

2024년 겨울
김 호 용

차례

머리말　4

PART1 이탈리아 8박 9일

콜로세움, 시행착오로 채운 첫 자유여행　12
쿠폴로 전망대, 신앙과 지혜를 향한 여정　22
아말피, 몸과 마음을 치유하는 마법　31
라벨로, 작은 인사로 풍성해지는 여행　39
카프리 섬, 기대와 현실 사이의 간극　50
신의 길, 아말피 해변의 숨은 보석　59
열리지 않는 라커, 성장과 배움의 기회　68

PART2 스위스 7박 8일

브리엔츠, 알프스의 심장 속으로　76
비 오는 날, 베른에서 멈추다　82
그린델발트에서의 하루, 시간을 초월한 한결같음　91
비르그와 알멘후벨, 도전과 성취의 여정　101
유럽 최고봉으로의 여정, 융프라우를 향해　111
외시넨 호수, 산과 호수가 그린 그림　121
루체른에서 찾은 삶의 가치와 미래의 다짐　133

PART3 프랑스 14박 15일

샤모니, 따뜻한 사람들이 베풀어 준 풍성한 여행길　142
몽블랑을 향한 여정, 그 위대한 도전　151
플랑드래귀, 비성수기 여행지의 유연한 일정 조정　160
니스, 여행지에서 현지인과의 소통이 주는 힘　170
앙티브와 칸, 현지에서 깨닫는 여행의 진짜 의미　180
에즈, 동화 속 마을과 열대정원　189
모나코, 작은 나라에서 찾은 큰 교훈　201
베르동, 헤매며 만난 베르동의 아름다움　212
아를 가는 길, 예상치 못한 경험이 주는 가치　225
빛의 채석장, 피로 속에 찾은 감동　234
마르세유 첫 날, 렌터카와 열쇠로 인한 끝없는 스트레스　244
프리울 섬에서 여는 마르세유 첫 여행　253
지중해의 매력, 칼랑크 트래킹　265
아내의 손맛, 여행의 품격을 높이다　275

PART4 스페인 15박 16일

바르셀로나, 얼리 체크인 활용법과 카사바트요 솔직 리뷰　288
구엘 궁전, 가우디의 숨은 보석　300
몬세라트와 지로나, 영혼이 머무는 시간, 자연의 선물　309
그라나다 가는 길, 기차에서 시작된 느린 여행　324
알함브라, 돌에 새긴 시간, 마음에 새긴 가치　333
그라나다, 신앙과 권력이 빚어낸 시간의 흔적　345
스페인 소도시의 다채로운 매력　353
세비야 대성당과 플라멩코, 혼이 담긴 예술의 향연　365
스페인 광장에서 만난 예술과 열정　378
세비야, 버섯 아래에서 알카사르 왕궁을 보다　390
코르도바, 시간과 신앙이 빚은 화합의 미학　402
스페인의 심장, 마드리드에서 배운 것들　414
두 도시 이야기, 중세의 숨결, 오늘의 깨달음　426
웅장한 마드리드, 건축과 예술의 교향곡　438
캔버스 위의 역사, 프라도 미술관 산책　450

PART1 이탈리아 8박 9일

콜로세움, 시행착오로 채운 첫 자유여행
쿠폴로 전망대, 신앙과 지혜를 향한 여정
아말피, 몸과 마음을 치유하는 마법
라벨로, 작은 인사로 풍성해지는 여행
카프리 섬, 기대와 현실 사이의 간극
신의 길, 아말피의 숨은 보석
열리지 않는 라커, 성장과 배움의 기회

콜로세움,
시행착오로 채운 첫 자유여행
경험은 지식을 내 것으로 만드는 징검다리

1, 2 일차
이탈리아 로마, 콜로세움

    틀에 정해진 루틴에 따른 여행의 아쉬움과 낯선 환경에서의 새로운 경험을 기대하며 출발한 자유여행. 어느덧 시간은 흘러, 2024 년 10 월 9 일 오후 1 시 30 분. 로마로 출발하는 비행기를 타고 낯선 젊은 이와의 이런 저런 이야기, 몇 편의 영화관람, 기내식 그리고 졸다 자다를 반복하니 14 시간의 긴 비행이 끝나고 로마에 도착한다.

    어느 블로그의 글을 안내 삼아 택시로 예약한 숙소에 갈 요량으로 택시승강장으로 이동한다. 아니! 그런데 이게 웬걸! 사람들이 길게 늘어서 있는 줄에 서서 순서를 기다리고 있는데 어떤 제복입은 사람이 다가오더니, "어디로 가느냐"고 묻기에, "로마로 간다"고 대답하니, 지금 서있는 줄은 로마로 가는 택시를 타는 줄이 아니라며, 손가락으로 가리키며 왔던 길을 되돌아가 줄을 다시 서라고 한다. 아니 이게 뭐지! 하며 왔던 길을 다시 돌아가보니, 로마로 가는 여행객들은 이미 그 제복입은 그 사람이 말한대로 별도의 줄에 서있는 것이 아닌가! 이런! 할 수 없이 차례를 기다려 택시를 타고 숙소에 도착하니 시간은 저녁 9 시가 훌쩍 넘어버린다.

숙소 예약 조건에는 오후 9시가 넘어 체크인 할 경우 20유로를 추가로 지불해야 한다는 조항이 있어 큰 금액은 아니지만 추가 금액을 지불할 기분이 영 내키지 않는다. 하지만 이제 B&B숙소 주인 브란도를 만나야 한다.

자유여행이 처음이니 공항에서 숙소입구에 도착하기까지 뭘 제대로 어떻게 해야 할 줄을 몰라 계속 헤맸는데 이제 숙소에 들어가는 마지막 관문에서 또 헤매고 있는 것이다. 숙소 입구에서 초인종을 눌러 보지만 잘못 눌러서인지 감감 무소식! 숙소 중개인에게도 연락을 취해보지만 여기도 감감 무소식! 결국 숙소 주인 브란도 연락처를 확인하여 전화를 하니 마침 그가 숙소에 있음을 확인하고 브란도의 안내에 따라 아파트 출입구를 열고 아파트 3층에서 브란도를 만난다.

그 동안 살면서 간단한 영어나 해봤지 처음부터 끝까지 인사부터 이런저런 안내, 주의사항 등 외국인과 영어로 대화하기는 이번이 처음이다. 그래도 나름 알아듣고 질문도 하는 등 소통을 하고 나니 자유여행을 계획하며 준비했던 것이 큰 도움이 되었음에 스스로를 마음으로 쓰담쓰담 해준다.

우여곡절 끝에 긴 하루를 이렇게 마감하니 이제는 자야 할 시간이다. 하지만 새로운 환경에 적응하는 것 특히 바뀐 잠자리에 시차까지 있었으니 적응하는 것이 쉽지 않다. 결국 한 두어 시간이나 눈을 붙였을까? 로마 시간으로 새벽 2시에 일어나 뜬 눈으로 밤을 지샌다.

다음 날 오전 8시 40분. 예약한 콜로세움, 포로로마노 그리고 팔라티노 언덕 관람을 위해 간단한 아침식사 후 숙소를 나와서 가까운 지하철역에 도착하여 어느 블로그 글의 안내에 따라 티켓 발권을 하려는데 쉽게 되지 않는다. 그러다 한 3번쯤 하니 뭔가 티켓 하나가 나와, 됐다! 하고 지하철 티켓기계 입구에 발권한 티켓을 넣었으나 이번에는 티켓이 들어가지 않는다. 정말 미치고 팔딱 뛸 노릇이다. 분명히 블로그 글에서 안내한대로 진행하여 발권까지 어렵게 하였는데 이번에는 기계가 순순히 들어가도록 허락하지 않는 것이다. 이게 뭔가 하여 승차권을 보니 "메트로 버스"라고 써 있지 않은가! 아이쿠! 이게 전철티켓이 아니라 버스티켓인가 보다 하는 생각이 들어 바로 전철역에서 쏜살같이 튀어나와 콜로세움 입장시간에 늦지 않도록 버스정거장을 향해 부리나케 발걸음을 옮긴다. 가까스로 시간에 맞춰 콜로세움에 도착하여 콜로세움, 포로로마노 그리고 팔라티노 언덕을 순서대로 관람하니 그 동안의 패키지 여행이 명소 앞마당만 밟고 다니는 수박 겉핥기식 여행이었음을 실감한다. 사전에 공부를 하고 명소를 관람하니 그나마 패키지 여행으로 명소 근처 앞마당만 밟았던 이전과는 다른 마음이 들어 참 잘했다는 생각이 든다.

 이제 관람을 끝내고 숙소로 돌아갈 시간이다. 버스정류장으로 발걸음을 옮겨 잠깐 기다리니 숙소로 가는 버스가 도착한다. 버스에 올라 아침에 샀던 메트로 버스티켓을 꺼내 기계에 갖다 대니 아무런 반응이 없다. 어이쿠! 이거 또 뭐가 잘못되었나 보다! 하는 생각이 들어 기사님께 양해를 얻어 버스에서 내린다.

 로마에 도착한 어제부터 오늘까지 자유여행을 준비하면서 경험자들로부터 얻은 정보들을 직접 실행하는 과정에서 제대로 되는 것이 하나도 없었음을 되돌아보며 정보 혹은 지식으로 아는 것과 경험으로 아는 것이 이렇게 큰 차이가 있구나 하는 것을 생각해 보니 인생도 이와 같음을 깨닫는다. 아는 것이 참 중요하다. 알아야 무엇인가 해 볼 수 있으니까. 그런데 그 앎이 현실에서 나의 것으로 되기까지는 어제 오늘 내가 경험한 바와 같이 제대로 될 때까지의 시행착오를 거쳐야만 가능한 일이기에 내가 갖고 있는 정보 혹은 지식으로서의 앎이 모든 판단과 실행의 잣대가 되어서는 안된다는 지혜를 깨닫게 된다.

인간관계도 마찬가지다. 누가 누구에 대하여 피상적인 정보 혹은 지식으로 안다고 하는 것이 정말 그를 아는 것인지는 깊이 생각해 볼 일이다. 내가 머리로 알고 있는 대상이 그 사람의 전부가 아니기 때문이다. 하다못해 택시 타는 과정, 지하철 타는 과정도 내가 어떤 지식이나 정보를 안다고 하여 실행을 하지만 시행착오를 거친 경험이 뒷받침되었을 때 비로소 제대로 된 앎을 가질 수 있었듯 인간관계도 서로의 장단점, 예상치 못한 순간들을 공유하는 경험을 통해서 진정 그가 누군지를 알게 됨은 인생을 통해 수없이 경험한 바다. 이러니 세상일이 쉽지가 않다. 하지만 그 과정은 내 삶을 성장시키는 과정이며, 진정한 앎으로 나아가는 과정이다. 중요한 것은 지치지 않는 마음 그리고 함께하는 이들을 감싸 안는 따뜻한 태도다.

여행을 통하여 낯선 환경에서 겪은 좌충우돌의 순간들이 인생의 많은 일들이 완벽 할 수 없다는 것을 가르치며, 실패와 불완전함 속에서도 나 자신을 믿고 앞으로 나아가는 것이 중요함을 깨닫게 한다. 이제 첫 발을 내딛은 자유여행! 나 자신을 발견하고 나의 삶을 더욱 풍요롭게 만드는 여정임을 믿기에, 남은 여정도 "그러려니" 하는 마음으로, 인내하며, 용기를 잃지 않고 나아가겠다는 다짐을 해본다.

여행정보 Tip

1. 여행일정
   - 13:20~19:30 이동 (인천공항~로마공항) (여행 1 일차)
   - 08:45~15:00 콜로세움, 포로로마노 및 팔라티노 언덕관람 (여행 2 일차)
2. 예약사항
   - 항공권 예약: 3 개월전 (스카이스캐너 이용)
     - ✓ 장시간 편안한 비행을 위해 엑스트라레그룸(Extra leg room) 이용 고려.
     - ✓ 엑스트라레그룸이란(Extra leg room)이란, 비상구 옆 좌석으로 비행 중 다리를 뻗을 수 있는 추가 공간을 제공하는 좌석으로서, 좌석위치에 따라 추가요금이 발생하나, 편안한 비행이 가능하며, 일반석 앞쪽에 위치해 있어 비행기에서 빠르게 내릴 수 있는 장점이 있는 반면, 비상구 옆에 위치하고 있어, 일반석에 비해 약간 서늘하고, 승객들의 잦은 이동을 봐야 하는 단점이 있으나, 단점보다는 장점이 훨씬 큼으로 항공편 예약 시 고려.
   - 숙소 예약
     - ✓ 숙소는 여행 3~6 개월전에 미리 여행일정 및 이동경로를 고려하여 예약하는 것이 좋으며, 숙소예약 후에는 주기적으로 부킹닷컴 등 숙박사이트를 이용하여 더 좋은 숙소 혹은 저렴한 숙소가 있는지 확인하여 조정하는 것이 바람

직하므로, 숙소예약시 반드시 무료로 예약 변경이 가능한 숙소로 예약하는 것이 중요.
  - ✓ 로마는 버스와 지하철이 잘 되어 있으므로, 로마 중심부에서 지하철로 몇 정거장 떨어진 곳에 숙소를 예약하는 것이 비용 측면과 이동 측면에서 유리.
- 인천공항 리무진 예약
  - ✓ 인천공항 리무진 버스를 이용하여 공항으로 가는 경우, 리무진 버스를 미리 예약하지 않으면 좌석이 없을 수 있으므로, 일주일전 예약 필수.
- 콜로세움, 포로로마노 및 팔라티노 언덕 관람 사전예약
  - ✓ 한달 전부터 예약 가능하며, 티켓 대행사가 패스트 트랙을 미끼로 고가에 티켓을 판매하고 있으나, 패스트 트랙으로 입장하는 티켓은 없으며, 공식홈페이지를 통하여 사전예약을 하면, 예약시간에 바로 입장할 수 있으니 참고.

3. 공항에서 수하물 체크인시 유의사항
   - 대한항공의 경우, 무료로 허용되는 위탁 수하물 1 개의 무게 한도는 23 킬로그램으로 규정하고 있으나, 실제로는 공항에서 수하물 체크인 할 때 25 킬로그램 정도까지는 별도 비용없이 체크인을 허용하니 이 점 고려하여 수하물 체크인.
4. 로마공항에서 숙소까지 택시 이용 시 택시승강장 위치
   - 로마공항에 도착하여 택시를 이용하여 로마로 가는 경우, 도착지에서 수하물을 찾아 상단표지판(TAXI)을 따라 제 3 터미널 택시승강장으로 이동하면서 보이는 첫번째 택시타는 출구

가 로마로 가는 택시승강장.
- 로마공항에서부터 로마중심지역까지는 택시요금은 50유로로 고정 요금이며, 현금 혹은 카드로도 결제가능.

시행착오 체크리스트 및 대응방안

☐ 숙소 예약 조건 확인: 늦은 체크인 시 추가요금 여부 사전 확인하여 대처방안 마련하고, 숙소 체크인 절차 사전 숙지 및 비상 연락처 준비.

☐ 공항 택시 이용 팁: 공항에서 목적지로 가는 올바른 택시 승강장 확인. 현지인의 안내가 필요한 경우, 미리 번역 앱 준비.

☐ 숙소 입장 준비: 숙소 입구와 초인종 위치를 정확히 파악하고, 초인종이나 비밀번호 사용법 숙지. 또한 간단한 현지 언어 및 필수 영어표현 준비하고, 번역 앱 활용.

☐ 교통 티켓 발권 주의: 자동 발권기 사용시 지침 꼼꼼히 확인. 티켓 발권 시 정확한 사용목적 확인하고, 언어장벽이 있다면 주변 사람이나 직원에게 도움 요청.

☐ 공항과 도시 이동 팁: 여행 전에 공항에서 숙소까지 가는 대중 교통 또는 택시 노선 사전 조사.

사진 Spot Tip

콜로세움 외부

콜로세움 내부

포로로마노 내부

팔라티노 언덕에서 내려다본 콜로세움 및 개선문

쿠폴로 전망대,
신앙과 지혜를 향한 여정
열쇠를 통해 생각해 보는 행복의 의미

3 일차
이탈리아 로마, 바티칸

　로마에 머물면서 우리는 호스트로부터 3개의 열쇠를 받았다. 숙소 정문, 중문 그리고 방문을 여는 열쇠다. 한국에서는 숙소에 들어가기 위해 정문 그리고 방문 번호만 누르면 되는데 유럽여행을 다녀 보면 호텔에서도 열쇠로 여는 경우는 종종 있다.
　왜 그럴까? 디지털 방식을 사용하면 편하고 보관의 문제 혹은 분실의 염려도 없을텐데 말이다.
　여러 이유가 있겠지만 그 중 하나는 원형을 보존하려는 문화적 요소에 있을 것이라는 생각을 해본다. 로마의 경우만 해도 수백 년이 지난 오래된 건물을 심심치 않게 보게 되는데 이는 그들이 건물 혹은 문화재에 대한 문화적 인식이 남다르고 그래서 건물 짓는데 사용하는 원재료와 기술에 공을 들였을 뿐만 아니라 건물을 보존하고 유지 및 복원하는데도 심혈을 기울였기 때문일 것이다.
　이런 인식이 있었으니 건물을 설계할 때, 건물에 들어가는 원재료를 선택할 때, 건물을 짓는 건축기술을 적용할 때 그리고 건물을 보존하고 유지 혹은 복원할 때 허투루 하지 않았을 것이고 이러한 요소가 굳이 아날로그를 고집하는 이유가 아닐까 생각해 본다. 이들의 아날로그적 사고는 분명 모든 것을 쉽고 빠르고 편리하게 끝내려는 경향을 가진 현대적 사고로는 비효율적이라 생각해 볼 수도 있다.

 하지만 인생이 건물을 짓는 과정이라 생각해볼 때, 비효율적이라는 이유로 가치관의 정립도 없이 계획도 세우지 않고 판에 박은 세속적 가치관에 기초하여 인생을 구성하는 정신적, 육체적, 관계적 그리고 사회경제적 자원인 원재료를 날림으로 구성하여 인생이라는 건물을 짓는다면 건물에 문제가 발생하였을 때 이를 회복하고 제대로 된 건물로 복원하는 데는 상당한 어려움을 겪게 될 것이요 상당한 시간이 소요될 것임은 뻔한 이치다.

 흔히들 인생의 목적은 행복이라며 이구동성으로 외쳐댄다. 행복하기 위해 돈도 벌고, 건강도 챙기고, 결혼도 하고, 친구도 만나고, 이름도 날리고, 권력도 잡으려 한다. 결국 행복의 열쇠는 돈, 건강, 결혼, 친구, 명예 그리고 권력이라 생각들 하지만 과연 그럴까?

 어떤 재벌 2세, 3세가 돈이 없어 자살하지 않았을 것이고, 어느 30대 세계적 보디빌더가 몸이 약해 건강악화로 죽지 않았을테고, 명예와 권력의 보좌에 앉아 세상을 호령하던 이들이 망신당하고 감옥가기 위해 그 자리에 오르지 않았을 것이지만, 눈만 뜨면 뉴스를 도배하는 대다수의 내용들은 다 세상에서 행복이라 여기는 것들을 쫓는 이들의 결말을 보여주는 것들이니 허망하기 이를 데 없다.

 그러면 진정한 행복의 열쇠는 어디에 있는 것일까?

 바티칸 베드로대성당을 전망대에서 바라보면 열쇠 모양으로 대성당 외부건물이 지어져 있음을 알 수 있다. 예수님께서 수제자 베드로에게 천국을 열 수 있는 열쇠를 주셨다 하여 카톨릭에서는 로마 바티칸 언덕에서 십자가에 거꾸로 매달려 순교한 베드로를 기리기 위해 베드로 무덤 위에 본당 외에 열쇠 모양의 외부건물을 짓고 이를 성베드로대성당으로 명명하였으니 베드로가 천국 곧 행복의 열쇠일까?

열쇠에는 이렇듯 생각해 볼 많은 재료가 있음을 보게 된다.

어린시절 불우한 가정환경으로 학업에 열중하지 못하고 나쁜 짓만 골라 했던 문제아였던 내가 20대가 되어 마음을 잡고 열악한 환경 속에서도 행복하게 살아보겠다는 꿈과 희망을 품고 살아온 결과, 공무원과 야간대학을 거쳐 고시까지 합격하여 역전의 인생을 살았지만, 잘못된 가치관과 그릇된 판단으로 전재산을 잃고 꿈도 희망도 없는 절망적인 상황까지 갔다가 다시 회복되어 지금 60세가 넘은 나이에 아내와 함께 45일간의 서유럽 자유여행을 하기까지 많은 시련과 고난이 있었지만 결국 이 과정도 행복을 쫓는 과정이었음을 부인할 수 없다.

이번 여행을 통해 나는 인생의 건축에서 무엇이 중요한지를 다시 한번 깨달았다. 인생이라는 건물을 짓기 위해 무엇을 가치 있는 재료로 삼아야 할까? 돈, 건강, 명예, 권력은 단단한 벽돌처럼 보이지만, 그것 만으로는 인생이라는 건물이 흔들릴 수밖에 없음을 나는 경험을 통해 배웠다. 진정한 행복의 열쇠는 외적인 성공이 아니라, 내면의 평안과 올바른 가치관 그리고 그것을 채워가는 과정에서 발견된다. 삶의 과정에서 좌절과 실패는 건물의 일부가 무너지는 것처럼 보일 수 있다. 그러나 그것이 자신을 다시 설계하고, 더 단단하게 재건할 기회임을 깨닫는다면 인생은 더 의미있는 건축물이 될 것이다

여행정보 Tip

1. 여행일정
    - 08:00~12:00 바티칸 관람
    - 13:00~15:00 성천사성, 나보나 광장 외 시내투어
    - 17:00~20:00 로마시내 야경투어
2. 예약사항
    - 바티칸 박물관 예약: 2개월전 (공식 홈페이지 이용)
    - ✓ 바티칸은 항상 많은 여행객들로 붐비기 때문에 가급적 이른 시간에 입장하는 티켓을 예약하여 넉넉하게 관람하는 것이 중요.
3. 바티칸 성베드로 대성당 쿠폴라 돔 전망대 추천
    - 예약이 안되기 때문에 당일 줄을 서는 수고를 하여 입장해야 하나, 전망대에 올라가면 충분한 보상을 받을 수 있고, 티켓 구입시 전망대까지 걸어서 가는 티켓과 엘리베이터를 타고 가는 티켓이 있는데, 반드시 엘리베이터를 타고가는 티켓 구입 필수. (그렇지 않으면 엄청 고생)

시행착오 체크리스트 및 대응방안

- ☐ 숙소 열쇠 사용 팁: 유럽의 숙소에서는 디지털 잠금장치보다 전통적인 열쇠 사용이 일반적이므로, 열쇠 사용법 미리 숙지.
- ☐ 열쇠 분실 대책 마련: 숙소 열쇠를 분실하지 않도록 조심하며, 여분의 열쇠 보관 위치를 숙소 주인과 확인.
- ☐ 바티칸 예약 확인: 바티칸 박물관 방문 시 반드시 사전예약 필수. (단, 전망대는 사전 예약이 되지 않고 현장구매만 가능)
- ☐ 전망대 관람 준비: 쿠폴라 전망대는 엘리베이터 티켓과 계단 티켓이 구분되므로, 체력에 따라 적합한 티켓 구매.
- ☐ 문화재 보존과 규칙 준수: 바티칸 및 성당 내부에서는 정숙과 드레스 코드 준수 필수.

사진 Spot Tip

바티칸 성베드로 대성당 외부 1

바티칸 성베드로 대성당 외부 2

바티칸 성베드로 대성당 외부 3

바티칸 성베드로 대성당 외부 4

바티칸 성베드로 대성당 외부 5

바티칸 성베드로 대성당 솔방울 정원

바티칸 박물관 내부 1

바티칸 박물관 내부 2

아말피,
몸과 마음을 치유하는 마법
자연은 지친 육체의 피로회복제

4일차
이탈리아 살레르노, 아말피해변

    3박 4일간의 로마 일정을 마치고 우리는 이탈리아의 대표 휴양지 아말피 해변을 향한다. 10월 9일 로마에 입국하여 첫 날은 거의 뜬 눈으로 밤을 지샜고, 둘째 날도 아직 시차적응이 되지 않아 새벽 3시경 눈을 떴다. 셋째 날도 새벽 4시경에 눈을 떠 거의 온종일 계획한 일정을 소화하다 보니 몸에 피로가 쌓여도 보통 쌓인 게 아니다. 오드리 헵번은 영화 로마의 휴일에서 자신의 신분을 잠시 내려놓고 자유롭고 재미있게 놀며 힐링했건만 나에게 있어 로마는 자유롭지만 피로가 가득 쌓인 여행지가 된 것 같다.

    게다가 우리 부부는 둘 다 평발임에도 평소에 등산을 오래해도 발바닥이 아프지 않은데 여기 로마에서는 평지를 걸어서인지, 걷는 곳이 모두 다 돌 바닥 이어서인지, 이것 저것을 챙겨 백팩에 넣고 다녀서인지 아니면 낯선 환경에서의 체험으로 신경을 많이 써서인지 아무튼 피곤은 계속 쌓여만 간다.

    이런 상태에서 아말피 해변으로 떠나는 날도 다른 날과 다름없이 새벽 4시 30분경 일어나 짐 정리를 하고 간단한 아침식사를 하고 나니 아침 7시 30분이다. 아말피 해변에 있는 숙소까지는 로마에서 도보, 지하철, 열차 그리고 페리로 이동을 해야 하는지라 부지런히 움직여 살레르노에 도착하니 오후 12시 30분이다. 살레르노 기차역에서 나와 숙소로 가는 페리를 타기 위해 시내에 들어서니 "그렇지, 이거지!" 하는 탄성이 절로 터져 나온다. 역시 나는 도시 체질이 아니라 휴양지 체질인가 보다. 따뜻한 온기에 열대 나무에 활기찬 사람들을 보니 계획대로 움직이기 싫다는 마음의 소리가 들린다.

원래 계획대로라면 오후 1시에 출발하는 아말피행 페리를 타기 위해 페리 선착장으로 바로 이동해야 하지만 "계획대로만 움직이면 그건 일이지 자유여행이라 할 수 있나!"라는 생각이 들어 아말피로 출발하는 오후 1시 페리를 과감하게 뒷전으로 하고, 요기를 할 요량으로 카페에 들러 피자와 이름모를 음식을 주문하여 현지인들처럼 카페 밖 테이블에 떡하니 걸터앉아 게눈 감추듯 순식간에 먹어 치운다. 피자를 화덕에 구워서인지 평상시에 먹었던 것과는 질감과 식감이 달라 먹는 내내 맛있다는 생각이 든다. 게다가 긴장을 풀고 따뜻한 햇살을 받으며 먹으니 더욱 맛있게 느껴진다. 아내와 가볍게 한 판을 먹어 치우고 약간 모자라다 싶어 조각 피자 하나를 더 시켜 배를 든든히 채우고 우리는 페리 선착장을 향한다.

선착장으로 가는 중에 한 어린아이와 걸어가는 깡마른 여성분이 캐리어 두개를 끌고가는 내 모습이 안쓰러워 보였는지 캐리어 하나를 자기가 들어주겠다 한다. 내가 보기엔 신체도 작을뿐더러 게다가 힘도 없어 보이는데 따뜻한 마음 크기는 웬만한 남자 저리 가라 할 정도로 마음의 힘이 대단한 분이라는 생각이 든다. 하지만 아무리 그래도 그렇지 사나이가 그럴 수가 있나! 손사래를 치며 고맙다 인사하니 웃으며 앞서가는데 배려하는 인심에 마음 한 켠이 따뜻해 진다. 따뜻한 마음을 받고나니 돌처럼 무거웠던 캐리어가 가볍게 느껴진다. 양손 가득 캐리어를 끌고 가며 아말피로 가는 페리가 연착했기를 기대하지만 역시나 페리는 정시에 떠나 우리는 두어 시간 남짓 기다리다 아말피로 가는 페리를 탄다.

페리를 기다리며 재미있었던 것은 나이가 한 70세는 족히 넘어 보이는 남자분이 오직 팬티 한 장 걸치고 들어오는 배에서 내려주는 밧줄을 선착장에 묶는 일을 하시는데 그 입은 팬티가 똥꼬에 딱 걸쳐 있다. 게다가 그 팬티가 본인이 별도로 제작을 했는지 반은 진한 색 나머지 반은 다른 색이고 중요한 부분은 잘 관리할 수 있도록 제작된 듯 보였는데 그 모습이 얼마나 우스운지! 하지만 역시 인생은 다른 사람의 시선을 의식하지 않고 제멋에 사는 것! 이란 생각을 해본다.

이렇게 시간이 흘러 어느덧 숙소로 가는 페리를 탈 시간이다. 페리가 선착장에 도착하고 여행객들이 차례로 페리에 오른다. 우리는 페리의 2층에 마련된 의자에 앉아 멋진 지중해 바다와 아말피 해변의 풍광을 바라보며 그간 쌓였던 피로를 한 순간에 날려버리고 눈앞에 바라보이는 풍광을 담으며 이를 배경으로 추억을 남기니 페리는 어느덧 숙소가 있는 마이오리 선착장에 도착한다.

이어 숙박대행업체에 도착하여 체크인을 하고 숙소에 들어오니 오후 5시다. 원래 일정은 오후 3시경부터 라벨로 트래킹을 하는 것이었지만 살레르노에서의 자유시간을 만끽한 대가로 2시간 늦게 출발한 결과 트래킹을 하기에는 이미 시간이 늦었고 또 쌓인 피로 덕에

한 발짝도 움직이기는 싫고 침대는 눈 앞에 어른거리니, 우선 고픈 배를 채우고 침대를 벗하여 자고 또 자고 또 자니 이렇게 아말피에서의 첫날이 지나간다.

이번 자유여행을 통해 깨닫는 것은 여행이란 단순히 계획대로 움직이는 것이 아니라는 것이다. 살레르노에서 계획을 벗어난 짧은 자유는 몸과 마음에 작은 여유를 주었고, 숙소에 도착하는 과정에서 만난 작은 일들은 여행에 깊은 추억을 더했다.

우리 삶도 그렇지 않을까? 계획대로만 살려고 하면 그것은 일이 될 뿐이다. 때로는 일정에서 벗어나 잠시 여유를 즐기고, 다른 사람의 따뜻한 배려에 마음을 열고, 그 순간의 풍경과 감정을 온전히 느끼는 것이야말로 진정한 자유와 행복이 아닐까? 아말피에서의 첫날 밤, 나는 그렇게 자유여행의 본질을 깨닫고 스스로에게 작은 위로를 보낸다. "그래, 이 정도면 충분히 잘 했어."

여행정보 Tip

1. 여행일정
   - 09:26~12:16 기차 이동 (로마~살레르노)
   - 15:00~15:40 유람선 이동 (살레르노~마이오리)
2. 예약사항
   - 도시와 도시 간 기차 이동시 기차표는 1개월전 예매필수. (유럽의 경우, 당일 기차 티켓을 사는 경우에는 미리 예약하는 경우 보다 더 비싸므로 미리 예약하는 것이 경비절약)
3. 숙소 관련 정보 (마이오리 숙박의 유익)
   - 아말피 해변에서 휴가를 보내기 위해 보통 포지타노 혹은 아말피에서 숙박을 하는 경우가 많으나 이 두 곳은 숙박요금이 비싸므로, 상대적으로 숙박비도 저렴하고 마을도 조용하며 슈퍼 등 편의시설도 잘 갖추어 있고 유람선 타기도 용이한 마이오리 숙소 추천.
4. 저자가 이용한 숙소 정보
   - 숙소 명 및 면적: Le Terrazze di Santa Tecla, 60 제곱미터
   - 숙소 링크: https://www.booking.com/Share-mC25R7B
   - 숙소 요금: 1박 172,000원. (2024. 10. 기준)
   - 숙소 장점: 숙소가 아파트 꼭대기 층인 5층에 있고, 넓은 베란다를 독립적으로 사용할 수 있으며, 개방감이 있고, 산 밑에 있어 공기도 좋고, 리모델링을 하여 환경이 쾌적.

시행착오 체크리스트 및 대응방안

- ☐ 초기 일정관리 부족: 과도한 일정소화로 인한 피로누적. 여행 계획에 여유 시간 추가 필요.
- ☐ 이동 시 지연예상 대비: 페리 시간표 확인 및 지연 상황에 대비한 대체 계획 마련.
- ☐ 짐 관리 어려움: 캐리어 무게와 이동 경로를 사전에 고려하여 최소화된 짐 구성.
- ☐ 트래킹 시간 조정 실패: 트래킹 계획 시 이동 소요 시간과 여유 시간 확보 필요하며, 트래킹 등 활동적인 일정은 오전에 계획해 체력 활용 극대화.
- ☐ 식사 시간 조정: 예기치 않은 현지 체험(피자 식사 등)으로 일정 변경. 여행 중 유연한 일정 관리 및 유연한 사고로 예상치 못한 경험을 즐길 준비 필요.

사진 Spot Tip

살레르노 선착장

페리에서 바라본 살레르노 시내

마이오리 선착장 및 아말피 해변일부

마이오리 마을 입구에 서있는 마스코트

라벨로,
작은 인사로 풍성해지는 여행
인사는 메마른 인생에 물을 주는 것

5 일차
이탈리아 살레르노, 라벨로

    아침에 눈을 떠보니 오전 6시다. 평소보다 푹 자고 일어나니 로마의 피로가 회복된 듯하다. 오늘은 원래 포지타노까지 이어지는 "신의 길"이라는 코스를 트래킹 할 예정이었는데 이틀 후에 가기로 계획을 변경하고 오늘은 라벨로 트래킹과 빌라 루폴로, 그리고 빌라 침브로네를 관람하기로 한다. 간단한 아침식사 후 물과 간식을 챙겨 가벼운 배낭을 메고 오전 7시 30분경, 왕복 약 10킬로미터 트래킹을 위해 라벨로로 향한다.

    라벨로로 향해 가는 계단 모퉁이에서 어떤 외국인 노부부를 만난다. "본조르노!"하고 인사하니 반갑게 인사를 받아주어 눈인사를 하고 계속 계단을 오른다. 그러다 두 갈래 길에서 어느 길로 가야 라벨로로 갈 수 있는지 헷갈린다. 마침 나이드신 동네 어르신 한 분이 계단에서 내려오시길래 "본조르노!"하고 인사하며 영어로 라벨로 가는 길을 여쭈었더니 영어를 모르신다고 말씀하신다. 이에 "라벨로"를 두어 번 말씀드리니 오른쪽 길로 가라 하셔서 다시 "본조르노!"하고 인사하며 라벨로로 향한다.

아말피 해변에는 산비탈과 산꼭대기에 이르기까지 집들이 들어섰으나 산비탈을 깎아 집을 지어서인지 가는 길들이 매우 좁고 가파르다. 한국에서는 산을 오를 때 오르막이 있는가 하면 다른 오르막이 있기까지 평지도 있고 경사가 완만한 오르막도 있는데 여기는 그렇지 않다. 그냥 오르막만 있을 뿐이다. 거기에 산이라 할 수 있는 흙이 있는 것이 아니라 주로 돌과 약간의 시멘트를 섞어 만들어진 계단만 있을 뿐이다.

우리는 숨을 헐떡거리고 땀을 뻘뻘 흘리며 라벨로를 향하여 오르고 또 오른다. 신기한 것은 오르는 내내 거기에는 집들이 있다는 점이다. 여기 사시는 분들은 건강하지 않으려 해도 건강할 수밖에 없는 구조에 사는 것을 보며 그래서 이탈리아 사람들이 장수하나 라는 생각을 해본다.

라벨로까지 가려면 마이오리에서 "레몬의 길"이라는 트래킹 코스를 지나 미노리라 하는 마을로 내려갔다가 다시 라벨로로 올라가야 한다. 결국 산을 두개 올라야 도착할 수 있는 것이다. 게다가 그 길이 흙 길이 아니라 돌 길이라서 걷기가 한국보다 쉽지 않다.

이렇게 라벨로까지 트래킹을 하여 올라갔으니 다음은 라벨로의 주요 명소를 관람할 차례다. 처음에는 3곳을 계획했지만 아내와 상의 끝에 바그너의 집 "빌라 루폴로"와 조각들이 유명한 "빌라 침브로네"만 관람하기로 하고 먼저 빌라 루폴로를 향해 나선다.

빌라 루폴로는 지중해 바닷가 해변 위 절벽에 지은 빌라라 풍광이기가 막히다. 아내와 나는 동영상도 찍고 사진도 열심히 찍으며 관람을 하며 그 절경에 탄성을 지른다. 이탈리아 여행 어떤 패키지에도 포함되지 않는 코스인지라 한국인 단체관람객은 보이지 않는다. 여기서도 사람들과 눈이 마주치면 "본조르노!"하고 인사하니 서로가 편하고 즐겁다. 역시 인사는 아는 사람들과 만났을 때 뿐만아니라 일면식이 없는 모르는 사람들과 마주쳤을 때도 마음을 열어주는 윤활유임이 분명하니 세상의 문을 인사로 여는 것이 중요함을 깨닫는다. 잠시 후 빌라 루폴로 관람을 마치고 나오면서, 여기는 정말 관람료가 아깝지 않을 만큼 다른 사람에게도 추천해 주고 싶은 관람 장소라 이야기를 하니, 아내도 감탄하며 그렇다고 공감을 하니 기분이 좋다.

　잠시 후 배꼽 시계가 울려 시간을 확인해 보니 벌써 정오 12시다. 이제는 뭘 좀 먹어야겠다. 빈 벤치를 찾아 자리를 잡고 간식거리와 음료로 고픈 배를 채우며 이야기도 나누고, 오고 가는 관광객들을 바라보기도 한다. 세계 곳곳에서 온 관광객들이라 그런지 차림새나 겉모습이 다른 듯 같은 듯도 해, 보는 재미도 쏠쏠하다.

　간식과 휴식시간을 마치고 이제 발걸음은 빌라 침브로네로 향하고 입장료로 인당 10유로씩 지불하고 빌라를 관람한다. 아니! 그런데 이게 뭐지! 10유로가 너무 아깝다. 빌라는 넓은데 관리가 잘 되어 있지 않고 어수선한 느낌을 받는다. 게다가 사진 찍을 곳이 많지도, 마땅하지도 않아 아쉬운 마음을 뒤로하고 빌라를 떠난다.

　이렇게 라벨로에서의 관람을 끝내고 숙소로 가는데 날은 왜 이리 뜨겁고 더운지! 게다가 돌 바닥과 아스팔트 바닥을 걸으니 로마에서와 같은 발바닥 통증이 다시 시작된다. 그래도 오늘은 한국에서 평소에 하던 트래킹을 하고 나니 몸이 한결 가볍다.

　이번 라벨로 트래킹과 관람을 통해 얻은 가장 큰 깨달음은 "경험을 통해 얻는 즐거움과 배움의 가치"다. 힘들고 가파른 오르막길을 걸으면서 느낀 숨가쁨과 땀방울, 그리고 도착 후 펼쳐진 절경은 단순히 지도로 보거나 다른 사람의 이야기를 통해서는 결코 느낄 수 없는 감동이었다. 고된 여정을 직접 걸으며 얻은 성취감과 풍경의 아름다움은 마치 인생의 어려움을 극복한 뒤 찾아오는 행복과 닮아 있었다.

삶과 여행에서 인사의 힘도 새삼 깨닫게 되었다. "본조르노"라는 간단한 인사가 언어와 문화의 벽을 넘어 마음과 마음을 연결해 주는 열쇠라는 것을 느꼈다. 인사는 단순히 격식을 차리는 것이 아니라 서로의 존재를 인정하고 열린 마음으로 교류하는 첫걸음임을 깨닫는다. 여행이라는 낯선 환경 속에서 인사를 건네며 만난 사람들의 미소와 응답은 스스로도 세상을 더욱 따뜻하게 바라볼 수 있도록 해주는 중요한 요소가 되었다.

빌라 루폴로와 빌라 침브로네 관람에서의 교훈도 인상적이었다. 기대했던 곳에서 큰 감동을 얻고, 예상했던 곳에서 아쉬움을 느꼈던 순간은 여행뿐만 아니라 삶에서도 중요한 통찰을 준다. 모든 순간이 완벽할 수는 없으며, 무엇을 기대했는지, 무엇을 중시하는지에 따라 그 가치는 다르게 느껴질 수 있다는 점이다. 빌라 루폴로의 풍경에서 얻은 감동과 빌라 침브로네에서의 아쉬움은 결국 "어떤 경험에서 무엇을 얻을 것인가"에 대한 스스로의 선택과 태도의 중요성을 알려준다.

또한, 가파른 산길을 오르며 만난 현지인과 그들의 삶을 보며 단순하고도 건강한 삶의 가치를 깨닫게 된다. 라벨로 사람들은 매일의 삶 속에서 자연스럽게 운동을 하고, 계절과 날씨를 몸소 느끼며 살아간다. 이러한 삶은 현대인의 복잡하고 편리함에 의존하는 생활과 대조적이며, 자연과 조화를 이루며 사는 것이 얼마나 중요한지 생각하게 했다.

끝으로, 라벨로에서의 경험은 여행의 본질이 단순히 명소를 관람하는 것이 아니라, 자신을 돌아보고 삶을 풍요롭게 만드는 과정임을 다시금 일깨워 주었다. 힘든 순간에도 웃고, 서로를 격려하며 함께 걷던 시간이 가장 소중한 기억으로 남았듯이, 우리 삶도 결과가 아닌 과정 속에서 그 진정한 가치를 발견하게 된다.

내일은 카프리 섬을 투어 할 예정이다. 아침 9시경 페리를 타고 카프리 섬으로 가서 보트로 카프리 섬일주를 하고 섬 트래킹 및 명소 관람 후 다시 페리를 타고 숙소로 돌아올 예정인데, 오늘에 이어 내일도 "본조르노 카프리!"로 마무리하기를 기대하니 숙소를 향하는 발걸음이 가볍다.

여행정보 Tip

1. 여행일정
    - 07:30~10:30 마이오리에서 라벨로까지 트래킹
    - 11:00~12:30 빌라 루폴로 관람
    - 13:30~14:30 빌라 침브로네 관람
    - 15:00~17:00 라벨로에서 마이오리까지 트래킹
2. 라벨로 소재 빌라 유료관람 시 유의사항
    - 유로로 관람 빌라 중 루폴로 빌라만 추천하며 그 이유는 첫째, 루폴로 빌라에서 바라보는 지중해 전경과 정원조망이 환상적이며, 둘째 루폴로 빌라 아래 쪽으로 침브로네 빌라가 있는데, 루폴로 빌라에서 바라보는 침브로네 빌라의 조경은 마치 루폴로 빌라를 위해 만 든 조경과 같은 느낌을 받으며, 셋째, 관람료가 일인당 8 유로로 전혀 아깝지 않을 정도의 퀄리티 보장하나, 침브로네 빌라는 명성에 비해 관람할 내용이 많지 않고, 관람료까지 비싸(일인당 10 유로) 비 추천.
3. 아말피 마을 관람시 유의사항
    - 아말피 해변을 따라 몇 개의 마을이 있는데, 그 중 아말피와 포지타노가 많이 알려져 있으나, 실제로 여행을 해보면 아말피나 포지타노에서 특별하게 볼 것은 없는 듯하며, 아말피의 경우 마을전경도 포지타노보다 그다지 볼 것이 없으므로, 관람을 한다면 라벨로 트래킹과 겸하여, 라벨로 트래킹을 마치고 내려오면서 잠깐 들르는 것 추천.

시행착오 체크리스트 및 대응방안

☐ 트래킹 준비 부족: 트래킹 경로와 난이도 사전 조사 부족. 돌길과 가파른 오르막 대비 신발과 장비 준비.

☐ 날씨와 체력 고려 미흡: 뜨거운 날씨와 체력을 과소평가. 트래킹 전 충분한 수분 보충과 체력 관리 필요.

☐ 입장료 대비 만족도 검토 부족: 빌라 침브로네와 같은 장소는 비용 대비 만족도가 낮을 수 있으니 사전평가 필요.

☐ 경로 혼란: 갈림길에서 경로 선택 시 현지인의 도움 필요. 정확한 지도나 GPS 활용 권장.

☐ 피로관리 미흡: 전날과 당일 일정의 과도한 체력 소모로 피로 누적. 일정에 휴식 시간 추가.

사진 Spot Tip

라벨로 트래킹 1

라벨로 트래킹 2

라벨로 트래킹 3

빌라 루폴로 1

빌라 루폴로 2

빌라 루폴로 3

빌라 침브로네 1

빌라 침브로네 2

카프리 섬,
기대와 현실 사이의 간극
소문난 잔치에 먹을 것 없더라

6 일차
이탈리아 나폴리, 카프리

작년 이탈리아 패키지 여행 갔을 때, 카프리 섬 보트투어 일정이 있어 내심 기대를 했었지만, 카프리 섬 보트 투어는커녕 카프리 맥주 한 병 제대로 보지 못하고 억지로 내려진 소렌토 마을에서 이리 저리 시간을 보낸 안 좋은 기억이 있어, 자유여행을 계획한 올해는 한껏 기대하며 카프리 섬 투어를 준비한다.

드디어 오늘은 카프리 섬 투어를 하는 날이다. 새벽 4시 반. 누가 깨우지도 않았는데 눈꺼풀은 세상을 향해 저절로 열리고 우리는 떠날 채비를 한다. 간단한 아침식사 후 페리 티켓 구매를 위해 마이오리 선착장 매표소에 도착하여 카프리 섬에 갔다가 마이오리로 돌아오는 왕복티켓을 발권하는데, 그 과정에서 매표소 여직원이 영어로 뭐라 뭐라 이야기를 하는데, 정확한 해석이 되지 않아 웃픈 해프닝이 일어난다.

나는 카프리 섬으로 가는 중간에 포지타노 등 다른 곳을 거치지 않고 카프리 섬으로 직접 가는 티켓을 사겠다고 여직원에게 이야기를 하지만, 여직원이 카프리 섬으로 가려면 아말피 선착장에서 내려 카프리 섬으로 가는 보트로 다시 갈아타야 한다고 하는 이야기를 다른 고가의 상품을 추가로 팔려는 줄 오해하여 생긴 해프닝이다.

마이오리 선착장을 출발한 페리가 아말피 선착장에 이르자 모든 승객들이 다 자리에서 일어나 아말피 선착장에서 내리길래, 이상한 생각이 들어 어떤 한 승객에게 물었더니 카프리 섬에 가려면 여기서 내려야 한다고 알려주어 간신히 마지막 승객으로 아말피 선착장에서 내려 카프리 섬으로 가는 보트로 갈아탔으니, 오늘 우리의 카프리 섬 투어가 이렇게 어렵게 시작되었다.

마이오리에서 1시간 남짓 이동하여 카프리 섬에 도착하지만 도착 전 멀리서 바라보이는 카프리 섬이 그렇게 아름답게 느껴지지는 않았다. 바다 한 가운데 커다란 바위 하나가 떠 있는 것 같은 느낌이다.

잠시 후 보트는 카프리 섬 선착장에 도착하고 우리는 오늘 투어 일정을 재확인한다. 원래는 카프리 섬 보트 투어를 하고 아우구스투스 정원까지 트래킹을 하여 정원을 관람하고 이어 근처 전망대 2곳을 추가로 트래킹하여 그곳에서 사진을 찍고 다시 몬테솔라로 전망대까지 트래킹을 하고 난 후 선착장으로 돌아오는 일정이었는데, 최종 결정은 섬 투어는 생략하고 아우구스투스 정원까지 트래킹을 하고 나서, 시간을 보고 다음 일정을 정하자 하고는 트래킹을 시작한다.

여기 카프리 섬도 트래킹을 하는 내내 흙 길은 없다. 모두 다 돌 길, 시멘트 길이다. 대부분의 여행객들은 3 유로를 내고 선착장에서 마을까지 가는 푸니쿨라를 타고 올라가지만 우리는 트래킹을 하기로 하여 그 높은(?) 곳까지 땀을 뻘뻘 흘리며 올라갔으니 이렇게 우리 처럼 트래킹을 하는 사람들은 모두 다 땀으로 뒤범벅되어 오르고 쉬고를 반복하며 아우구스투스 정원에 도착한다. 자동 매표소에서 일인당 2.5 유로를 지불하고 정원을 관람하면서 지중해의 멋진 풍광이 한눈에 들어오는 멋진 장소에 정원을 참 잘 꾸몄다는 생각을 한다. 이에 명소마다 포즈를 취하고 풍광과 함께 카메라에 담는다.

 이제 시간이 흘러 점심먹을 시간이 되어 우리는 한적하면서 시원한 지중해 바다가 훤히 내다 보이는 곳에 터를 잡고 점심으로 준비해간 볶음밥과 과일을 먹는다. 지나가는 여행객들이 다들 한번씩 쳐다 보고 가는데 이 꿀맛을 한 입씩 맛보라 권하고 싶지만 차마 그렇게까지 할 수 없음이 아쉽다. 점심을 마치니 시간은 오후 2시경. 카프리 섬에 도착한지 벌써 4시간이나 흘렀다.

 이제 남은 여유시간은 선착장으로 가는 시간을 제외하면 2시간 30분 정도다. 시간상 더 이상의 트래킹은 어렵다 판단하여 우리는 버스를 이용하여 몬테솔라로 전망대로 향한다. 카프리 섬의 반대 쪽을 아나카프리라 하는데 몬테솔라로 전망대는 아나카프리에 자리하고 있다. 원래 일정은 아우구스투스 정원에서 몬테솔라로 전망대까지 트래킹을 하는 것인데, 버스를 타고 가면서 계획대로 트래킹을 했으면 정말 큰일날 뻔했다는 것을 알게 된다. 아나카프리로 가는 길은 버스한 대가 지나갈 정도의 넓이만큼 절벽을 깎아 만든 나선형의 길인데, 사람이 지나가기는 매우 위험하고 가파른 길이었던 것이다.

 잠시 후 아나카프리에 도착하여 몬테솔라로 전망대로 올라가기 위해 우리는 일인당 14 유로를 주고 티켓을 구입한다. 재미있는 것은 1인용 리프트에 안전장치라고는 리프트 앞에 걸쳐 있는 쇠막대기가 전부이고 이런 상태에서 20 여분을 올라가야 전망대에 도착하는데 오르는 길이 재미있기도 하지만 약간 아찔하기도 해서 얼마나 짜릿했는지!

이렇게 올라간 몬테솔라로 전망대. 그런데 이게 웬걸! 어렵게 올라간 것 치고는 크게 볼거리가 없다. 그래도 왔으니 인증 샷 몇 장 찍고는 다시 1인용 리프트를 타고 아나카프리로 내려와 버스로 선착장에 도착하여 시간에 맞춰 페리를 타고 마이오리로 향한다.

흔히들 소문난 잔치에 먹을 것 없다는데 이곳이 딱 그렇다. 카프리 섬 왕복 티켓 값이 1인당 약 8만원에, 추가로 들어가는 푸니쿨라, 1인용 리프트, 카프리 섬 보트투어와 동굴 투어, 여기에 바가지 요금과 기다리는 시간까지 생각해 보면 30만원 가까운 비용을 지불하는 카프리 섬 투어는 완전 별로다.

카프리 섬 여행을 통해 얻은 가장 큰 깨달음은 "외면의 화려함보다 내면의 본질을 추구하라"는 메시지다. 삶의 본질이 진정성에 있기 때문이다. 카프리 섬은 많은 사람들이 "지중해의 보석"이라 칭송하며 기대를 부풀리는 곳이지만, 겉보기에는 화려하고 매력적으로 보이는 것들이 실제로는 내면의 깊이가 없고, 기대에 미치지 못하는 경우가 많다는 사실을 다시금 느끼게 한다. 카프리 섬의 경치와 화려한 관광 요소들이 주는 순간적인 즐거움에도 불구하고, 그 뒤에 숨겨진 과도한 비용, 복잡함, 그리고 본질적인 매력의 부재는 마치 껍데기뿐인 삶을 비추는 거울처럼 다가왔다. 이는 인생에서도 "겉으로 보이는 성공"이 아닌 "내면의 충실함"에 집중해야 함을 상기시켜 주었다. 외적인 요소를 쫓기보다 내 삶의 본질적인 가치를 깊이 있게 채워가는 것이 진정한 행복의 길임을 깨닫게 한 카프리 섬 투어가 고맙다.

여행정보 Tip

1. 여행일정
    - 08:54~09:44 마이오리에서 카프리 섬까지 이동
    - 10:00~17:00 카프리 섬 투어 (아우구스투스 정원, 몬테솔라로 전망대 관람 및 트래킹)
    - 17:15~18:15 카프리 섬에서 마이오리까지 이동
2. 예약사항 없음
    - 카프리~마이오리 왕복 보트 티켓은 현장구입.
    - 카프리 섬 보트 투어 및 아우구스투스 정원 등 관람 티켓은 현장구입.
3. 여행 참고사항
    - 아우구스투스 정원: 필수.
    - 카프리 섬 보트투어 및 푸른 동굴 투어: 선택.
    - 몬테솔라로 전망대: 선택.

시행착오 체크리스트 및 대응방안

- [ ] 이동경로의 사전조사 부족. 카프리 섬으로 가는 보트 환승 과정에서 혼란 발생: 이동 경로를 미리 명확히 확인하고, 필요한 환승 정보 숙지필요.
- [ ] 언어 소통문제. 매표소 직원과의 의사소통 어려움: 기본적인 여행 관련 영어 표현이나 번역 앱 준비.
- [ ] 비용 대비 만족도 평가 부족: 푸른 동굴이나 섬 보트 투어 등 이용시 추가 비용을 고려하여 비용예산 수립 필요.
- [ ] 트래킹 경로 사전정보 부족, 즉 몬테솔라로 전망대까지의 경로가 위험하고 힘들다는 사실을 사전에 인지하지 못함: 경로 난이도를 사전 조사하고 필요한 장비와 체력 준비.
- [ ] 점심시간 및 예상 외의 이동 시간 소요로 일정 조정이 어려워짐: 일정에 유연성을 두고 예기치 못한 상황에 대비.

사진 Spot Tip

유람선에서 바라본 카프리 섬

아우구스투스 정원 주변

아우구스투스 정원에서 내려다본 지중해 1

아우구스투스 정원에서 내려다본 지중해 2

몬테솔라로 전망대에서 내려다본 지중해 1

몬테솔라로 전망대에서 내려다본 지중해 2

신의 길,
아말피 해변의 숨은 보석
세속화에 물들지 않는 삶에 대한 생각

7 일차
이탈리아 살레르노, 신의 길 트래킹

    이탈리아의 대표 휴양지 아말피 해변은 해변 길을 따라 한편은 바다 반대 편은 해변과 마을 그리고 마을 위의 산은 기암절벽으로 빼곡하다. 마을 위의 산 중 당연 으뜸 트래킹 코스인 "신의 길"은 아말피 해변에 숙소를 둔 여행객이라면 누구나 가보고 싶어하는 트래킹 코스다. 보메라노에서 시작하는 트래킹 코스는 노첼로까지 약 6킬로미터에 걸쳐 이어지고, 다시 노첼로에서 포지타노까지 가려면 4킬로미터 이상을 추가로 더 걸어야 한다. 이렇게 하면 전체 트래킹 소요 시간은 약 4시간 정도 된다.

    누가 그 길을 "신의 길"이라 명명했는지 모르지만 트래킹 하는 내내 그 절경이 기가 막히다는 생각을 하게 된다. 오르막이나 내리막이 심하지 않아 누구나 쉽게 트래킹 할 수 있는 코스라 많은 사람들이 트래킹을 한다. 신의 길은 산 중턱에 길을 내서 그 길이 나선형으로 꼬불꼬불 되어 있어 눈앞에 펼쳐지는 절경을 계속 보고가는 재미가 쏠쏠하다.

    숙소에서 버스를 두 번 갈아타고 보매라노까지 이동하여 다른 트래킹 하는 사람들처럼 등산화 끈을 단단히 매고 스틱을 챙겨 트래킹을 시작한다. 가는 길에 좋은 풍광이 보이면 물끄러미 쳐다보기도 하고 풍광과 함께 추억도 남기며 걷기를 반복하며 신의 길 마지막 장소인 노첼로에 이른다. 보메라노부터 노첼로까지 이어지는 트래킹 길은 대부분 흙 길이라 걷기가 쉽고 발에 무리가 가지 않아 즐거운 마음으로 걸을 수 있다. 그런데 노첼로부터 포지타노로 이어지는 길은 마을 길이라 그런지 모두 다 돌 길, 아스팔트 길이다. 흙 길이 아니어서 역시 걷기가 쉽지 않다. 게다가 그늘이 없는 땡볕이다. 하지만 포지타노와 그 앞 해변의 멋진 전망이 아스팔트 길과 땡볕의 힘듦을 가볍게 느끼게 해준다. 그런데 신의 길에서 포지타노로 내려 오며 또 포지타노로 내려와서 마을을 둘러보면서 왠지 트래킹의 감동이 점점 사라져간다.

　신의 길 트래킹을 통하여 인간세상과는 확연히 다른 시간과 공간 속에서 누리며 만끽했던 충만한 만족감이 포지타노 마을을 거닐며 자본만능주의 상혼과 세속화와 접촉하면서 불편함이 앞선다.

　골목마다 빼곡하게 들어선 관광객들 그리고 기념품과 관광상품을 파는 가게들로 발 디딜 틈이 없다. 그래도 더위를 식혀 줄 시원한 젤라또 한입을 맛보려 하지만, 앉아서 먹을 젤라또 가게 하나 찾기가 어렵다. 임대료가 비싸서인지 가게는 하나같이 코딱지 만하고 앉아 먹을 의자 하나 없다. 그래도 우리는 큼지막한 젤라또 2개를 주문하여 트래킹 할 때 가지고 다니는 등산용 의자를 골목 모퉁이에 펴고 젤라또를 먹는다. 우리는 의젓하게 등산용 의자에 앉아, 서서 젤라또를 먹고 있는 사람들을 보며 젤라또 맛을 음미해 보지만 고객을 배려하지 않는 포지타노 상혼에 기분이 썩 좋지는 않다.

 게다가 유럽여행을 다녀본 사람은 다 아는 사실이지만 여기도 화장실 이용료는 1유로다. 생리적인 현상에 대하여 관광으로 먹고사는 마을에서 돈을 받고 화장실을 사용하게 하다니! 참으로 치사하고 인색하기 이를 데 없다는 생각이 든다. 상식적으로 생각해보면 관광지는 관광객들에게 더 나은 서비스를 제공하고 좋은 이미지를 갖게 하여 더 나은 부가가치를 창출하면 좋을텐데 그런 생각은커녕 어떻게든 뒷 날은 생각하지 않고 당장 오늘 돈 벌이 수단으로 관광객들을 대하니 불편하기도 하고 현실에 급급한 그들의 모습 속에 여러 가지를 생각해 보는 하루다.

 포지타노에서 마이오리로 출발하는 오후 3시 30분 페리를 타고 돌아오며, 신의 길에서 느낀 자연의 웅장함과 조화로움이 포지타노에서의 불편함에도 불구하고 여전히 마음에 감동으로 남아있음을 생각해보며, 어떤 상황에 있더라도 본질적으로 가치 있는 경험과 기억은 쉽게 사라지지 않는다는 것을 깨달았다. 신의 길에서 받은 감동은 단순한 절경 이상의 의미를 담고 있었다. 그것은 세속적인 현실에 휩쓸릴 때마다 본질로 돌아오라는 메시지와도 같았고, "삶에서 균형을 유지하는 것의 중요성"을 깨닫게 해주었다. 자연의 경이로움과 인간 세계의 현실 사이에서, 자연의 가치를 잊지 않고 세속적인 삶에서도 조화를 이루며 살아가야 함을 깨닫는다. 신의 길이 주는 감동은 단순히 아름다운 경치를 보는 것을 넘어, 우리 안에 내재된 자연과의 연결고리를 회복하고 마음의 평화를 찾게 해준 소중한 시간이서 신의 길 트래킹에 감사한 마음을 담아본다.

여행정보 Tip

1. 여행일정
   - 07:30~09:00 마이오리에서 보메라노까지 버스 이동
   - 09:00~12:30 신의 길 트래킹
   - 12:30~15:00 포지타노 관람
   - 15:30~16:00 포지타노에서 마이오리까지 보트 이동
2. 예약사항 없음
3. 여행 참고사항
   - 신의 길 트래킹을 하려면, 마이오리에서 5120번 버스를 타고 아말피에서 내린 후, 다시 아말피에서 5080번 버스를 타고 보메라노에서 하차.
   - 보메라노에서 시작하는 신의 길 트래킹은 노첼로에서 끝나는데, 노첼로에 도착하여 포지타노로 내려가기 위해서는 두 갈래 길(오른 쪽으로 가는 길과 아래로 내려가는 길)에서 아래로 내려가는 계단길로 가야 포지타노로 가는 지름길.
   - 포지타노에서 마이오리로 이동하는 방법은 버스를 두 번(5070번 과 5120번) 갈아타거나, 아니면 포지타노에서 마이오리로 가는 보트를 이용하는 방법이 있으니 선택하여 이용.

시행착오 체크리스트 및 대응방안

- ☐ 트래킹 준비 부족: 돌길과 아스팔트길 대비 발 편한 등산화 준비 필요.
- ☐ 자외선 차단 대비 미흡. 강한 햇볕에 대비해 선크림, 모자, 선글라스 준비 부족: 경로에 따른 준비물을 철저히 준비하고, 체력을 고려한 일정 계획수립 필요.
- ☐ 포지타노 관광객 혼잡 예상 미흡. 많은 관광객으로 인해 기대했던 여유와 감동 감소: 관광객이 많은 명소에서는 혼잡함을 감안한 기대치 설정.
- ☐ 현지 서비스 한계 예상 부족: 화장실 유료 이용 및 고객 편의성 부족에 대한 대비 필요. 또한 현지의 문화적 차이를 받아들이고, 자신만의 여행방식을 유연하게 적용.
- ☐ 시간 관리 부족. 트래킹 이후 관광과 귀환 시간 계획이 빡빡해 휴식 시간 부족: 일정에 유연성을 두고 예기치 못한 상황에 대비.

사진 Spot Tip

신의 길 트래킹 입구

신의 길 트래킹 1

신의 길 트래킹 2

산에서 바라본 포지타노 마을 1

산에서 바라본 포지타노 마을 2

해변에서 바라본 포지타노 마을

포지타노 마을의 이름모를 미술관 작품 1

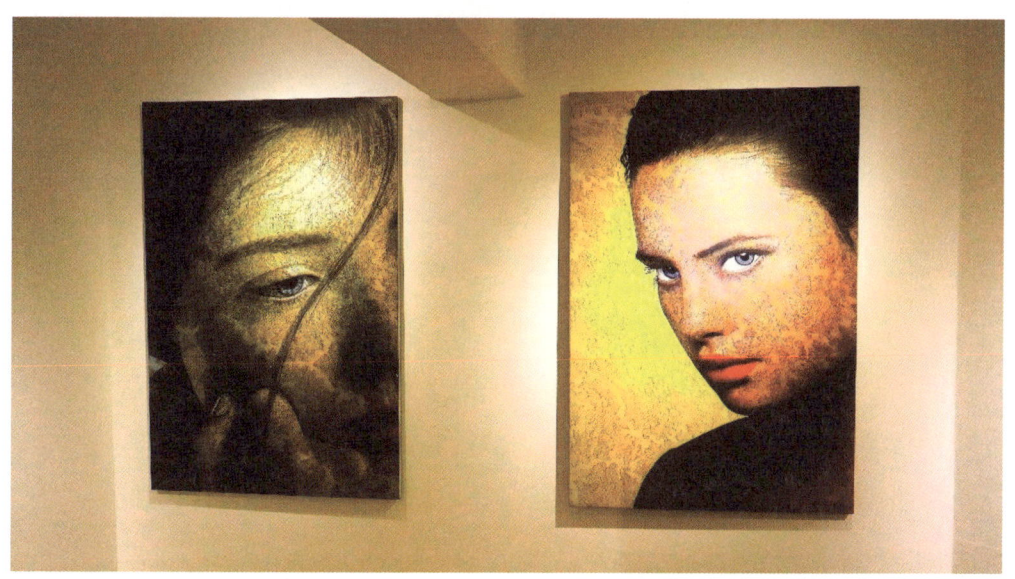

포지타노 마을의 이름모를 작품 2

열리지 않는 라커,
성장과 배움의 기회
답답한 상황을 만났을 땐 기다리며 인내하는 것이 답

8 일차
이탈리아 밀라노

　스위스 그린델발트로 가기 위해 마이오리를 떠나 중간지점인 밀라노에서 하룻밤 숙박을 하기로 하여 마이오리에서 살레르노로 출발하는 오전 9시 25분 페리를 타기 위해 일찌감치 짐정리를 하고 오전 8시 30분 체크 아웃을 한다.
　숙소에서 페리 선착장으로 가는 길에 도로에는 청소부가 부지런히 도로를 치우고 있고, 몇몇 부지런한 동네 주민들이 러닝 복장으로 조깅을 하는 모습이 눈에 띈다. 카프리 섬 투어를 하려는 여행객들이 페리를 타기 위해 바삐 움직이는 발걸음도 가벼워 보인다. 이런 사람들 틈에 끼어 우리도 페리 선착장을 향해 부지런히 걸어 선착장에 놓인 벤치에 걸터앉는다.
　잠시 후 이미 아말피 선착장에서 여행객들을 꽉 채운 페리가 도착한다. 다른 여행객들처럼 우리도 페리에 올라타지만 캐리어를 낑낑거리며 옮기면서 내년 여행에는 중복되거나 불필요한 것들은 다 빼서 캐리어 무게를 줄여야겠다는 생각을 해본다. 여행을 준비할 때는 이것도 가져가야 할 것 같고 저것도 빼면 안될 것 같은 마음에 이것 저것 다 챙겨가지만 45일이라는 긴 여행 길에 계절 온도차가 확실하게 나는 나라를 가는 경우라면 짐을 최대한 줄여야 자유여행을 하는 이동 중 에너지를 덜 소모할 수 있음을 깨닫는다.

30분 정도가 지나자 페리는 살레르노 선착장에 도착하고 우리는 페리에서 내려 기차역으로 가며 기차를 타기까지 남은 1시간을 보내기 위해 역 주변 카페에 들러 맛있어 보이는 빵과 카푸치노 한잔 그리고 콜라를 주문한다. 유럽여행을 할 때마다 느끼는 것이지만 여기는 남녀노소 할 것 없이 길거리에서 왜 이리 담배를 피워대는지. 사람 없는데 가서 피우라고 말해주고 싶은 마음은 굴뚝같지만 그렇게 하는 것이 일상인 그들에게 내 의견을 말할 수 없음이 아쉽다.

나폴리로 출발하는 오전 11시 30분 열차에 몸을 싣고 1시간 남짓 이동 후 다시 나폴리역에서 밀라노로 가는 열차로 갈아탄다. 자유여행할 때 이렇게 대중교통을 이용하니 기차 한번 실수로 삐끗하여 잘못 타면 그 날 하루는 완전히 망치게 됨을 너무나 잘 아는지라 플랫폼을 확인하고 또 확인하고 열차에 오르기 전 플랫폼에서 반드시 역무원에게 목적지를 확인하고 오르니 나름 안전장치를 마련하고 이동을 하는 셈이니 그나마 안심이 되긴 한다. 짐칸에 캐리어를 올려놓고 도난을 방지하기 위해 만약을 대비해 준비해간 줄로 캐리어를 연결하여 자물쇠로 묶고 자리로 돌아와 차창을 바라보며 날씨를 확인해보니 오늘은 하루 종일 비가 온다는 예보다.

오후 5시경 밀라노에 도착하니 일기예보대로 비가 많이 와서 숙소가 가까운 거리에 있음에도 택시로 이동하기로 하고 택시 승강장으로 이동하여 택시를 타고 숙소에 도착하여 열쇠를 수령하여 숙소에 들어가니 오후 7시다. 원래 비앤비 숙소를 관리하는 숙박업체 직원이 현장에 나와 숙소이용자에게 숙소이용에 필요한 정보와 안내를 해주어야 하는데, 메일과 WhatsApp 을 통해 숙소 열쇠를 취득하는 방법 및 몇 가지 안내를 하는 것이 전부다. 도로변 라커에 열쇠를 넣고 비번을 알려주고는 숙소이용자에게 꺼내 가라고 한다.

그런데 이게 웬걸! 알려준 라커 비번으로 라커가 열리지 않는다. 몇 번을 시도하여도 라커가 열리지 않아 결국 숙박업체에 연락을 하여 라커가 고장난 것 같다고 말하니, 아니라 한다. 그래서 또 다시 시도를 해보지만 여전히 라커가 열리지 않아 할 수 없이 다시 숙박업체에 연락을 하여 숙소로 와서 문제를 해결해 줄 수 없는지 물으니, 이번에는 갈 수가 없다는 대답이 돌아온다. 그리고 뭐라 뭐라 이야기를 하는데 무슨 말인지를 몰라 AI 폰으로 번역을 해가며 통화를 하지만, 발음이 안 좋아서인지 직원이 하는 이야기를 번역기가 제대로 알아 듣지 못한다. 여직원은 못 온다고 하고 번역기는 제대로 작동 되지 않고 라커는 열리지 않고 정말 진퇴양난이다. 이렇게 시간이 흘러가는가 했는데 아파트 입구에 근무하는 수위인 듯한 여자분이 이 상황을 파악하고 숙소주인에게 연락을 했던가 보다. 결국 그분이 나서 숙소주인과 통화하며 라커를 열어보려 하지만, 그분 또한 열지를 못하고, 그러기를 여러 번. 그러다 그분이 숙소주인과 영상통화를 하며 라커 상황을 알려주고 숙소주인이 하라는 대로 라커를 힘껏 잡아 당기니, 이번에는 라커가 감쪽같이 열려 2시간에 걸친 답답하고 난처한 상황이 마무리된다. 길거리에서 흠뻑 비를 맞아가며 다크 서클이 내려오고 초췌해진 우리는 드디어 여자분이 건네준 열쇠를 손에 꼬옥 받아 움켜쥐고 아파트 6층으로 올라가 짐을 내려놓고 근처에 있는 까르푸 마켓을 가려 하는데, 이번에는 방문이 열리지 않는다.

한국에서는 비번 하나면 숙소에 들어가고 나가는데 전혀 문제가 없는데 여기는 모두 다 열쇠이니 열쇠 하나 잘못 건드리고 게다가 여기처럼 방에 문이 3개나 있는 경우에는 그 중 하나만 잘못 조합하면 주인이 아니면 나갈 수 없는 난처한 상황이 되어 버리니 이런 상황을 모르는 여행객들은 정말 고역이다. 열쇠와 관련된 상황으로 낭비되는 시간 때문에 처음에는 화가 조금 났지만 어쩌겠는가! 기다리고 참는 것 외에 달리 방법이 없다.

우여곡절 끝에 결국 아내가 방문을 열어 까르푸로 가서 장을 보고 맛난 스테이크로 저녁을 먹는다. 저녁 식사 후 샤워를 하고 식탁에 앉아 하루를 정리하며 오늘 일을 돌아보니 아파트에 들어가고 나오는 것과 관련한 상황에서 거의 3시간을 소요하며, 오늘과 같이 문제가 잘 풀리지 않는 답답하고 난처한 상황에서는 기다리고 참는 것 외에 다른 길이 없다는 삶의 지혜를 배운다.

앞으로 남은 여행 중 또 언제 어떤 난처한 상황을 겪을지는 알 수 없지만 오늘 겪은 일은 그런 답답한 상황을 만날 때 우리가 어떻게 대처해야 하는지를 가르쳐주고 있으니 오늘 일을 교훈삼아 한걸음 더 나은 여행을 기대하게 하는 밀라노의 밤이 이렇게 흘러가고 있어 아쉽기만 하다.

여행정보 Tip

1. 여행일정
   - 09:10~09:45 마이오리에서 살레르노까지 보트로 이동
   - 09:45~11:30 카페 휴식
   - 11:30~16:58 살레르노에서 밀라노까지 기차로 이동
2. 예약사항
   - 마이오리에서 살레르노까지 가는 보트는 별도 예약 불필요.
   - 살레르노에서 밀라노까지 가는 기차표 예약필수. (기차표 예약없이 현장 발권시 예약했을 때 보다 기차표 값이 더 비싸고, 당일 기차표가 없을 수 있으니 주의필요)

시행착오 체크리스트 및 대응방안

- ☐ 짐을 과도하게 챙겨 캐리어 이동에 어려움 발생: 장기여행시 계절에 따른 필수 아이템만 가져가고, 짐 무게를 줄이기 위해 중복되는 물품은 제외. 여행 전 가벼운 캐리어 팩킹 리스트 작성 및 실천.
- ☐ 열차 플랫폼 확인 및 열차 갈아타는 과정에서 혼란 발생 가능성: 열차시간표와 플랫폼 정보를 사전에 확인하고, 역무원에게 최종 목적지 재확인. 이동경로를 명확히 이해하고 여유시간을 충분히 확보.
- ☐ 라커 비밀번호 오류로 열쇠 수령 지연: 숙소 체크인 방법과 열쇠 수령절차 사전 숙지. 숙소 관리업체와의 연락처를 저장하고, 문제 발생 시 신속히 연락할 수 있도록 준비.
- ☐ 숙박업체 직원과의 의사소통 어려움으로 문제해결 지연: 기본적인 영어표현 및 관련 용어 숙지. 번역 앱(예: Google Translate)을 미리 다운로드하고 활용법 익히기. 현지인의 도움을 요청할 때 간단한 문장 준비.
- ☐ 열쇠 문제와 같은 돌발 상황으로 시간낭비: 현지인(수위, 이웃 등)에게 도움을 요청할 준비. 기다림과 인내심을 가지고 유연하게 대처.
- ☐ 라커 문제로 인해 일정지연 및 계획차질: 일정에 여유 시간을 포함해 돌발상황에 대비. 주요일정 전후로 충분한 시간을 배정해 유연성을 확보.

PART2 스위스 7박 8일

브리엔츠, 알프스의 심장 속으로
비 오는 날, 베른에서 멈추다
그린델발트에서의 하루, 시간을 초월한 한결같음
비르그와 알멘후벨, 도전과 성취의 여정
유럽 최고봉으로의 여정, 융프라우를 향해
외시넨 호수, 산과 호수가 그린 그림
루체른에서 찾은 삶의 가치와 미래의 다짐

브리엔츠,
알프스의 심장 속으로
소소한 배려와 작은 선행이 인생을 풍요롭게 하는 비결

9일차
스위스 그린델발트, 브리엔츠 호수

    그린델발트로 가는 오전 7시 열차를 타기 위해 오늘은 새벽 5시에 기상하여 간단한 아침식사를 하고 밀라노 첸트랄레 역을 향한다. 새벽부터 비가 부슬부슬 내리고 있어 택시로 역까지 가고자 하나, 택시 잡는 것이 쉽지 않아 역까지 걷기로 한다. 숙소에서 역까지는 600미터 정도 되는 거리이므로 이까짓 약간의 비 정도야 하며 아내와 함께 빗길을 걷는다. 비가 부슬부슬 오는데도 첸트랄레 기차역에는 일찍부터 사람들이 엄청 많다. 우리도 그 틈에 끼어 기차시간에 맞춰 스위스 슈피츠행 기차에 몸을 싣는다.

    졸다 자다를 반복하니 어느새 슈피츠역에 도착하여 우리는 인터라켄 ost로 가는 기차로 갈아탄다. 오늘은 이동시간도 길고 몸도 피곤하여 인터라켄 ost 역에 도착하면 캐리어를 기차역 라커룸에 보관하고 버스로 이동하며 브리엔츠 호수를 보고 브리엔츠역에 내려 산악열차를 타고 브리엔츠 로트호른을 한 바퀴도는 여행일정을 계획하지만 브리엔츠역에 막상 내려보니 휑한 느낌이 들어 매표소 직원에게 물어보니 지금은 공사 중이어서 브리엔츠 로트호른 산악열차를 탈

수 없다고 한다. 6일간 융프라우 지역을 관람할 수 있는 티켓 값으로 일인당 375 프랑(한국 돈으로 약 60여만원)을 지불했고 티켓 값 안에 이 산악열차 금액이 15만원 정도 차지하는데 이렇게 무책임하게 운영하다니! 하는 생각이 들어 불쾌감이 밀려온다. 하지만 어쩌랴! 할 수 없이 숙소로 돌아가기 위해 버스를 기다리는데 마침 유람선이 선착장으로 들어오길래 확인해 보니, 티켓 값에 유람선 타는 것이 포함되어 있어 무료로 탈 수 있다. 옳거니! 잘됐네! 하고 우리는 줄을 서서 인터라켄 ost 행 유람선에 올라탄다.

이렇게 그린델발트에서의 하루가 시작되고 인터라켄 ost 에 내린 우리는 스위스의 대표 슈퍼마켓 쿱에 들러 먹을 것을 사서 숙소가 있는 슈웬디역을 향한다. 숙소 주인 레귤라에게는 "우리가 짐이 많으니 기차역에서 숙소까지 데려다 줄 수 있는지"를 전화로 확인하였더니 "물론이죠" 라는 답변을 받는다. 슈웬디역에 내리니 먼저 와서 기다린 숙소 여주인 레귤라가 반갑게 맞아주며 자동차로 우리의 짐을 숙소까지 옮겨준다. 이렇게 하여 숙소에 들어와 레귤라가 설명하는 숙소 이용 및 주의사항을 듣고 숙소에서 바라보이는 아이거와 융프라우를 바라보며 레귤라에게 가벼운 농담으로 "내일 새벽 아이거를 암벽 등반으로 올라갈테니 봐 달라"고 능청을 떨었더니 웃으며 맞장구를 쳐 준다.

설명을 마친 레귤라가 돌아간 후 숙소에 짐을 풀고 휴식을 취하고 있는데 잠시 후 레귤라가 숙소 벨을 누른다. 문을 여니 접시에 자신이 직접 구운 빵을 건네주며 따뜻한 미소를 짓는다. 이렇듯 여주인의 따뜻한 배려와 소소한 선물이 낯선 곳을 여행하는 여행객에게는 힘이 되고 마음의 안정감을 주기에 충분하다는 생각을 하니 감사한 마음이 절로 난다.

　인생은 여행하는 나그네 길이라 하지 않던가! 그러므로 모든 사람은 여행객이라 생각해 볼 수 있으니, 누구에게나 새로운 환경 혹은 관계에서 베풀어지는 소소한 배려와 작은 선행은 인생을 보다 더 풍요롭게 할 수 있음을 숙소주인 레귤라를 통해 배운다. 이렇게 레귤라의 환대 속에 어제 오늘 이틀 간의 나빴던 기억들은 눈 녹듯 사르르 녹아 내리고 준비한 저녁 식사를 마치니 그린델발트의 따뜻한 첫날이 아쉽게 지나간다.

여행정보 Tip

1. 여행일정
    - 07:05~09:53 밀라노에서 슈피츠까지 기차로 이동
    - 10:34~11:00 슈피츠에서 인터라켄 ost 까지 기차로 이동
    - 11:00~12:00 캐리어 보관 및 휴식
    - 12:00~13:00 인터라켄 ost 에서 브리엔츠까지 버스로 이동
    - 14:00~15:00 브리엔츠에서 인터라켄 ost 까지 유람선으로 이동
2. 예약사항
    - 밀라노에서 슈피츠까지 가는 기차표 예약은 필수.
    - 슈피츠에서 인터라켄 ost 까지는 별도 예약 필요없음.
    - 스위스 여행 교통카드는 사전 구매 필수.
        - ✓ 여행 목적에 따라 스위스 패스, 융프라우 VIP 패스, 베르너오버란트 패스 그리고 하프페어 카드 중 하나 또는 두 개를 선택하여 구입하여 사용하는 것이 교통비용절감.
        - ✓ 융프라우 지역에서 5 일 이상 여행하면서 트래킹 혹은 관람에 중점을 둘 때 가장 좋은 교통카드 조합은 베르너오버란트 패스 및 하프페어 카드 동시 구입 추천. (자세한 사항은 검색어로 인터넷 조회확인 필요)
3. 여행 참고사항
    - 인터라켄 ost 역 유료 캐리어 보관장소는 슈퍼마켓 "쿱" 맞은편 기차역 플랫폼에 있음.

시행착오 체크리스트 및 대응방안

- ☐ 택시 이용 실패로 빗길 도보 이동: 이른 아침 이동 시 택시 사전 예약 또는 대중교통 시간표 확인. 간단한 우비와 접이식 우산을 준비해 날씨 변화에 대비.
- ☐ 브리엔츠 로트호른 산악열차 운행 중단으로 계획 변경: 방문 전 관광지의 운영 일정과 공사 여부 확인. 대체가능한 일정(유람선 탑승, 도보 여행 등)을 사전 준비.
- ☐ 운영 중단에도 티켓 비용 환불 또는 공지 부족: 티켓 구매 시 환불 및 변경규정을 확인. 불가피한 상황에서는 대체 체험(유람 선 탑승 등) 적극 활용.
- ☐ 숙소 주인과의 소통 필요상황 발생: 이동 전 숙소주인과 필요한 서비스(픽업 등) 미리 협의. 소소한 유머와 친절을 활용한 원활한 관계유지.
- ☐ 운영 중단 및 계획 변경으로 인한 불쾌감: 예상치 못한 상황에서는 긍정적 대안을 찾아 여행경험을 새롭게 전환.
- ☐ 낯선 환경에서의 안정감 부족: 현지인의 친절을 적극적으로 받아들이고 감사 인사 전하기.

사진 Spot Tip

브리엔츠 호수 1

브리엔츠 호수 2

비 오는 날,
베른에서 멈추다

힘들 땐 잠시 쉬어 가는 것도 여행

10 일차
스위스 베른

　마이오리를 떠나 밀라노를 거쳐 그린델발트에 도착한 어제부터 오늘까지 몸 컨디션이 영 좋지 않다. 감기몸살 기운이 있어 약으로 몸을 달래려 하지만 몸이 말을 듣지 않는다. 게다가 지금 스위스 그린델발트 날씨는 많이 오지는 않지만 아침부터 부슬부슬 비가 내리고, 오늘 하루 종일 흐리고 비가 온다는 예보다.

　원래 계획은 뮤렌으로 가서 비르그를 거쳐 쉴트호른 전망대에 올라 거대한 아이거와 융프라우 등 알프스의 만년설이 덮인 산들을 관람하고 뮤렌으로 내려와 알멘후벨 트래킹을 하고 라우터브루넨과 벵엔마을을 관람한 후 케이블카를 타고 멘리헨을 거쳐 그린델발트터미널로 내려와 숙소로 돌아오는 일정이다.

　그런데 몸 상태도 좋지 않지만 날씨도 잔뜩 흐려 계획한대로 움직였다가는 전망은 커녕 안개와 구름만 잔뜩 보고 내려올 것이 뻔해 계획을 변경하여 스위스의 수도, 찬란한 문화유산이 가득한 베른을 관람하기로 한다. 베른으로 가기 위해 우리는 숙소에서 나와 오전 8시 30분 기차를 타고 인터라켄 ost 역에 내려 베른 가는 기차로 갈아탄다.

베른에 도착하니 오전 10시다. 베른 관람은 베른역에 도착하여 스위스 연방궁전, 시계탑, 베른대성당, 곰 공원, 장미정원 그리고 아인슈타인 박물관 관람 후 다시 베른역으로 돌아오는 코스로 거리는 약 6킬로미터, 관람시간은 3시간 정도로 예상한다. 만약 박물관을 관람한다면 시간이 더 필요하겠지만 우리는 박물관 내부관람은 하지 않기로 한다.

날씨가 흐리고 비가 부슬부슬 오지만 멀리 타국에서 여기까지 날아왔는데 비가 온다고, 몸이 좀 안좋다고 가만히 있기에는 마음이 허락하지 않는다. 굳은 의지와 열정으로 무장한 우리는 비를 맞아가며 멋진 풍광을 카메라에 담기도 하고 다양한 포즈로 추억을 남기는가 하면 또 걷다가 벤치 혹은 버스정류장 의자에 앉아 당보충도 한다.

누가 베른에는 볼 것이 없다고 했던가! 중세도시의 풍광이 잘 보존되어 있고 또 아레 강가에 길게 늘어선 고풍스러운 건물들은 유네스코에서 세계문화 유산으로 도시 전체를 지정할 만했다는 생각을 하게 한다. 그리고 베른 대성당의 종탑은 도시 전체의 중심을 잡아주는 건물이라고 해야 할까? 베른 중심부에 잘 자리하고 있고 베른 강가에 공간을 지정하여 풀어놓은 곰들은 날씨가 흐려서인지 다들 지쳐 잠들을 자고 있지만 그 와중에 많은 관광객들은 곰 사진을 찍는다고 난리다.

전망대로 이름을 바꿔야 할 것 같다고 생각이 드는 장미정원 관람을 끝으로 우리는 다시 베른역으로 향한다. 시간이 많이 남아 바로 숙소로 가지 않고 베른에서 툰으로 이동하여 툰에서 인터라켄으로 가는 유람선을 타고 툰과 슈피츠를 관람할까도 생각해보지만, 몸 컨디션이 썩 좋지 않아 그냥 숙소로 가기로 한다. 잠시 후 베른역에 도착하여 KFC에 들어가 햄버거와 콜라로 요기를 하고 인터라켄으로 향한다. 그런데 몸이 안 좋아도 빨리 숙소에 들어가는 것은 아쉽다는 생각이 들기도 하니, 몸 따로 마음 따로인 내 모습이 우습지만 어쩔 수 없다.

결국 인터라켄 ost 역에 내려 하더쿨룸 전망대에 올라가기로 하고 푸니쿨라를 탄다. 비는 부슬부슬 오고 안개는 가득한 상태에서 전망대에 오르지만 예상대로 구름과 안개만 가득할 뿐 융푸라우의 전망은 전혀 볼 수 없어 아쉬운 마음을 뒤로하고 내려와, 인터라켄 쿱에 들러 먹을 음식을 사서 숙소로 복귀한다.

오늘 여행은 비와 몸살로 인해 힘든 하루였다. 하지만 흐린 날씨 속에서도 베른의 중세 풍경과 고즈넉한 매력을 만끽하며, 여행을 멈추지 않았다는 점에서 나름 알찬 하루였다. 그럼에도 불구하고, 나를 깨닫게 한 것이 있으니, "여행은 무조건 바쁘게 움직이는 것만이 전부가 아니다." 때로는 힘든 순간을 인정하고 잠시 쉬어가는 것도 여행의 일부라는 사실을.

여행정보 Tip

1. 여행일정
    - 08:30~10:00 슈웬디역에서 베른역까지 기차로 이동
    - 10:00~14:00 베른 관람
    - 14:00~15:00 베른역에서 인터라켄 ost 역까지 기차로 이동
    - 15:00~16:30 하더쿨룸 전망대 관람
2. 예약사항 없음
    - 슈웬디역에서 베른역까지 왕복기차는 베르너오버란트 패스가 있는 경우 무료 이용가능.
3. 여행 참고사항
    - 비가 오거나 안개가 많이 낀 경우 하더쿨룸 전망대는 비추천. 이유는 날씨가 안 좋은 경우 하더쿨룸 전망대에서 알프스 전경은 볼 수 없음.
    - 비가 오거나 날씨가 안 좋은 경우 유람선 타고 브리엔츠 호수나 툰 호수 관람하는 것 추천. (베르너오버란트 패스가 있는 경우 유람선 무료 이용가능)

시행착오 체크리스트 및 대응방안

☐ 감기몸살로 인한 체력저하: 여행 중 건강관리에 신경쓰기(비타민, 충분한 휴식, 따뜻한 옷). 몸상태가 좋지 않을 땐 무리하지 말고 일정 조정.

☐ 방문지의 날씨상황에 따른 대체일정 실행: 방문지의 날씨 상황을 미리 확인하고, 대체 일정과 이동 방법 준비. 날씨가 좋지 않을 경우, 풍경 관람 대신 지역의 문화, 음식, 실내 명소 등 체험. 대안이 될 활동이나 짧은 여행으로 만족감을 높이는 선택 필요.

☐ 예상 이동 시간과 체력 소모를 고려한 계획 수립: 하루에 모든 것을 다 하려는 욕심을 버리고, 여유로운 일정 설정. 쉬어 가는 것도 여행의 일부라는 긍정적인 마인드 유지

사진 Spot Tip

베른 역사 박물관(아인슈타인 박물관)

베른 시내 1

베른 시내 2

베른 시내 3

전망대에서 바라본 베른시내 1

전망대에서 바라본 베른시내 2

베른 장미정원의 아인슈타인 동상

베른 곰 공원

그린델발트에서의 하루,
시간을 초월한 한결같음

언제나 한결같이 그 자리에 있는 사람

11 일차
스위스 그린델발트, 쉬니케플라테 및 피르스트

눈을 뜨니 새벽 2시 30분. 요 며칠 계속 컨디션이 좋지 않았음에도 오늘은 몇 시간을 더 일찍 일어난다. 눈을 떴는데 억지로 더 잘 일이 뭐 있겠나 싶어, 거실로 나가 밀린 여행기를 기록하기 위해 테이블에 앉는다. 지난 몇일 일어났던 일들을 기억하며 하나씩 여행내용을 기록한다. 그러다 갑자기 온몸에 오한이 오고 몸이 덜덜덜! 안되겠다 싶어 우선 방으로 들어가 전기장판 위에 몸을 누이고 이불을 푹 뒤집어 쓴다. 1시간이나 잤을까? 온 몸에 땀이 뒤범벅 인걸보니 컨디션이 회복될 모양이다.

새벽 6시경 다시 일어나 못다한 사진정리와 여행기를 마무리하고 있으니 아내도 더는 누워있기가 불편한지 일어나 오늘 예정된 쉬니케플라테와 피르스트 트래킹 및 관람을 준비한다.

계획보다 1시간 늦게 숙소에서 출발하여 인터라켄 ost 로 가는 오전 8시 40분 기차를 타고 빌더스빌에 내려 쉬니케플라테로 가는 산악열차에 올라탄다. 그런데 세상에 이렇게 느리게 올라가는 산악열차는 처음 본다. 약간 과장해 굼뱅이가 기어가듯 올라가니 5~10분이면 올라갈 목적지를 1시간이나 걸려 올라간다. 우리가 어찌 이 시간을 놓칠소냐! 아내와 함께 꾸벅꾸벅 잠 배틀을 하며 쉬니케플라테까지 올라 목적지에 도착하니 나름 볼 것이 있다. 한편으로는 인터라켄과 브리엔츠 그리고 툰 호수의 전경을 한꺼번에 조망할 수 있고 또 반대편으로는 아이거와 묀히 그리고 융프라우가 나란히 그 자태를 뽐내며 자웅을 겨루고 있어 "역시 스위스군!" 하며 추억 사진 몇 컷을 찍고 트래킹을 준비한다. 안내도를 보니 10개 정도의 트래킹 코스가 있는데 제일 긴 코스가 피르스트까지 가는 코스이고 거리는 16킬로미터에 6시간을 트래킹하면 도착한다고 안내되어 있다. 아내와 나는 의기충천하여 그래 우리가 시시하게 거리가 짧은 트래킹 코스를 가서야 되겠냐 하며 16킬로미터에 달하는 피르스트를 트래킹하기로 하고 산을 오르는데 올라가는 초입부터 가파르다. 그렇게 1시간 30분가량 올라가니 슬슬 배가 고프기 시작한다. 안되겠다 싶어 준비해 간 햄버거와 간식을 먹고 시간을 보니 정오 12시다. 피르스트에서 내려오는 마지막 케이블카가 오후 5시에 끝나므로 초행길에 우리가 그 시간을 맞출 수 있을까 염려되어 의기가 꺾인 우리는 결국 계획을 변경하여 쉬니케플라테에서 산악열차를 타고 빌더스빌역으로 내려가, 빌더스빌역에서 그린델발트역까지 가는 기차를 타고, 거기서 내려 다시 피르스트로 가는 케이블카를 타기로 한다. 계획대로 쉬니케플라테 전망대에서 빌더스빌역으로 내려와 다시 그린델발트행 기차로 갈아 탄다.

기차역에서 내려 피르스트 케이블카 승강장으로 올라가는데 사람들이 도로 양 옆으로 길게 늘어서서 무엇인가를 바라보고 있다. 잠시 후 마을 축제행렬이 이어지고 무슨 큰 항아리 같은 곳에 쇠 공을 넣었는지 굉음이 울리고 이 굉음이 울리는 도구를 20여명이 각각 한 개씩 낑낑거리며 들고가면서 소리를 내고 있고, 그 뒤를 과자 바구니를 든 어린 여자아이들이 관광객들에게 과자를 나누어 주는가 하면 또 그 뒤를 이어 콧수염을 붙인 어린 아이들이 행진을 하는데 그 광경이 얼마나 귀엽고 우스꽝스러운지 보는 내내 입가에 미소가 가시지 않는다. 이런 축제의 현장을 지나 피르스트 케이블카 승강장에 이르러 순서에 따라 피르스트로 올라가는 내내 대단한 풍광에 절로 탄성이 난다. 아! 그래서 여기 오는구나! 하는 생각이 든다. 피르스트에 가면 보통은 바흐알프 호수 하이킹을 3시간 정도 하는데 오늘은 시간상 맛만 보고 월요일에 융프라우 스핑크스 전망대와 피르스트 전망대 갈 때 제대로 하이킹을 하기로 한다.

피르스트에는 천길 낭떠러지 절벽에 구조물을 설치하여 이를 클리프 워크라하고 여행객들이 여기서 사진도 찍고 스릴도 즐기니 안 가 볼 수가 없다. 클리프 워크 길을 걸으며 눈 앞에 펼쳐진 융프라우의 웅장한 산들이 그 위엄을 드러내며 장엄함을 과시하고 있어, 그 길을 걸으며 풍광을 마음껏 만끽하고 추억을 남기고 왔으니 오늘도 나름 의미 있는 날이다.

나는 안 가본 곳을 가기보다 좋은 곳을 여러 번 가는 스타일이다 보니 가기로 계획한 스톡호른이라든가 아델보덴 같은 곳은 생략하고 융프라우 주변의 명소를 한번 더 가기로 계획을 변경한다. 한번 좋은 곳은 특별한 경우가 아닌 한 실망시키는 법이 없음은 지금까지 살면서 경험한 진실이다.

사람도 마찬가지인 듯하다. 인터넷을 도배하는 기사들을 보면 자신의 이해 관계에 따라 조석변개하는 기준도, 진실도, 양심도 없는 무가치한 부류의 사람들로 가득하지만 사람들의 마음 속에 "언제 보아도, 언제 만나도, 생각만 해도 그래 바로 이 사람이지, 그 사람 한결 같은 사람이지!"라고 기억되는 삶을 생각해 보게 하는 그린델발트의 3번째 날이 지나간다.

여행정보 Tip

1. 여행일정
   - 08:40~09:00 슈웬디역에서 빌더스빌역까지 기차로 이동
   - 09:30~10:30 빌더스빌역에서 쉬니케플라테역까지 산악열차로 이동
   - 10:30~13:00 쉬니케플라테 트래킹 및 전망대 관람
   - 13:00~15:00 쉬니케플라테에서 그린델발트까지 기차로 이동
   - 15:00~17:30 케이블카 이용한 피르스트 이동 및 관람
2. 예약사항 없음
   - 베르너오버란트 패스 소지자는 융프라우 지역내 모든 교통수단 (기차, 산악열차, 케이블카)무료이용가능. (단, 아이거 글랫쳐 구간은 제외)
3. 여행 참고사항
   - 브리엔츠 호수와 툰 호수 조망 그리고 멋진 인생사진을 원한다면, 쉬니케플라테 전망대 추천.

시행착오 체크리스트 및 대응방안

☐ 감기몸살로 인한 피로누적과 충분한 휴식 없는 일정강행: 여행 중 건강은 최우선이므로, 몸 상태에 따라 일정을 조정하고 충분한 휴식과 영양 보충 필요.

☐ 산악열차의 느린 이동으로 예상보다 많은 시간을 소비하여 다른 일정에 영향: 이동 수단의 예상 소요 시간을 사전에 확인하고, 여유 시간의 충분한 확보 필요.

☐ 체력과 시간을 충분히 고려하지 않고 긴 트래킹 코스 선택: 자신의 체력과 시간에 맞는 코스를 선택하고, 간단한 간식과 충분한 물 준비.

☐ 피르스트 트래킹 중 마지막 교통편 시간 확인부족으로 계획변경: 주요 교통편 시간확인을 우선적으로 하고, 일정을 유연하게 조정할 수 있도록 계획.

☐ 마을 축제 행렬로 이동이 지연되어 일정 흐름에 차질 발생: 여행 중 예상치 못한 변수는 자연스럽게 받아들이고, 현지의 문화를 즐기는 유연한 태도 필요.

☐ 바흐알프 호수 하이킹을 충분히 즐기지 못함: 주요 명소의 소요 시간과 난이도를 사전에 확인하고, 충분히 경험할 수 있도록 시간 배정 필요.

사진 Spot Tip

쉬니케플라테에서 바라본 알프스 1

쉬니케플라테에서 바라본 알프스 2

쉬니케플라테에서 바라본 인터라켄과 브리엔츠 호수

그린델발트 마을 축제 1

그린델발트 마을 축제 2

피르스트 전망대에서 바라본 알프스 1

피르스트 전망대에서 바라본 알프스 2

피르스트 트래킹 코스

비르그와 알멘후벨,
도전과 성취의 여정

가치와 비전은 자신의 한계를 뛰어넘게 하는 원동력

12 일차
스위스 라우터브루넨, 비르그 & 알멘후벨 트래킹

그린델발트에서 4 번째 날을 맞이하는 오늘은 007 영화를 촬영한 장소로 유명한 쉴트호른 전망대에 올라 알프스의 장엄한 풍광을 감상하고 이어 알멘후벨 트래킹을 하기로 한다.

융프라우는 유럽에서 가장 높고도 험준한 만년설이 있는 산을 가지고 있을 뿐만 아니라 워낙 길이 험하고 도로 놓기가 어려운 상황을 가진 지역이므로 여행기간 중 계획한 장소에 가려면 기차, 산악열차, 곤돌라, 케이블카 그리고 도보를 조합해야 갈 수 있다.

오늘은 주말이라 관광객들이 많을 것을 예상하여 우리는 옷을 단단히 차려입고 아직 해가 뜨기 전 숙소 옆 기차역을 향한다. 슈웬디역에서 기차에 올라 쯔바이뤼치넨역에서 하차를 하여 라우터부르넨행 기차로 갈아타고, 라우터브루넨에서 그라취알프까지는 곤돌라를 타고 올라가 뮤렌으로 가는 기차로 갈아타고 오늘 올라갈 쉴트호른 매표소에 이른다.

티켓을 구입할 때 베르너오버란트 패스와 하프페어 티켓을 두 개다 구입한 여행객에게는 쉴트호른 티켓 값의 50%를 할인해 준다. 매표소 여직원에게 "쉴트호른 티켓 2 장이요" 하니 이게 웬걸! 공사를 하여 쉴트호른에 올라 갈 수 없다고 대답한다. 지난번엔 브리엔츠 로트호른이 공사를 하여 갈 수가 없더니 이번엔 여기 쉴트호른까지. 호른이 붙은 곳들은 왜 이리 한결같이 부실한지, 아쉽기만 하다. 그런데 정말 큰일이다. 오늘 일정이 어그러지는 순간이다. 하지만 여기서 포기할 우리가 아니다. 쉴트호른에 올라가기 전 또 하나의 전망대가 있으니, 바로 비르그 전망대다. 할 수 없이 비르그 전망대라도 가자 하고는 50 프랑을 지불하고 케이블카에 오른다. 너무 일찍 출발한 나머지 비르그 전망대로 올라가는 케이블카에는 아내와 나 이렇게 두 사람과 스키를 타려고 올라가는 청소년 둘을 더하여 총 4 명이 전부다. 어! 이상하다! 여기가 그렇게 인기가 없는 곳이었나 하는 의구심을 가지고 비르그 전망대에 내리지만 그저 탄성만 나올 뿐이다. 앞에 펼쳐진 풍광이 어마어마하다. 카메라가 쉴 틈이 없다. 여기서 찍고 저기서도 찍고 이렇게 찍고 저렇게도 찍어 보지만 그 장엄하고 웅장한 자태를 카메라에 다 담을 수가 없다. 나중에 숙소에 돌아와 사진을 보니 그 장면의 40~50%도 담아내지 못함에 큰 아쉬움이 남는다.

피르스트의 클리프 워크 길도 오금이 저릴만한 짜릿한 공포감을 선사하지만 여기 비르그에서 융프라우를 바라보는 전망대로 내려가는 길도 그에 못지 않다. 송송 뚫린 구멍으로 천길 낭떠러지가 다 보이는 철계단과 바닥은 그야말로 공포(?) 그 자체다. 풍광이 있었기에 가는 것이지 아무것도 없었다면 과연 몇 명이나 그 길을 갈까 하는 생각을 하며, 그래도 사람이 구름 떼처럼 모이는 것을 보면, 좋은 것은 인간의 한계를 뛰어넘게 하는 위력이 있구나 하는 생각을 해 본다.

역시 인간의 한계는 자신의 한계를 뛰어넘을 만한 가치와 비전이 있을 때만 가능함을 되돌아보며 한계와 어려움가운데서도 고난과 역경을 뛰어넘게 하는 가치와 비전으로 인생을 살고 있는가를 돌아보는 시간을 가져본다. 이렇게 비르그 전망대에서의 시간을 뒤로 하고 이제 뮤렌 케이블카역으로 다시 내려가 알멘후벨 트래킹을 시작한다.

 매표소에서 약 1 시간 30 분을 예상하고 알멘후벨로 발걸음을 옮긴다. 올라가는 길에 조금 전 우리가 올랐던 비르그 전망대로 올라가는 케이블카가 보이는데 그 안에 사람들이 꽉 차 있다. 그럼 그렇지! 우리가 일찍 갔기에 사람들이 없었지, 시간이 지나니 사람들이 점점 몰려든 것 같다. 일찍 갔다 오길 잘했다 생각하며 알멘후벨 트래킹을 계속한다. 스위스에서의 트래킹은 우리나라와는 약간 다르다. 우리나라는 오르막과 내리막이 있는데 여기 스위스는 그저 오르막만 있다. 보기에는 올라가는 길에 막힌 것도 없어 목적지가 바로 눈앞에 있는 것 같은데 막상 올라가보면 그게 그렇게 만만하지가 않다. 그냥 힘들다. 군대에서 "돌격 앞으로!"하면 그저 죽을 힘을 다하여 고지를 향해 뛰어갔던 기억이 있는데 약간 차이만 있을 뿐 그 상황과 별로 다르지 않다. 그래도 멋진 풍광에 추억을 남길 수 있으니 다행이다.

 멋진 풍광이 보이면 사진을 찍고 사진을 다 찍으면 다시 오르고를 몇 번이나 반복하며 알멘후벨에 도착하니 정오 12 시다. 숙소에서 아침 7 시 30 분경 나왔으니 이동하고 비르그 전망대 갔다가 알멘후벨에 이르기까지 벌써 4 시간 30 분이 흐른 것이다. 그래도 여기는 모두 다 흙 길이라 좋다. 게다가 올라가는 길에는 소 똥이 가득하여 이리 피하고 저리 피하면서 올라가는 스릴(?)도 있다. 스위스에서는 소를 방목하여 키우다 보니 소는 여기저기서 풀도 뜯고 또 뜯은 풀을 질겅질겅 씹으며 지나가는 사람들을 쳐다 보는 것 같기도 하여 나름 재미 있다는 생각에 소를 보면 방긋 웃음이 나온다. 이렇게 알멘후벨에 올라 융프라우가 가장 잘 보이는 명당 벤치에 자리를 잡고 아내가 정성스럽게 준비한 점심과 간식을 먹는다. 점심을 먹으며 명당 벤치 저 아래에 보이는 레스토랑의 테이블에 앉아 점심을 먹는 사람들과는 비교도 되지 않는 풍광을 바라보며 식사를 하고 있음에 감사한 마음을 가져본다.

몇 일 동안 스위스의 명소를 관람하고 트래킹을 하며 느낀 점은 이만한 풍광을 가진 나라는 스위스가 유일하지만 마음 한편에 쓸쓸한 마음이 드는 것은 어쩔 수가 없다. 왜냐하면 그렇게 좋은 나라가 물가는 세계 최고 수준이고, 가는 곳마다 지불해야 하는 교통비도 세계 최고이니, 스위스를 여행하려면 다른 나라에 비해 여행경비가 최소 30~40%는 더 들어가니 대자연의 아름다운 풍광을 보지만 지불해야 할 비용이 결코 저렴하지 않기 때문이다.

비르그 전망대에 올라 장엄한 알프스 풍광을 관람하고 알멘후벨까지 트래킹을 하였는데도 아직 시간이 오후 1시 밖에 되지 않았으니 이제 플랜 B를 가동할 차례다. 원래 라우터브루넨과 벵엔 마을을 관람할 계획이었으나 연이어 보는 너무 좋은 풍광에, 풍광을 보는 수준이 너무 고급화되어 이제 감동이 별로 없다고 예상되는 시시한 명소는 여행 일정에서 탈락이다. 결국 멘리헨을 갈 것인지 아니면 클라이네샤이덱을 갈 것인지를 고민하다가 내일 융프라우에 올라가야 하니 클라이네샤이덱으로 오후 일정을 정하고 산악열차에 오른다. 그런데 문득 내년 10월 중순 8일간 머무를 숙소로 예약한 벵엔이 생각나 마침 산악열차가 벵엔을 지나가는 길이라 벵엔에서 내려 숙소를 잠시 둘러 보고 다음 기차를 타기로 한다. 벵엔에 내려 숙소 근처를 둘러보니 이미 보는 눈이 높아질대로 높아져 숙소의 위치, 기차역과의 거리 그리고 편리성 면에서 현재의 숙소와는 비교도 되지 않는다는 판단이 서자, 숙소로 돌아가면 이번에 머물고 있는 숙소 주인에게 내년 예약을 미리 해 줄 수 있는지를 알아보고 내년으로 예약한 숙소를 변경하기로 하고 숙소에 대한 정리를 마친다. 다시 다음 기차를 타고 크라이네샤이덱에 도착한다. 그런데 아직 몸이 완전히 회복되지 않은 상태에서 트래킹을 하고 고산지대 관람까지 하였더니 몸이 더 피곤한 것 같다. 벤치를 찾아서 앉아 시계를 보니 벌써 오후 3시다.

　오늘은 여기까지 하자고 아내와 의견일치를 하여 그린델발트터미널행 기차로 발걸음을 옮겨, 슈퍼마켓 쿱에 들러 필요한 몇 가지를 사서 기차를 타고 숙소로 복귀한다. 오는 길에 숙소 주인에게 전화를 하나 받지 않아, WhatsApp 으로 내년도 숙소 예약이 가능한지를 물었더니 가능하다는 답변을 받는다. 기쁜 마음으로 숙소로 돌아와 욕조에 물을 받아 몸을 담그니 하루의 피로가 눈 녹듯 말끔히 사라진다. 내일은 유럽에서 제일 높은 산봉우리 "융프라우"에 올라가는 날이어서 우리에게는 의미있는 날이다. 컨디션 조절 잘하여 고산병 증세없이 융프라우의 위용을 맘껏 즐기고 오리라 다짐하며 우리는 또 내일을 준비해 본다.

여행정보 Tip

1. 여행일정
   - 07:30~09:00 슈웬디역에서 뮤렌역까지 기차로 이동
   - 09:30~11:00 비르그 전망대 관람
   - 11:00~13:00 알멘후벨 트래킹 및 전망대 관람
   - 13:00~14:30 뮤렌역에서 클라이네샤이덱역까지 산악열차 이동
   - 14:30~15:30 클라이네샤이덱 관람
2. 예약사항 없음
   - 베르너오버란트 패스 소지자는 융프라우 지역내 모든 교통수단은(기차, 산악열차, 케이블카) 무료로 이용가능하나, 쉴트호른 전망대와 비르그 전망대는 50% 할인.
3. 여행 참고사항
   - 비르그 전망대 관람 추천. (사람 많은 시간대를 피해 오픈 첫 시간에 올라가 천천히 경치 감상하는 것이 중요)
   - 알멘후벨 트래킹 추천. (트래킹을 안하는 경우, 뮤렌에서 알멘후벨까지 올라가는 푸니쿨라를 이용한 관람 추천)
   - 기후에 맞는 옷차림: 알프스 지역은 기온 차가 크므로 일교차에 대비할 수 있도록 방한대비 의류 준비 필수.
   - 시간관리: 기차와 산악열차시간 그리고 각 명소에서 보낼 시간을 배분하여 계획 조정 필요

시행착오 체크리스트 및 대응방안

☐ 사전조사 부족으로 일정차질 발생: 여행 전 주요명소의 운영여부와 공사일정 확인은 필수.

☐ 명소방문시 예상보다 많은 인파로 인해 이후 대기시간이 늘어날 가능성 고려: 인기 명소는 가능한 이른 시간에 방문해 여유롭게 즐길 수 있도록 계획.

☐ 삥엔 숙소 탐방으로 인해 다른 일정에 영향을 미침: 플랜B 실행 시 우선순위를 명확히 정하고 즉흥적인 활동은 최소화.

☐ 컨디션이 회복되지 않은 상태에서 무리한 일정진행으로 피로가중: 피로를 느낄 땐 충분한 휴식이 필요하며, 다음 날 주요 일정을 위해 컨디션 관리에 집중.

☐ 숙소 예약 관련 사전확인 부족: 숙소 예약 시 위치, 접근성, 시설 편리성 등을 꼼꼼히 검토하여 불필요한 변경 방지 필요.

사진 Spot Tip

비르그 전망대에서 바라본 알프스 1

비르그 전망대에서 바라본 알프스 2

알멘후벨 트래킹

알멘후벨 정상

알멘후벨에서 바라본 알프스 1

알멘후벨에서 바라본 알프스 2

유럽 최고봉으로의 여정, 융프라우를 향해
모를 땐 끙끙대지 말고 전문가의 도움을 받아야지

13 일차
스위스 그린델발트, 융프라우

　오늘은 유럽에서 가장 높은 산 해발 4,158 미터의 융프라우로 올라가는 날이다. 아침 일찍부터 서둘러 간단한 아침식사 후 오늘 있을 융프라우 관람 및 피르스트 트래킹을 준비한다.
　아직은 어둑한 시간인데 우리는 숙소에서 3분 거리에 있는 슈웬디역에서 오전 7시 50분 기차를 타고 그린델발트터미널역에서 내려 아이거글랫쳐까지 올라가는 케이블카에 올라 30여분을 간 후 다시 융프라우로 올라가는 산악열차로 갈아타고 융프라우 전망대에 도착한다.
　스위스에서는 이동 수단인 기차, 곤돌라, 산악열차, 케이블카 타는 요금을 비싸게 받는다. 예를 들어 아이거글랫쳐에서 융프라우로 올라가는 산악열차를 타는데 교통할인을 받을 수 있는 교통카드를 가지고 있지 않으면 30여분을 올라가는데도 일인당 122프랑(약 20만원)의 요금을 받는다. 하지만 베르너오버란트 패스를 가지고 있으면 98프랑, 하프페어 카드를 가지고 있으면 50% 할인을 받아 61프랑만 지불하면 된다. 우리는 일인당 375프랑을 지불하고 베르너오버란트 패스 및 하프페어 카드 모두를 다 구입하였으므로 이동수단 이용 시 할인을 받는데 융프라우 산악열차는 안내받기를 베르너오버란트 패스 할인을 받아 98프랑의 요금을 지불하는 것이었다. 그런데 이게 웬 걸! 티켓 자판기를 이용하여 안내받은대로 98 프랑의 요금을 선택하고 버튼을 눌렀는데 작동이 되지 않아 융프라우 산악열차역에 근무하는 직원에게 도움을 요청하였더니 그분은 우리가 지불해야 하는 금액은 하프페어 카드 할인을 적용하여 61 프랑만 지급하면 된다는 것이다. 우리가 알고 있는 내용과는 다른 내용이었다. 현지에 가면 이렇듯 알고 있는 것과 실제로 실행함에 있어 차이가 있어 정확한 확인이 필요함을 배운다.

의사소통도 마찬가지. 내가 전달하려는 내용을 영어로 어느정도 표현했더라도 현지인이 말하는 것을 정확하게 알아듣지 못하면 그 다음 대화를 할 때 무슨 말을 해야 할지 당황스러울 때가 종종 있다. 국내에서는 영어를 사용할 환경도 되지 않는데다 사실 관심도 없고 또 리스닝과 스피킹 연습을 했다 한들 현지인들은 상대방이 다 알아들을 것이라고 생각하고 자기네들이 일상적으로 대화하는 속도로 이야기를 하니 즉문즉답의 상황에서는 당황할 수밖에 없다. 그래도 어떤 상황이 예상되면 무슨 이야기를 해야 하는지를 미리 생각하고 말도 미리 혼자 연습해보니 그나마 겨우겨우 소통을 이어가며 점차 실력이 늘어감이 감사하기만 하다.

아무튼 현지 안내원의 도움으로 클라이네샤이덱에서 융프라우 전망대까지 올라가는데 37 프랑, 둘이 합해 74 프랑을 절약하였으니 오늘은 무슨 일을 하지 않았는데도 돈을 번 것 같아 기분이 좋다.

이렇게 하여 융프라우에 올라갔으나 올라가기 전 고산병 약을 먹었음에도 온 몸에 힘이 빠지고 약간의 현기증에 귀도 약간 아프다. 고산병 증세다. 안 되겠다 싶어 아내와 한 켠에 앉아 우선 당 보충부터 해야겠다 생각하고, 가지고간 달달한 빵과 초코렛 그리고 충분한 수분을 섭취하며 고산병 증세를 달래 본다. 시간이 지나니 어느 정도 환경에 적응되어 우리는 융프라우의 멋진 풍광을 감상하기로 한다.

여기 저기를 둘러보고 또 전망대에 올라 사진도 찍어 본다. 정말 장관이다. 메인 포토 스팟에서는 융프라우 전망대에 높이 서 있는 스위스 국기를 배경으로 인증사진을 찍기 위해 많은 사람들이 줄을 서 있지만 그렇게까지 하지 않아도 위치를 조금만 잘 잡으면 인증샷은 얼마든지 찍을 수 있어서 우리는 자유롭게 포즈를 취해가며 다양한 각도에서 추억을 남긴다.

이어 기념품 상점에 들르지만 워낙 고가에 물건을 팔다보니 사고 싶은 마음이 전혀 생기지 않아 우리는 빨간색 산악열차를 타고 아이거글랫쳐로 내려와 그린델발트터미널역으로 내려가는 케이블카에 몸을 싣는다.

다음 계획은 그린델발트터미널역에서 멘리헨에 올랐다가 다시 내려와 그린델발트역으로 이동하여 케이블카를 타고 피르스트로 올라가 트래킹을 하는 일정인데, 멘리헨으로 올라가는 케이블카역으로 갔더니 셔터가 내려져 있다. 매년 10월 21일부터 보수공사에 들어가 케이블카를 이용하지 못한다는 공지를 이미 알고 있었는데 시간 가는 줄 모르고 다니던 우리가 깜박했던 것이다. 할 수 없이 돌아가는데 점심시간대에 일반 열차를 운행하지 않는 스위스 기차 운영규정

때문에 우리는 기차로 한 정거장 되는 거리를 트래킹 하기로 한다. 스위스는 걸어 다니기만 해도 풍광이 너무 멋지니 주변 풍광을 바라보며 트래킹 하는 재미가 있다.

가는 길에 결혼 사진을 찍는 신혼 부부가 있어 물끄러미 바라보기도 하고 또 그들처럼 포즈를 취하고 사진도 찍어보고, 길거리에 덩그러니 놓여있는 수도에서 나오는 물도 마시며 피르스트에 도착하여 케이블카를 타고 정상에 오르니 어느덧 점심시간이다. 숙소에서 준비해간 간식은 융프라우 전망대에서 거의 다 먹어서, 피르스트에 오르기 전 슈퍼마켓 쿱에 들러 산 먹을거리 몇 가지를 시원한 벤치에 앉아 주스와 함께 맛있게 먹는다. 피르스트에 올라온 대부분의 사람들이 그늘이 없는 땡볕에 앉아 담소하며 음식을 먹고 있는데 반해 우리는 시원한 그늘이 있는 벤치에 앉아 휴식을 취하며 음식을 먹으니 얼마나 시원하고 맛이 있던지!

피르스트에서는 바흐알프 호수까지 2~3시간 트래킹을 계획했는데 이미 그린델발트터미널역에서 피르스트 케이블카 승강장까지 오며 트래킹을 하여, 피르스트에서는 클리프 워크와 전망대에서 사진을 찍고 귀가하기로 한다.

오늘은 하늘이 맑고 푸르러 어디를 배경으로 찍어도 다 잘 나오는 것 같다. 행글라이더를 타고 창공을 나는 사람, 바흐알프 호수를 트래킹 하는 사람 그리고 전망대와 클리프 워크에서 바라보이는 풍광들까지 너무 멋있게 카메라에 다 담긴다.

이렇게 시간을 보내니 벌써 오후 3시다. 내일은 외시넨 호수를 트래킹 할 계획이다. 왕복 이동시간이 길어 약간 불편하기는 하지만 그만한 호수와 트래킹을 겸한 곳도 드물어 기대가 되는 하루다. 오늘 예정한 일정을 마치고 숙소로 복귀하여 휴식을 취하며 내일 있을 트래킹을 준비하니 그린델발트에서의 하루가 또 이렇게 지나간다.

여행정보 Tip

1. 여행일정
   - 07:50~09:30 슈웬디역에서 융프라우 전망대까지 기차, 케이블카 및 산악열차로 이동
   - 09:30~12:00 융프라우 전망대 관람
   - 12:00~13:30 그린델발트터미널 역에서 피르스트 케이블카 승강장까지 트래킹
   - 13:30~16:00 피르스트 전망대 관람
2. 예약사항 없음
   - 베르너오버란트 패스 소지자는 융프라우 지역내 모든 교통수단(기차, 산악열차, 케이블카)을 무료로 이용가능하나 융프라우~아이거글랫처 구간 산악열차는 50% 할인.
   - 융프라우 vip 패스 소지자는 융프라우~아이거글랫처 구간 산악열차를 1회에 한하여 무료 이용가능.
3. 여행 참고사항
   - 고산병 대비: 고산지대로 올라가기 전에 반드시 고산병 약을 미리 복용하고, 수시로 음료와 간식을 섭취 필수.
   - 시즌에 따라 일정이나 운행시간이 변경되니 여행 전 운영 시간표 혹은 공지사항 확인 필요.

시행착오 체크리스트 및 대응방안

- [ ] 사전 안내받은 할인정보와 실제 할인이 달라 티켓구매 과정에서 불필요한 혼란 발생: 여행 중 복잡한 티켓 요금은 현지 직원에게 직접 확인하여 오해방지 필요.
- [ ] 현지인의 빠른 말 속도를 이해하지 못해 대화가 원활하지 않음: 예상되는 대화를 미리 연습하고 간단한 문장으로 핵심정보 전달하는 것 중요. 필요시 현지 도움을 요청하거나 번역 앱 활용.
- [ ] 고산병 약을 복용했음에도 증세가 나타나 일시적으로 활동제한 발생: 고산지대에서는 무리한 활동을 피하고 천천히 환경에 적응해야 함. 고산병 증세가 나타나면 즉시 휴식을 취하고 당분 및 수분의 충분한 섭취 필요.
- [ ] 멘리헨 케이블카 보수공사로 인해 계획 변경이 필요했음에도 불필요한 이동 발생: 주요 교통수단의 운영시간과 보수일정을 사전에 확인하고 주기적인 점검 필요.
- [ ] 융프라우에서 간식을 모두 소비해 피르스트 트래킹에서 추가 간식이 부족했음: 장시간 활동 시 필요한 간식과 물을 충분히 준비하고, 다음 일정까지 고려해 분배.
- [ ] 피르스트에서 바흐알프 호수트래킹 계획을 변경했지만, 피로누적과 시간부족으로 일부 활동 생략: 트래킹 계획은 체력과 시간을 고려해 유연한 조정 필요.

사진 Spot Tip

융프라우 1

융프라우 2

융프라우 전망대 얼음궁전

피르스트 전망대 1

피르스트 전망대 2

피르스트 전망대에서 바라본 알프스

외시넨 호수,
산과 호수가 그린 그림

꿈꾸는 자가 세상을 얻는다

14 일차
스위스 베른, 외시넨 호수 & 툰 호수

　오늘은 외시넨 호수 관람 및 트레킹을 하는 날이다. 오전 7 시 53 분 슈웬디역에서 기차를 타고 인터라켄 ost 역에 내려 슈피츠행 기차로 갈아타고, 슈피츠역에서 내려 다시 외시넨제까지 가는 기차로 갈아 탄다. 그러나 여기가 끝이 아니다. 외시넨제에 도착해서는 20 여분을 걸어 외시넨 호수로 가는 케이블카 승강장에 도착한다. 여기까지 오는 과정은 힘들지만, 케이블카 승강장으로 가는 길이 정말 멋지다. 왼편으로는 웅장한 회색 바위 산이 우뚝 서 있고 오른편으로는 눈 덮인 설산이 그 위용을 과시하고 있으니 가만히 있을 수가 없다. 카메라를 꺼내 외시넨제 주변 풍광을 카메라에 담기도 하고 이를 배경삼아 여기저기서 멋진 포즈를 잡고 추억도 남겨본다.

　케이블카 승강장에 도착하여 외시넨 호수로 올라가는 케이블카를 타고 목적지에 오르지만 외시넨 호수까지는 케이블카에 내려서도 30 분 이상 트래킹을 해야 호수에 도착한다. 자동차 없이 대중교통으로 가는 경우에 보통 정성이 없으면 갈 수 없는 곳이 바로 외시넨 호수다.

사실 한국에서는 어디를 가든 차로 다니기 때문에 대중교통이 불편하다고 생각할 수 있지만 여기 스위스는 가는 곳마다 자연이 예술이니 풍광 보는 재미도 있고 시간 딱딱 맞게 오는 기차 타는 재미와 오고 가며 만나는 사람들 보는 재미에 이동하는 길이 그렇게 지루하지 않아 시간이 금방 간다. 케이블카에서 내리면 외시넨 호수까지 가는 길이 산으로 둘러 쌓여 있어 풍광이 너무 멋져 우리는 계속 풍광을 담으며 외시넨 호수에 도착한다.

외시넨 호수 트래킹은 호수를 감싸고 있는 산 주변으로 다양한 트래킹 루트가 개발되어 있으나 우리는 이미 1시간 정도 걸어왔고 또 매일 진행되는 트래킹으로 육체적으로 약간 지쳐 있기도 하여 1시간 30분 거리의 트래킹을 하기로 한다.

외시넨 호수주변을 트래킹 하는 내내, 사람들의 발길이 별로 닿지 않아서인지, 자연 그대로의 모습이 잘 보존되어 있음에 감탄하며 좁디 좁은 길에 조심스럽게 한 걸음씩 발걸음을 옮긴다. 대부분의 사람들이 호수주변에 머무르며 인증 사진도 찍고 피크닉을 즐기는 수준이어서 트래킹을 하는 사람들은 별로 많지가 않다. 그래서인지 아이들을 동반한 가족 단위의 트래킹을 하는 현지인들의 모습이 보기 좋다. 또 오고 가며 미소를 동반한 "할로!"하는 스위스 인사말로 서로를 격려하니 트래킹에 재미가 더해진다.

오르는 길 한편 절벽에서 물이 떨어져 만들어진 조그만 도랑에서 흐르는 물에 손을 넣어 얼굴도 씻고 또 물도 마셔보니 역시 알프스 산맥에서 흐르는 물이어서 그런지 물이 시원하고 맛도 있어 빈 물병에 흐르는 물을 담아보기도 한다.

숙소에서 오전 7시 40분경 출발하여 7시 53분 기차를 타고 이동하여 지금이 정오 12시니 벌써 4시간이나 흘러, 금강산도 식후경이니 준비해간 전투식량으로 밥도 먹고 쿱에서 산 초콜릿과 오렌지 주스 그리고 사과를 후식으로 점심을 마무리하자 이제 물멍 할 시간이다. 한참이나 호수가에 비춰진 산과 구름의 모습을 바라보기도 하고 사진도 찍으며 시간을 보낸다. 잠시 후 자리를 정리하고 호수로 내려가는 길에 데칼코마니처럼 호수에 비치는 산과 구름의 모습이 너무 보기 좋아 연속으로 사진을 찍고 또 찍지만 찍는 재미가 쏠쏠하다.

이렇게 외시넨 호수 관람 및 트래킹을 마치고 다시 케이블카 승강장까지 걸어 케이블카를 타고 마을까지 내려와 기차역을 향한다. 기차역으로 가면서 몇 시 기차가 있는지 알아보다 오후 3시 15분 기차가 있고 그 다음 기차가 1시간 후인 오후 4시 15분에 있음을 확인한다. 처음에는 넉넉하게 오후 4시 15분 기차를 타자고 아내와 이야기를 하지만, 갑자기 5분 차이로 1시간을 기다리기보다는 걸어서 11분 거리를 뛰어서 6분만에 기차역에 도착만 하면 1시간을 절약할 수 있다는 생각에, 탈 수 있다는 일말의 희망을 갖고 마음의 허리끈을 동여매고 서로를 바라보며 미소지은 후, 기차역을 향해 전속력으로 달린다.

늘 걷기만 했지 언제 달려 보았던가? 가만히 생각해 보니 아마 10년도 넘었으리라 생각이 되는데, 총동창회 운동회에서 400미터 계주 경기가 있었는데 거기서 한 200미터를 정신없이 달려본 기억이 달리기의 마지막이었던 것 같다. 아내와 나는 오후 3시 15분 기차를 타겠다는 일념으로 뛰고 또 뛰고 뛰어 기차역에 이르러 이제 계단만 오르면 기차를 탈 수 있는 지점까지 다다른다. 시간을 보니 기차는 이제 막 떠날 시간. 하지만 아직까지 기차는 떠나지 않고 플랫폼에 사람은 아무도 없다. 이제 떠날 시간만을 기다리고 있는 기차의 문이 닫히려는 바로 그 찰라, 장하디 장한 대한의 아들 딸, 우리 부부가 기차 문을 열 힘 외에는 아무 힘도 남지 않은 채 기차에 오르니 그제서야 기차가 떠난다. 인간 승리다! 대한민국 만세!

지나간 시간을 돌이켜 보면, 학창시절 말썽만 피우고 하라는 공부는 하지 않았던 시절을 보내고 막상 사회에 나와보니 할 수 있는 것이 아무것도 없었다. 할 수 있는 일이라고는 배운 것이 없는 사람들이나 할 수 있는 막노동, 포장마차, 공장에서 일하는 것이 전부였다. 그렇게 살았으니 무슨 꿈이 있었겠으며 무슨 희망이 있었겠는가! 그저 하루 먹고 하루 사는 것 외에 아무 희망도 없이 살았을 그 때 실낱같은 작은 희망 하나를 붙잡았으니 제대로 된 직장 하나 가져보는 것이었다. 부모님 없이 동생들과 살면서 낮에는 공장에서 밤에는 집에서 주경야독을 하며 노력한 결과 공무원시험에 합격하는 쾌거를 이루었다. 학창시절 공부하고는 그렇게 담쌓고 살았던 내가 주경야독으로 공무원이 되고 나니 또 하나의 꿈이 생겼다. 이번에는 대학을 가는 것이었다. 이렇게 하여 공무원 생활을 하며 주경야독으로 야간대학에 다니게 되었고, 결혼하여서는 대학을 다니며 해보고 싶었던 고시공부를 하여 공인회계사까지 되었으니, 하겠다는 생각과 할 수 있다는 마음 그리고 마칠 때까지 꿋꿋하게 지치지 않는 뚝심으로 버텨내면 결국 원하는 것을 얻을 수 있다는 인생의 지혜를 되돌아보는 시간을 가져본다.

이렇게 기차를 타고 슈피츠역까지 가서 다시 슈피츠에서 튠으로 가는 유람선을 타고 호수 주변을 관람한 후 튠역에서 다시 기차를 타고 숙소로 복귀 한다. 스위스에 온 첫날 어쩔 수 없이 유람선을 타고 브리엔츠 호수를 관람하였지만 오늘 슈피츠에서 튠으로 가는 유람선에서 바라보는 마을과 자연풍광이 더 아름다워 보인다.

인터라켄 ost 역을 중심으로 오른쪽으로 브리엔츠 호수가 있고 왼쪽으로는 튠 호수가 있는데 나에게 호수 하나를 더 꼽으라고 한다면 주저없이 외시넨 호수를 꼽는다. 융프라우 지역에 와서 이 세 호수를 다 보았으니 우리는 이제 호수 관람의 끝판 왕이 된 셈이다.

이제 스위스에서 내일 하루만 더 여행하면 남프랑스로 떠난다. 스위스에서의 몇 일간 여행 길이 아쉬운 부분이 없진 않았지만 대부분 만족한 나날이었기에 지금 숙소로 향하는 우리의 발걸음은 그저 뿌듯하기만 하다.

여행정보 Tip

1. 여행일정
    - 07:53~11:40 슈웬디역에서 외시넨 호수까지 기차3회, 케이블카, 도보로 이동
    - 11:40~12:30 외시넨 호수 트래킹
    - 12:30~14:30 식사 및 휴식
    - 14:30~16:00 외시넨 호수에서 슈피츠역까지 도보, 케이블카, 기차로 이동
    - 16:00~17:00 슈피츠에서 툰까지 유람선 타고 툰호수 관람
    - 17:00~18:30 툰역에서 슈웬디역까지 기차로 이동
2. 예약사항 없음
    - 베르너오버란트 패스 소지자는 융프라우 지역내 모든 교통수단 (기차, 산악열차, 케이블카 및 유람선) 무료 이용 가능.
3. 여행 참고사항
    - 외시넨 호수는 인터라켄에 있는 브리엔츠 및 툰 호수와 함께 관람할 만한 3번째 호수라 할 수 있어 트래킹이나 관람 추천.
    - 호수를 배경으로 인생 샷도 가능하며 호수에 비친 암산과 구름은 어디서도 보기 드문 절경이므로 방문 추천.
    - 기차시간표 확인 필수: 기차로 이동시, 이동 전에 시간표 확인하고 미리 기차역에 도착하기.

시행착오 체크리스트 및 대응방안

- ☐ 외시낸 호수로 가는 대중교통경로가 복잡해 이동 과정에서 피로 누적됨: 복잡한 경로는 사전에 이동시간을 충분히 고려하고 체력을 분배해야 하며, 대중교통의 환승 경로를 미리 숙지하여 혼란을 줄여야 함.
- ☐ 매일 이어지는 트래킹 일정으로 누적된 피로에도 무리하게 트래킹 진행: 트래킹은 체력과 시간을 고려해 무리하지 않은 코스를 선택해야 하며, 적적할 휴식을 통한 체력회복 및 일정조정 필요
- ☐ 이동시 기차시간 사전 미확인: 명소 방문 및 귀가 시 교통편(기차 등) 시간표를 확인하여 불필요한 시간 낭비가 없도록 유의.
- ☐ 급작스러운 결정으로 체력 소진: 급작스러운 결정보다는 여유 있는 일정 조정이 필요하며, 무리하지 않는 선택이 중요.

사진 Spot Tip

외시넨 호수 트래킹 1

외시넨 호수 트래킹 2

외시넨 호수 트래킹 3

외시넨 호수 트래킹 4

외시넨 호수 트래킹 5

외시넨 호수에 비친 암산과 구름

외시넨 호수 1

외시넨 호수 2

툰 호수 1

툰 호수 2

루체른에서 찾은
삶의 가치와 미래의 다짐
과거를 잊은 인생에 미래는 없다

15 일차
스위스 루체른

　오늘 날 스위스는 세계 제일의 관광명소이기도 하지만 나라 자체가 명소다. 국토 대부분인 산을 잘 보존하고 발전시킨 까닭이다. 뿐만 아니라 별다른 천연자원도 없지만 세계 최고 수준의 금융산업 국가요 주요 국제기구가 30 여개나 되는 국제정치의 중요한 무대역할을 하는 나라로서 비록 인구가 900 만이 안되는 작은 나라이지만 인당 국민소득이 한국보다 3 배나 더 많은 11 만 달러에 달하는 세계 3 위의 부자나라로서 이웃나라 프랑스와 독일도 함부로 넘보지 못한다.

　하지만 오늘 루체른을 방문하여 명소 "빈사의 사자상"을 관람하면서 그 이면에 있는 스위스의 슬픈 역사에 대해 생각해 본다. 스위스는 역사적으로 용병의 나라다. 스위스 용병들은 가난한 조국에 남아 있는 가족들을 먹여 살리기 위해 먼 나라 타국에서 용병으로 목숨을 바쳤다 한다. 이 빈사의 사자 조각상은 용병으로 활동한 선조들의 뼈아픈 역사를 기억하기 위해서 만들어 졌다고 한다.

　조각상의 사자는 화살에 심장이 찔렸음에도 용병의 주인이자 고객인 프랑스 부르봉 왕조를 지키기 위해 왕조의 백합 문양이 새겨진 방패를 끝까지 발 밑에 지키며 죽어가고 있는 사자의 모습이라 한다. 스위스 사람들과 어린이들이 이 사자상을 많이 찾는데 그 이유는 사자상 조각을 관람하면서 지금 자신들이 누리는 세계 최고수준의 복지와 풍요는 이렇게 타국 왕조와 다른 나라를 지켜주는 대가로 자기 목숨을 기꺼이 바친 선조들의 고결하지만 참혹한 죽음의 희생결과 라는 것을 마음에 새기고 각오를 다짐하기 위해서라 하니, 빈사의 사자상을 관람하며 비장한 마음이 든다.

비록 지금 스위스 국민들은 풍요롭게 살지만 항상 과거 용병시절의 가난을 다시는 반복하지 않아야 한다는 국민적 공감대가 형성돼 있어 항상 이를 염두에 둔다고 한다. 다시는 그 가난을 경험하고 싶지 않다는 위기의식을 230년이 지난 지금도 국민들이 공감하여 근검 절약하며 미래를 대비하고 있다니 놀라운 국민의식에 고개가 숙여진다.

루체른 시내에 있는 로이스강 주변에 앉아 웃으며 담소하는 사람들은 관광객들이지만 심각하게 철학적 사유를 하고 있는 진지한 모습의 사람들은 스위스 사람들이라는 말이 있다고 한다. 그만큼 그들은 그 아름다운 자연환경에서도 나라와 자기들의 미래를 생각하며 다시는 가난했던 과거로 돌아가지 않겠다는 각오를 다짐하고 오늘을 살고 있다 하니, 한번 뿐인 이 인생을 어떻게 살아야 할 것인가를 되돌아 보게 하는 루체른 여행이 고맙기만 하다.

한때 술고래, 말술이라는 별명으로 밤거리를 휘저으며 다닌 때가 있었다. 뭔 술을 그렇게 많이 마셔댔는지 지금 생각해보면 그 변명도 가지각색이었음을 생각해 보게 된다. 힘들어서, 외로워서, 괴로워서, 기분 좋아서, 어쩔 수 없어서, 사람 만나서 등등 술 먹을 이유는 수도 없이 많았다. 그런데 그렇게 수많은 이유를 대고 술을 먹고 나서 얻은 것이 무엇인가를 생각해 보면 아무 것도 없다. 건강 나빠지고, 시간 버리고, 돈 버리고, 실수라도 하면 인간관계 나빠지고, 술 먹은 후에는 또 속 쓰리고, 회복하느라 시간 낭비하고 등등 그 휴유증은 이루 말할 수 없다. 이제는 술에서 벗어나 제대로 된 정신으로 살고 있다 보니 다시 그 자리 곧 말술이네, 술고래네 하는 자리에 서고 싶지 않다. 술로 인한 유익보다는 술로 인한 폐해가 훨씬 더 크기 때문이다. 게다가 술은 인생을 낭비하게 하는 요소가 되기 때문에 더더욱 그렇다.

그런 의미에서 오늘 루체른 여행은 과거의 실패 자리에 다시 서지 않는 것이 얼마나 중요한지를 되돌아보는 시간이어서 루체른의 교훈이 감사하다.

여행정보 Tip

1. 여행일정
    - 09:20~11:55 슈웬디역에서 루체른역까지 기차(2회)로 이동
    - 11:55~15:30 루체른 명소 관람
    - 15:30~18:16 루체른에서 숙소 복귀
2. 예약사항 없음
    - 베르너오버란트 패스 소지자는 루체른까지 가는 기차 무료 이용.

시행착오 체크리스트 및 대응방안

- [ ] 역사와 문화적 배경 이해부족: 여행 전 방문할 명소와 그 역사적, 문화적 배경에 대한 사전 조사로 의미 공감 필요.
- [ ] 자기성찰 기회 부족: 역사를 통한 과거 실패와 교훈을 되새기며, 관람 대상과 자신의 삶을 연결해 더 큰 의미의 고찰 필요.
- [ ] 과거 습관에 대한 재인식 부족: 자신의 과거를 냉철히 돌아보고, 같은 실패를 반복하지 않도록 현재의 행동에 대한 지속적인 점검 필요. 또한 유익보다는 폐해가 큰 습관이나 행동을 지속하지 않도록 철저한 자기 관리 필요.

사진 Spot Tip

빈사의 사자상

카펠교

루체른 시내 1

루체른 시내 2

PART3 프랑스 14박 15일

샤모니, 따뜻한 사람들이 베풀어 준 풍성한 여행길
몽블랑을 향한 여정, 그 위대한 도전
플랑드래귀, 비성수기 여행지의 유연한 일정 조정
니스, 여행지에서 현지인과의 소통이 주는 힘
앙티브와 칸, 현지에서 깨닫는 여행의 진짜 의미
에즈, 동화 속 마을과 열대정원
모나코, 작은 나라에서 찾은 큰 교훈
베르동, 헤매며 만난 베르동의 아름다움
아를 가는 길, 예상치 못한 경험이 주는 가치
빛의 채석장, 피로 속에 찾은 감동
마르세유 첫 날, 렌터카와 열쇠로 인한 끝없는 스트레스
프리울 섬에서 여는 마르세유 첫 여행
지중해의 매력, 칼랑크 트래킹
아내의 손맛, 여행의 품격을 높이다

샤모니,
따뜻한 사람들이 베풀어 준 풍성한 여행길
좋은 사람을 만나는 것 그리고 좋은 사람이 되는 것

16 일차
프랑스 샤모니몽블랑

그린델발트에서의 일곱번째 밤을 끝으로 오늘은 샤모니로 떠나는 날이다. 여행을 하는 중 늘 그랬듯 남들은 다 잠을 자는 시간이지만 우리 부부는 새벽 4 시에 일어나 샤모니로 떠날 채비를 하고 기차역까지 배웅 나온 숙소주인 레귤라와의 아쉬운 이별을 뒤로하고 기차에 오른다.

오늘 그린델발트에서 샤모니까지 가는 길이 초행자로서는 결코 만만치 않은 길이다. 스웬디역을 출발하여 인터라켄 ost 역, 슈피츠역, 비스프역에서 각각 내려 마르티니역까지 기차를 모두 합해 3 번을 갈아타야 샤모니로 갈 수 있는 익스프레스 기차로 갈아탈 수 있으며, 여기서 또 발로신역까지 가서 거기서 한번 더 샤모니몽블랑역으로 가는 기차로 갈아타야 오늘의 목적지 샤모니에 도착하는 것이어서, 조금이라도 한눈을 팔면 유럽의 미아가 될 수 있어 긴장이 된다.

사실 여기서 한 스텝이라도 꼬이면 가는 길이 더욱 어려워짐은 불보듯 뻔하다. 오늘 우리가 그 어려운 길을 간다. 마르티니역까지는 그런대로 정신 바짝 차리고 갔으나 마르티니역에서 내리니 예정되어 있던 샤모니행 익스프레스 기차는 운행이 중단되어 있음을 기차역 매표소 직원을 통해서 알게 되어 어떻게 샤모니까지 갈 수 있는지를 담당자에게 물으니, 매표소 여직원이 처음에는 프랑스어로 뭐라 뭐라 하여 전혀 알아들을 수가 없어 천천히 자세하게 설명을 해달라고 이야기를 하니, 기차역 앞에서 M 역으로 가는 버스를 타고 M 역에 내려 C역까지 가는 기차로 갈아타고 C역에서 다시 샤모니로 가는 버스를 타야 오늘의 숙소에 도착할 수 있다고 설명한다.

사실 이제 겨우 상대방이 말하는 영어 조금 알아듣고 영어 몇 마디 하는 수준인데 프랑스어로 통용되는 나라에 와서 여직원이 하는 통상적인 답변으로는 무슨 말인지 도무지 알아들을 수가 없다. 게다가 지명이 전혀 낯선 상황에서 무슨 이야기를 해준다고 바로 알아듣지 못하는 상황이 초행길 여행자의 마음을 답답하게 한다.

마음을 가다듬고 다시 여직원에게 구체적으로 또박또박 설명을 해달라고 요청하니 이번에는 보충자료를 출력하여 동그라미를 그려 가며 어떻게 샤모니까지 가야 하는지를 영어로 자세하게 설명해 주어, 여직원의 안내에 따라 우리는 결국 샤모니까지 오긴 왔는데, 되돌아보니 샤모니에 도착하기까지의 모든 과정에서 만난 낯선 현지인들의 친절과 배려가 있어 그나마 실수를 줄이고 무사히 도착할 수 있었기에, 오늘 샤모니까지 오는 길에 우리 부부에게 친절과 배려를 베풀어 주신 분들을 한 분 한 분 떠올려보며 여행 길에서 이렇게 좋은 분들을 만나는 것이 얼마나 중요한지를 생각해 본다.

매표소 여직원이 안내해준 대로 버스정거장으로 이동하여 M 역으로 가는 버스를 탔더니, 어떤 할머님 한 분이 웃으시며 친절하게 샤모니로 가느냐고 우리에게 물으시며 이 버스가 샤모니로 가는 기차역으로 간다는 내용을 프랑스어로 이야기하시는 것 같은데, 사실 무슨 말인지는 모르겠으나 분명한 점은 낯선 이방인이 불안한 얼굴로 두리번거리고 있으니 안심하라는 취지로 물어보지도 않았는데 먼저 그렇게 배려하신 것이어서 고마운 마음이 든다. 또 어떤 나이드신 뚱뚱한 남자분이 영어로 우리에게 샤모니로 가는지를 물으시길래 그렇다고 대답을 하니 조금만 더 가면 된다 하시며 잘 가라고 인사하며 내리시니 또 얼마나 고마운지. 잠시 후 매표소 여직원의 안내와 구글 지도를 참고하여 어느 역에 내리려 하였더니 또 어떤 분이 샤모니로 가느냐고 하시길래 그렇다고 답변하니 이번에는 조금 더 가야 한다며 우리가 내리려는 것을 말리신다. 여기가 끝이 아니다. 기차역에서도 친절한 분들의 따뜻함은 계속 이어진다. 어떤 분은 우리에게 가까이 다가와 자기도 샤모니로 간다며 다른 기차역에서 내릴 뻔한 우리를 구해 주셔서 우리는 결국 샤모니로 가는 버스에 오른다. 버스에 내려서도 낯선 분들의 친절함은 극을 향한다. 버스에서 내렸으면 자기 갈 길을 가야 하는데도 자기가 가야 할 길을 바로 가기보다는 낯선 여행객에게 가는 길을 제대로 알려주고자 하는 마음이 느껴진다. 먼저 우리에게 어디로 가는지를 묻길래 우리가 이제부터는 가는 길을 알고있다 하니 그제서야 안심하고 가는 그 분의 뒷모습을 보며, 오늘 그린델발트 숙소를 떠나 샤모니에 오기까지 5시간의 긴 여정에서 만난 이름모를 분들의 친절과 배려가 없었더라면 여기까지 제대로 올 수 있었을까를 생각해 보니 아찔한 생각이 든다.

 세상에는 이렇듯 이름도 내세움도 없이 상대를 생각하고 배려하는 마음으로 무장된 좋은 사람들이 어둠 가득한 세상을 밝히고 있음에 감사한 마음과 훈훈한 생각이 들어 가슴이 뿌듯해진다.

감사한 마음의 향연은 여기가 끝이 아니다. 이탈리아, 스위스, 남프랑스 그리고 스페인 이렇게 4개국을 44박 45일간 다니는 일정이라 출국 전에 가지고 갈 캐리어에 꼭 넣을 것을 제외하고는 나름대로 뺄 것 다 뺐다고 생각했지만, 여행을 다녀보니 이동시 캐리어 짐의 무게로 피로가 가중되어, 안되겠다 싶어 캐리어에 담겨진 짐 중 10킬로그램 정도의 짐을 국내로 보내야겠다 생각하고 스위스 우체국에 방문해 보니, 국제우편요금이 비싸기도 비싸지만 10킬로그램 정도의 짐을 보낼 박스 부피가 너무 작아 10킬로그램를 보내려면 거의 50만원 정도의 비용이 발생하기에, 국내로 보내야 할 짐을 프랑스에 도착하면 보내야겠다고 생각하던 차에 샤모니에 도착하여 가장 먼저 찾은 곳이 우체국이다. 우체국에 근무하는 어느 여직원이 완전히 우리 전담이 되어, 짐을 한국으로 보내는 마지막 순간까지 함께하며 마무리를 해주었으니, 낯선 땅에서 만난 낯선 직원분의 뜻하지 않는 친절함에 글을 쓰는 지금도 마음이 뭉클하다.

오늘은 이렇게 우리와는 일면식도 없지만 이름도 없이 낯선 여행객의 당황함을 어떻게든 도와주려는 마음으로 베푼 일련의 선행 경험으로 살만한 인생이라는 생각이 드는 하루다. 여행 길에 이렇게 이름도 없이 내세움도 없이 선행을 베푼 분들로 인해 선행을 받은 여행객의 여행 길이 더욱 풍성해질 것인데 인생 길이면 어떻겠는가?

벌써 100세가 넘으신 우리나라 대표 철학자이신 김형석교수님이 하신 말씀이 기억난다. 사람이 죽어야 할 때가 있는데 그때가 언제

인고 생각해 보면, 자기가 해야 할 일이 없어지고 남에게 베풀 일이 없어지면 그 때가 바로 죽을 때라 하신다. 삼시 세끼 밥 먹는 것 그리고 자기만을 위해 사는 인생이라면 한번쯤 자기 자신을 돌아보고 성찰해 보아야 할 말씀이다.

여행 길에서도 이렇게 좋은 사람을 만나는 것이 중요함을 깨닫는데 하물며 인생 길에서 좋은 사람을 만나는 것이 얼마나 중요한 일이겠는가? 더 나아가 내 자신이 남에게 좋은 사람으로 존재하고 이를 실천하는 인생이라면 이는 또 얼마나 귀하고 가치가 있는 인생인가를 생각해 보는 샤모니에서의 첫번째 날이다.

여행정보 Tip

1. 여행일정
   - 08:17~10:47 슈웬디역에서 마르티니역까지 기차(3 회)로 이동
   - 10:47~12:47 마르티니역에서 샤모니까지 버스(2 회)와 기차로 (1 회) 이동
   - 13:30~15:00 우체국 이용 및 숙소 체크인
   - 16:00~17:00 샤모니 산책
2. 예약사항
   - 슈웬디역에서 마르티니역까지 가는 가치표 예매 필수.
   - 마르티니역에서 샤모니까지는 상황에 따라 현장에서 기차표 혹은 버스 티켓 구매.
   - 샤모니 여행 교통카드는 사전 구매 필수.
     ✓ 샤모니 여행일정에 맞게 몽블랑 멀티패스를 구입하면, 샤모니에서 이용하는 모든교통수단(버스, 산악열차, 케이블카)은 무료.
3. 여행 참고사항
   - 샤모니에서 몽블랑산을 조망할 수 있는 전망대는 에귀디미디, 락블랑, 브레방 그리고 몽땅베르 전망대인데, 브레방과 락블랑 전망대는 비성수기에는 개방하지 않으므로 전망대 방문시 운영여부 확인 필수.

시행착오 체크리스트 및 대응방안

☐ 샤모니로 가는 복잡한 경로에 대한 사전정보부족으로 대체 경로를 현장에서 찾아야 했음: 복잡한 교통경로는 출발 전에 환승 정보와 대체 수단까지 철저히 파악해야 함. 지도 앱이나 여행 가이드를 활용해 상세 경로를 미리 점검.

☐ 프랑스어로 된 안내를 이해하지 못해 매표소 직원의 도움을 여러 차례 요청: 주요 목적지에서 사용하는 기본적인 표현을 익히고, 번역 앱을 준비해 소통 효율성을 높여야 함. 천천히 설명을 요청하거나 대체 수단(그림, 지도)을 활용하여 소통문제 해소 필요.

☐ 불필요한 짐을 포함하여 이동 중 피로와 불편이 가중됨: 출발 전 짐을 철저히 점검하고, 불필요한 물품은 제외해 이동 효율성을 높여야 하며, 짐의 무게를 줄이거나 현지에서 배송 서비스를 활용해 부담을 줄일 수 있음.

사진 Spot Tip

숙소에서 바라본 몽블랑 1

숙소에서 바라본 몽블랑 2

샤모니 마을 1

샤모니 마을 2

몽블랑을 향한 여정,
그 위대한 도전
어떤 장애도 마음에 정한 뜻은 꺾을 수 없다

17 일차
프랑스 샤모니몽블랑, 에귀디미디

　호흡곤란, 두통, 어지럼, 탈진. 고도 3,000 미터가 넘는 높은 산에 올라가면 산소결핍으로 나타날 수 있는 증상 곧 고산병증세다. 스위스에서 해발 4,158 미터의 융프라우를 올랐을 때도 고산병 예방약을 먹었음에도 고산병 증세가 있어 고생했는데, 오늘은 그 때보다 더 높은 샤모니에서 알프스의 최고봉인 해발 4,810 미터의 몽블랑을 볼 수 있는 에귀디미디 전망대에 오르기 전에 고산병 예방약을 먹었음에도 융프라우 전망대에 올랐을 때보다 더 심한 어지럼과 탈진이 와서 한동안 전망대 카페에 앉아 휴식을 취한다.

　시간이 지나자 고산병증세가 가라앉는 느낌이 들어 카페에서 나와 에귀디미디 전망대에 올라 눈 덮인 몽블랑 산을 바라보니, 만년설이 가득한 크고 작은 산맥들과 어우러진 알프스산맥이 장엄한 장관을 이루고 있고, 한낱 인간이 감히 거스를 수 없는 대자연의 위엄이 드리워져 있어 두려움이 앞선다. 이에 순종하여 완전무장을 하고 설산을 내려가는 사람들과 스키를 타는 젊은 남녀들의 행진은 알프스의 장관을 더욱 풍성하게 해 준다.

하지만 계속 휘몰아치는 눈바람과 짙은 안개 그리고 하늘을 가리운 뭉개 구름이 알프스의 신비로운 풍광을 애써 감추려는 듯하여 더 이상 전망대에서 풍광을 바라보는 것이 어려워 다시 카페로 돌아온 우리는 가벼운 케익과 차 한잔을 주문하여 간식시간을 가진 후, 이동하여 에귀디미디 전망대에서 케이블카로 한 정거장 아래인 해발 2,317미터인 플랑드레귀에서 내려 몽땅베르까지 약 3시간에 걸친 트래킹을 하기로 한다. 에귀디미디에서 케이블카로 이동하여 플랑드레귀에 내린 여행객 대부분이 가까운 30분 거리의 명소에 들러 인증샷을 찍는 것으로 만족하지만 트래킹의 성지라 할 수 있는 몽블랑까지 와서 관람수준의 인증샷이나 찍고 간다면 "이건 여행이 아니지!" 하는 생각을 해본다. 스위스의 융프라우와 프랑스의 몽블랑에 온 사람들을 굳이 비교해 보자면 융프라우에는 전망을 관람하는 관람객이 상당하고 몽블랑에는 그야말로 산 그리고 눈을 좋아하는 산악인들이 상당하다는 면에서 분명한 차이가 있는 듯하다.

아침 일찍부터 에귀디미디 전망대에 오르려는 대부분의 사람들은 몸에 로프를 감고 스키장비를 갖춘 사람들이 대부분이다. 그야말로 찐 산악인 들이다. 그들 틈에 끼어 우리도 에귀디미디 전망대까지 오르지만, 찐 산악인들은 장비를 챙겨 눈 덮인 산으로 나아가 그들만의 스포츠를 즐기지만, 우리는 고산병 증세도 이겨내지 못해 전망대 카페에 앉아 쉬고 있으니, 그들 앞에는 어린아이요 세발의 피에 지나지 않음이 아쉽다. 거기까지는 이르지 못할지언정 몽땅베르 정도는 트래킹을 해야 나중에 말이라도 한마디 섞을 수 있지 않겠나 싶어, 계획대로 우리는 고산병증세를 이겨내고 트래킹을 시작한다.

가는 길에 아르헨티나에서 왔다고 자신을 소개하는 청년과 이야기도 나누고 사진도 서로 찍어 준다. 또 다리를 쩔뚝거림에도 바위와 돌이 많아 트래킹이 어려운 몽땅베르를 거침없이 질주하는 어떤 젊은 여성의 모습을 보며, 어떤 장애도 마음에 정한 뜻은 꺾을 수 없다는 생각도 해본다. 가는 길에 두 어린 아이들과 함께 트래킹을 하는 젊은 가족에게 봉주르! 인사하며 아이들을 격려하기도 하고 또 트래킹을 하는 80대 노부부에게는 이탈리아에서 사온 포켓 커피를 나누기도 한다. 이렇게 시간을 보내며 준비해간 간식으로 간단한 요기를 하고 몽땅베르에 이르니 시간이 벌써 오후 2시 30분이다. 잠시 후 몽땅베르역 대합실에서 30분을 기다려 샤모니로 가는 산악 열차에 올라 숙소를 향한다.

계획은 오후 1~2시 정도에 샤모니로 내려와 어제 가기로 계획했던 브레방 전망대를 오르려 했지만, 막상 샤모니에 내려와보니 오후 3시 30분이다. 샤모니에서 산으로 가는 모든 케이블카와 산악열차는 출발지 기준으로 오후 3시 30분 전후면 마감하므로 아쉬운 마음을 뒤로하고 이제 하루 남은 샤모니에서의 일정을 조금 더 타이트하게 진행하기로 하고, 남은 시간은 내일을 위해 충전하고 쉬고 힐링하는 시간으로 여유로움을 갖는다.

여행정보 Tip

1. 여행일정
   - 08:25~09:00 에귀디미디 케이블카 승강장에서 에귀디미디 전망대까지 케이블카(2회)로 이동
   - 09:00~11:00 몽블랑 관람 및 휴식
   - 11:00~11:30 에귀디미디 전망대에서 플랑드래귀까지 케이블카로 이동
   - 11:30~14:30 플랑드래귀에서 몽땅베르까지 트래킹
   - 15:00~15:30 몽땅베르에서 샤모니까지 산악열차로 이동
2. 예약사항
   - 에귀디미디 승강장에서 전망대까지 케이블카를 타려면 홈페이지에서 미리 관람시간 예약 필수.
   - 몽블랑 멀티패스 소지자는 케이블카, 산악열차 등 모든 교통수단 무료.
3. 여행 참고사항
   - 샤모니에서 몽땅베르 혹은 에귀디미디 전망대로 출발하는 산악열차 및 케이블카는 출발지 기준 오후 3시전후 마감되니 관람계획 수립 시 참고.
   - 고산병 예방과 대처 필요: 고산지대 방문 전 고산병 예방약 복용 필수. 증세가 나타나면 즉시 휴식을 취하고 증상 완화 시 이동 필요.

시행착오 체크리스트 및 대응방안

- [ ] 고산병 예방약 복용에도 증상이 심화됨: 고산병이 발생할 수 있는 고지대에서는 충분한 휴식과 점진적인 적응이 필요. 고산병 약 외에도 당분과 수분을 충분히 섭취하며, 증상이 심할 경우 무리하지 않아야 함.
- [ ] 몽땅베르 트래킹 예상 시간 초과로 후속 일정 차질: 트래킹 소요시간은 체력과 지형의 난이도를 고려한 여유로운 계획 필요. 계획에 유연성을 두고, 예상 초과 시간을 포함한 플랜B준비 필요.
- [ ] 고산지대 트래킹에 필요한 체력 및 적절한 장비 부족: 고산지대 트래킹 할 때는 적절한 등산화, 방한복, 스틱 등 필요한 장비의 철저한 준비필요. 사전 트레이닝으로 체력을 보완해 고산지대 환경에 대비 필요.
- [ ] 케이블카 및 산악열차 운영시간 확인부족: 주요 교통수단의 운영시간은 사전에 확인하여 일정계획에 반영 필요. 운영 마감 시간 이후에는 대체계획을 마련하거나 여유시간 확보 필요.

사진 Spot Tip

에귀디미디 케이블카 승강장

에귀디미디 전망대에서 바라본 몽블랑 1

에귀디미디 전망대에서 바라본 몽블랑 2

에귀디미디 전망대에서 바라본 몽블랑 3

몽땅베르 트래킹 1

몽땅베르 트래킹 2

몽땅베르 트래킹 3

몽땅베르 트래킹 4

플랑드래귀,
비성수기 여행지의 유연한 일정 조정
여행은 경험이다

18 일차
프랑스 샤모니몽블랑, 플랑드레귀 트래킹

나에게 있어 여행은 경험이다. 그 동안 여행하면 좋은 곳 구경 다니고, 맛집 찾아다니며 맛있는 것 먹는 것이 전부인 줄 알았지만, 진정한 여행은 익숙한 일상에서 벗어나 새로운 장소와 문화, 풍광 그리고 그곳에서 만나는 사람들을 경험하고 그 과정을 통하여 내 자신을 돌아보고 인생의 시야를 넓혀 삶의 질을 향상시키고 성장 및 발전 동기를 얻는 것이라 생각하니 여행에서 겪는 모든 경험이 소중하다.

지금껏 경험해 보지 못했던 환경에 놓여 보아야, 자신이 어떤 고정화된 틀이나 편견의 프레임에 사로잡혀 현상이나 상황을 해석하고 행동하였는지를 되돌아볼 수 있으니, 이제라도 여행을 통하여 내 자신을 돌아보고 인생을 재해석해 볼 수 있는 기회가 있음에 감사한 마음을 가져본다.

여기 프랑스 그 중 샤모니에서의 경험은 두 가지로 나뉜다. 사적으로 만난 사람들과 공적으로 만난 사람들과의 차이다. 다시 말해 이해관계없이 만난 사람들과 이해관계가 있는 상태에서 만난 사람들이 약간 차이가 있는 것 같다. 공적 혹은 상업적으로 만난 사람들은 대부분 원칙적이라는 생각이 들기도 하지만 상대에 대한 배려나 관심이 거의 없는 것 같다. 숙소의 경우만 하더라도 체크인시간이 보통은 오후 3~4시경인데 여행객들이 대부분 타국 사람들인 경우가 많아, 예기치 않게 비행기 혹은 기차나 버스가 연착 또는 지연될 수 있고 또 일찍 현지에 도착할 수도 있는데, 이런 경우 이른 체크인을 해주는 곳이 일단 없다. 그러니 체크인 시간까지 기다리려면 여행객은 시간을 비효율적으로 사용하거나 낭비할 수 있으며, 또 짐이 있는 상태에서 체크인 전에 다른 계획을 진행하려면 짐 보관소를 찾아 헤맬 수 있을 뿐 아니라, 설사 짐보관소를 찾았다 하더라도 캐리어의 경우 큰 보관함은 10 유로, 작은 것은 5 유로에 해당하는 요금을 지불해야 하니 체크인 시간까지 짐을 한번 맡기려면 20~30 유로로, 한국 돈으로 약 45,000 원이 순식간에 지출될 수 있는 것이다. 이뿐만이 아니다. 샤모니에서는 몽블랑 패스를 구입해야 버스, 기차, 케이블카 및 산악열차를 무료로 이용할 수 있다. 3 일 기준으로 인당 약 105 유로, 한국 돈으로 하루 5 만원이니 두 사람이면 하루 10 만원이 교통비로 사용되는 것이다. 샤모니에서 주로 가는 곳이 몽블랑의 웅장한 산을 관망할 수 있는 에귀디미디, 브레방, 락블랑 그리고 몽땅베르 전망대인데 여기는 모두 산악열차 및 케이블카를 이용해야 한다.

　어제는 에귀디미디 전망대에서 몽블랑산을 관망하고 플랑드레귀까지 케이블카를 타고 내려와 몽땅베르까지 3 시간 정도의 트래킹을 하였기에, 오늘은 브레방 및 락블랑 전망대를 관람하고 다시 에귀디미디 전망대에 갔다가 내려오는 일정을 계획하였는데, 아침 일찍 브레방 전망대 매표소에 가서 계획이 어그러졌음을 알게 된다.

분명히 공식홈페이지에는 브레방 전망대는 정상 운영한다고 되어 있는데, 현장에 가보니 케이블카는 모두 서있고 일하는 직원 몇몇이 있을 뿐이어서, 그 중 한 사람에게 브레방 전망대로 가는 케이블카 운영을 오늘 하느냐고 물었더니, 지금은 비성수기라 종료되었고 12월에 다시 오픈한다는 것이다. 아니! 이럴 수가! 몽블랑 패스를 팔았으면 운영하지 않는 기간이나 휴장여부는 패스소지자가 알 수 있도록 공지를 해야 마땅한데도 공홈에 공지도 없고, 현장에 가도 사람은 없고, 하는지 안 하는지 공지문도 없으니 관광지를 관리하고 있는 공무원들의 안일하고 무성의한 태도에 참으로 답답한 생각이 든다. 이런 것이 문화이고 이런 사고 방식이 공무원들의 사고라면 이 나라의 관광이용과 관련하여는 여러가지를 고려할 필요가 있다는 생각이 든다. 현장이용자의 경우 미리 지불한 금액이 없으니 오고 가는 시간만 허비하면 되지만 저 멀리 타국 땅에서 온 관광객들은 엄청난 시간과 돈까지 허비하는 꼴이니 참으로 아쉽기만 하다. 그래서 결국 어제 진행했던 트래킹 루트를 오늘은 반대로 진행하기로 한다. 산악열차를 타고 몽땅베르까지 올라가서 플랑드래귀까지 3시간 정도 트래킹을 하고 하늘이 맑으면 에귀디미디 전망대에 한번 더 가고, 그렇지 않으면 플랑드래귀에서 케이블카를 타고 에귀디미디 승강장까지 내려와 숙소로 이동하는 일정이다.

지나간 시간과 불편했던 기억을 뒤로 하고, 우리는 몽땅베르행 산악열차에 오른다. 우리 바로 앞 좌석에 스위스에서 왔고 자동차 영업을 한다고 자기를 소개하는 35세의 젊은이가 앉아, 이런 저런 이야기를 나누니 아직 미혼이고 내년에 결혼을 한다고 한다. 내가 스위스에서 7일간 머물렀다고 이야기를 하니 무척 반가워한다. 이어 빈사의 사자상에 대한 이야기를 했더니, 갑자기 엄숙한 얼굴로 바뀌더니 국민들이 과거의 역사적 사건을 교훈삼아 나라와 가족을 사랑했던 선조들의 숭고함을 마음에 새기며 더욱 열심히 살고 있다고 이야기를 한다. 어느덧 기차는 몽땅베르역에 이르고, 젊은 친구는 말하기를 자신은 주말을 이용해 단순히 관람할 목적으로 와서 트래킹은 하지 않을 것이라 하니, 우리는 트래킹을 하러, 젊은 친구는 사진을 찍으러 가며 오늘 하루 추억에 남는 좋은 시간 보낼 것을 서로 축복하며 각자의 길을 떠난다.

플랑드레귀에서 몽땅베르까지 트래킹하는 것은 그 반대로 하는 것보다 약간 쉽다. 높은 곳에서 낮은 곳을 향하는 트래킹이기 때문이다. 그래서 트래킹을 하려는 대부분의 사람들은 에귀디미디 전망대까지 갔다가 내려오면서 플랑드레귀에 내려 몽땅베르까지 트래킹하는 것이 일반적이다. 그것도 트래킹을 좋아하는 사람들에게 국한되는 것이지 대부분의 사람들은 바로 에귀디미디 승강장으로 내려간다.

오늘 가려고 했던 브레방 전망대와 락블랑 전망대는 에귀디미디 전망대 보다는 높이가 아래에 있는 전망대인데다 트래킹 수준도 플랑드레귀에서 하는 것보다는 약한 것이 사실이므로, 우리는 이왕 계획이 어긋났으니 조금 더 어려울 수 있는 몽땅베르에서 오르막이 있는 플랑드레귀까지 트래킹을 하기로 한다. 트래킹을 하는 동안 얼마나 바람이 심하게 불던지 플랑드레귀가 가까워질수록 에귀디미디에서 내려오는 강한 비바람과 찬 기운이 함께 몰려와, 그렇지 않아도 올라가면서 지치고 피곤한데다 춥기까지 하여, 우리는 겨우 플랑드레귀 케이블카 승강장에 도착한다. 잠시 휴식을 취한 후 날씨를 확인하니 하늘에는 비구름 가득하고 에귀디미디 전망대는 안개를 동반한 눈보라가 휘날리고 있어 에귀디미디 전망대에 올라가봐야 자욱한 안개와 눈보라 밖에 볼 것이 없으니 올라갈 필요가 없다고 판단하여 우리는 케이블카를 타고 내려와 숙소로 향한다.

숙소로 이동하며 샤모니에서의 마지막 날인 오늘은 "모든 것이 완벽하지 않더라도, 그 안에서 새로운 의미를 찾아가는 것이야말로 여행과 삶의 진정한 가치"임을 깨닫는다. 예상치 못한 상황과 날씨 속에서도 유연하게 적응하고, 자연과 사람 속에서 배움을 찾으며 하루를 보냈던 경험은 단순한 여행의 기억을 넘어 삶의 중요한 교훈으로 남는다.

숙소에 도착하여 욕조에 물을 받아 몸을 담그니 하루의 피로가 한순간에 물러가지만 샤모니의 마지막 하루도 이렇게 지나가고 있어 아쉽기만 하다.

여행정보 Tip

1. 여행일정
   - 08:00~09:00 브레방 케이블카 승강장 방문 및 몽땅베르 산악열차 역으로 이동
   - 09:30~10:00 몽땅베르역 승강장에서 몽땅베르 전망대까지 산악열차로 이동
   - 10:00~14:00 몽땅베르에서 플랑드레귀까지 트래킹
   - 14:30~15:00 플랑드레귀에서 에귀디미디 승강장까지 케이블카 이동
2. 예약사항 없음
   - 몽블랑 멀티패스 소지자는 케이블카, 산악열차 등 모든 교통수단 무료.
3. 여행 참고사항
   - 몽땅베르에서 플랑드레귀까지 트래킹하는 경우, 몽블랑 멀티패스소지자는 플랑드레귀에서 에귀디미디 전망대까지 별도 예약없이 케이블카로 전망대까지 올라갈 수 있으니 여행계획 시 참고. (단, 에귀디미디 승강장에서 에귀디미디 전망대까지 케이블카 이용하는 경우, 예약은 필수이므로 혼동하지 말 것)

시행착오 체크리스트 및 대응방안

☐ 브레방 전망대 케이블카 비운영 정보 사전확인 부족: 관광지 운영정보를 사전에 상세히 확인하고, 현지에서 재확인하는 것이 필수. 비성수기에는 변경 가능성을 염두에 두고 유연한 플랜 B 준비 필요.

☐ 트래킹 루트를 계획대로 진행하지 못함: 계획에 차질이 생길 경우, 대체 경로와 플랜 B를 준비하여 효율적인 시간활용 필요.

☐ 비성수기 관광지 운영 및 관리 미흡으로 불편 경험: 비성수기에는 관광지의 운영상태를 예측하고, 대안활동을 준비하여 불필요한 시간낭비 방지 필요.

☐ 트래킹 중 강한 비바람과 찬 기운에 충분히 대비하지 못함: 고산지대 트래킹 시 날씨 변화에 대비해 방한 장비와 적절한 의류 준비 필요.

☐ 갑작스러운 일정 변경에 따른 유연한 대처 부족: 여행 일정은 유연성을 확보하고, 예상치 못한 변경상황에서도 대체활동을 할 수 있도록 준비 필요.

사진 Spot Tip

몽땅베르 산악열차 승강장

플랑드래귀 트래킹 1

플랑드래귀 트래킹 2

플랑드래귀 트래킹 3

플랑드래귀 트래킹 4

플랑드래귀 트래킹 5

니스,
여행지에서 현지인과의 소통이 주는 힘
자신감은 경험의 산물

19 일차
남프랑스 니스

　새벽 4 시 30 분. 누가 깨우지도 자명종도 울리지 않았는데 어둠이 짓누르고 있는 무거운 눈꺼풀이 새날을 맞이하러 힘차게 기지개를 켠다. 이제 떠날 준비를 하고 샤모니에서 제네바로 향하는 오전 7 시 15 분행 플릭스 버스를 타야 한다. 우리는 씻고 먹고 꾸려 버스정거장을 향한다. 그렇지 않아도 어젯밤에 1 시간여를 샤모니 마을에서 헤매고 난 후에 확인한 버스정거장인지라 숙소에서 버스정거장을 향하는 발걸음에 자신감이 묻어 있다. 세상 일이 이럴 듯 경험해 보지 않거나 분명한 결과를 얻어보지 않고 자신감 넘치는 당당함은 주어지지 않음을 깨닫는다.

　오전 6 시 30 분. 버스정거장에 도착하니 아직도 날이 어둑어둑한데 몇몇 여행객들이 버스정거장에서 서성거린다.

　오전 7 시 15 분. 우리는 버스를 타고 제네바 공항을 향한다. 유럽 여행을 다녀온 여행객들의 블로그를 통해 유럽 저가항공의 악행을 비난한 글을 여러 개 읽은 터라 내심 약간 불편한 마음으로 공항에 도착하여 체크인 절차를 밟지만, 악행은커녕 친절하기만 함에 편견에 근거하여 유통되는 그릇된 정보에 현혹되어 불필요한 마음을 가질 필요가 없음을 배운다.

준비해온 빵과 음료로 비행기 타기 전 심심한 배를 달래고 오전 10시 55분 니스행 비행기에 오른다. 비행기 좌석을 엑스트라 레그 룸으로 예약을 하였기에 비행기 맨 앞 줄에 앉아서 1시간여를 비행한다. 비행 중 창 밖으로 보이는 알프스 산맥이 장관이다. 멋진 풍광을 감탄하며 사진도 찍고 동영상으로도 담는다. 니스에 가까워지자 비행기 창문으로 내려다 보이는 칸과 앙티브의 전망도 기가 막히다. 여기서도 몇 컷. 이렇게 하여 니스에 도착한다.

엑스트라레그룸 좌석에 앉았기에 공항에 도착하여 가장 먼저 내려 짐 찾는 곳에 첫번째로 도착했는데, 인적은 없고 짐 찾는 곳이 정확하게 어디인지를 몰라 지나가는 공항직원을 찾아보지만 일반직원은 보이지 않고 청소하는 분이 있길래, 영어로 짐 찾는 곳이 이곳이 맞는지 물었더니 프랑스어로 뭐라 뭐라 하는데 그분도 못 알아듣고 나도 못 알아듣는다. 이러다 어느 한 외국인에게 캐리어 찾는 곳이 이곳이 맞느냐 물으니 자신도 캐리어를 기다리고 있다며 이 곳이 맞다 한다.

수화물이 도착하면 컨베이어벨트가 돌아가면서 짐들이 나오는데, 우리는 캐리어가 도착하기도 전에 그 장소에 갔으니 아직 캐리어가 그곳까지 오지를 않았던 것이다. 잠시 후 시간이 흘러 캐리어를 찾아 숙소까지 가는 트램을 타기 위해 표지판을 따라 이동한다.

니스는 첫 방문이라 무엇을 하나 하려해도 다 낯설다. 이럴 때는 현지인에게 묻는 것이 최고다. 공항직원인 듯한 분에게 트램 타는 곳이 어디인지를 물으니 친절하게도 트램뿐만 아니라 버스와 택시 타는 곳까지 알려 준다.

그런데 너무 웃긴 것은 공항에서 내리면 공항 자판기에 있는 트램 티켓은 1.5 유로인 1 회권이 아닌 10 유로인 1 일권만 판매한다. 1.5 유로인 1 회권 트램 티켓을 사려면, 공항 제 2 터미널에서 무료로 운영하는 트램을 타고 2 개 정거장을 가서 1 회권 트램 티켓을 구입한 후 다시 트램을 타고 목적지까지 가야 한다. 누가 이런 발상을 했는지 참으로 유치하고 한심하기 이를 데 없어 헛웃음만 나온다. 그 대가는 여행자의 불편함으로 고스란히 돌아가는 것은 당연한 일이다. 현지인들도 왜 그렇게 했는지 자신들도 모른다 하니, 그러면 이를 경험한 여행자가 이런 조치를 한 대상과 그 나라에 대해 좋은 이미지를 가질 수 있는지에 대한 생각은 하고 이런 행동을 한 것인지를 생각해 보며, 눈 앞에 있는 이익에만 관심이 있을 뿐 타인에 대한 배려나 자신이 받을 이미지는 전혀 생각하지 않는 소탐대실적 삶이 내게는 없는지 생각해 보게 된다.

그러던 중 다행스럽게 공항직원과 대화를 나누고 있던 어떤 남자분이 택시는 니스 시내까지 30 유로라고 내게 이야기를 해준다. 그래서 다시 한번 택시타는 곳을 물으니 자신이 택시기사라고 한다. 옳거니! 잘됐다는 생각이 들어 "니스로 갑시다" 하고 택시에 오른다. 사실 이번 자유여행을 떠나기 전에 작년 이탈리아 패키지여행에서 만나 지금껏 인연을 이어오고 있는 인천에 사는 여사님과 모처에서 식사를 하였는데, 돌아오는 길에 "여행 중 일이 잘 안 풀리면 이 보따리를 풀어보라"는 말씀과 함께 선물 보따리를 주셨는데, 택시 타기 전 이 보따리를 풀어보니 "택시를 타고 니스로 가서 식사로 여독을 풀라"는 글귀(?)가 있어 "그래! 바로 이거지!"하며 그 마음을 받는다. 어느새 택시는 니스의 맛집 앞에 우리를 내려주고, 레스토랑에 들어간 우리는 짐을 한 켠에 두고 이 음식점에서 가장 인기있는 메뉴 2개를 시켜 맛있게 먹는다. 식사를 마친 후 숙소에 들어가기까지는 아직 1시간 30분 정도의 시간이 남아 레스토랑 사장님에게 캐리어를 1시간만 보관해 달라 부탁하고, 우리는 산책 겸 도시 탐방 겸 니스 해변을 향한다.

오전에 비가 와서인지 바닥엔 물기가 질퍽하나 세계인의 휴양지답게 세계 각국에서 모인 휴양인파로 니스 해변엔 사람들이 즐비하다. 1시간 정도의 시간 밖에 없어 해변만 여기저기 둘러보며 멋지고 아름다운 지점에서 사진도 찍고 인상깊은 곳에서 풍광도 담는다.

오늘 여정은 익숙함에서 벗어난 낯섦 속에서 겪는 작은 불편함과 예기치 않은 친절 그리고 그 속에서 나 자신을 돌아보는 시간은 여행의 본질이 무엇인지를 깨닫게 했다. 또한 눈앞의 작은 이익을 좇는 행동이 상대에게 얼마나 큰 불편함과 부정적인 인상을 줄 수 있는 지를 생각해 보며, 나는 나 자신의 삶에서도 비슷한 실수를 범하고 있지는 않은지도 돌아보았다.

앞으로의 4박 5일간 니스에서 펼쳐질 새로운 여정이 기대된다. 해변의 여유로움과 도시의 활기로 가득 찬 이곳에서 어떤 경험과 배움을 얻을지를 상상하며, 나는 앞으로의 여정을 설레는 마음으로 맞이 하고자 한다.

여행정보 Tip

1. 여행일정
   - 07:15~09:00 샤모니에서 제네바 공항까지 버스로 이동
   - 10:50~11:55 제네바에서 니스까지 항공기로 이동
   - 12:30~14:30 식사 및 니스해변 산책
   - 16:00~18:00 니스 시내 명소 관람
2. 예약사항
   - 샤모니에서 제네바 공항까지 가는 플릭스 버스 예약 필수.
   - 제네바에서 니스 공항까지 가는 항공권은 2개월전 예약 필수.
3. 여행 참고사항
   - 샤모니에서 제네바 공항까지 가는 플릭스 버스를 타려면, 출발 30분 전까지 버스정류장 도착 필수. (버스가 정류장까지 일찍 오는 경우에는 기다리지 않고 그냥 출발하는 경우도 있다고 함)
   - 니스 공항에서 내린 후, 니스 시내까지 트램으로 이동하려면, 비행기에서 내린 제2 터미널에서 무료로 운행하는 트램을 타고 제1 터미널까지 가서 내린 후, 교통카드를 구매할 수 있는 키오스크에서 1회권 티켓을 발권한 후 트램을 타고 목적지로 이동해야 함.

시행착오 체크리스트 및 대응방안

☐ 공항 내 수화물 수령 장소를 찾는 데 혼란: 공항에 도착하면, 안내 표지판(전광판)을 적극 활용하여 수화물 장소 확인 필요.

☐ 공항 자판기에서 1회권 트램 티켓을 구입하지 못함: 공항의 교통권 구매옵션과 대안(버스, 택시 등)을 사전에 확인하여 비용과 시간을 절약하고, 현지 교통시스템의 특징과 제한 사항을 미리 조사하여 예기치 못한 불편 예방 필요.

☐ 택시 선택의 필요성을 인지했으나, 초기 대안 탐색 과정에서 소모적 시간 발생: 예기치 않은 상황에서는 신속하게 대체 방안을 탐색하고 결정하는 유연성 필요.

사진 Spot Tip

제네바 공항으로 가는 플릭스 버스정류장

니스로 가는 비행기에서 내려다본 몽블랑

니스 유명 식당(Restaurant Chez RiTho)의 문어 스테이크 요리

니스 해변 1

니스 해변 2

니스 해변 3

저녁 노을이 지는 니스해변 1

저녁 노을이 지는 니스해변 2

앙티브와 칸,
현지에서 깨닫는 여행의 진짜 의미
실수는 성장을 위한 디딤돌, 실수를 두려워 하지마라

20 일차
남프랑스 앙티브 & 칸

어제 밤 10시경부터 잠자리에 들어 오늘 새벽 5시에 자명종 소리를 듣고 깼으니 오늘은 그래도 꽤나 푹 잔 날이다.

오늘은 앙티브에 들러 피카소 미술관 및 명소를 관람하고 칸으로 이동하여 칸영화제 시상식 장소 및 전망대등 명소를 관람하고 귀가할 계획이다.

아침 일찍 일어나 어제 쓰지 못한 여행기 기록 및 사진을 정리하고 간단한 아침 식사를 마친 후 니스역으로 기차를 타러 이동한다. 여행 중에는 뭘 하든지 한번만에 쉽게 바로 처리된 적이 별로 없는 듯하다.

니스 기차역에 도착하여 역내 많은 사람들이 하고 있듯, 우리도 키오스크 기계로 가서 니스에서 앙티브로 가는 기차표 발권절차를 진행한다. 이름과 생년월일을 넣고 60세가 넘으면 할인대상이지만 난 이 나라 국민이 아니니 패스. 이렇게 하여 승차권 발권이 승인되고, 다음은 아내의 티켓 발권절차를 진행할 차례다. 이름, 생년월일을 넣고 다음 절차를 진행하려는데 기계가 작동되지 않는다. 그런데 이를 어쩌나! 우리 뒤에는 기차권을 발권하기 위해 사람들이 길게 줄을 서 기다리고 있는데, 우리는 지금 무엇이 잘못되었는지를 몰라 처음 부터 발권을 다시 해야 하는 상황이 되어 버렸으니 난감하기만 하다. 그렇다고 처음부터 다시 하자니 기다리는 사람들 때문에 뒤통수가 따가워, 일단 뒤에 서 계신 분들을 위해 자리를 양보하고 역에 근무하는 보안요원을 찾아, 기차표를 발권해 주는 사무실이 어디에 있는지 물으니, 손가락으로 가리키며 저기 안쪽에 티켓 판매 사무실이 있다고 가르쳐 준다. 원래 우리도 기차역에 도착하여 역무원이 직접 티켓을 발권해 주는 사무실을 찾긴 찾았는데 그 당시 우리 눈에 보이지 않아 우리도 남들처럼 기계에서 티켓을 발권하려 하지만 역시 역부족이다. 결국 역무원에게 앙티브에 들러 명소 관람 후 칸으로 갔다가 다시 니스로 돌아오는 라운드 트립 티켓을 사고자 한다 하니, 알아서 티켓을 발권해 준다. 두 사람 몫으로 25유로를 결제하고 티켓을 받아, 이제 우리는 앙티브행 기차에 오른다.

인근도시 니스나 칸처럼 앙티브도 부호들이 사는 도시라 아파트들은 삐까뻔쩍하고 항구에는 비싼 보트들이 즐비하다. 우리는 보트가 있는 항구를 지나 저 멀리 전망대로 보이는 성 꼭대기에 오르려 하지만 월요일은 휴무일이라 갈 수가 없다 한다. 아내와 이야기하여 성 안에는 들어가지 못할지언정 성벽이라도 한바퀴 돌자 하고는 성을 끼고 주변을 관람하는데, 시간은 어느덧 정오 12시 가까이 되고 어김없이 우리의 배꼽시계가 울린다.

그늘에 놓인 벤치 하나를 차지하고 준비해간 상추와 마늘에 쌈장 그리고 오븐에 구운 비프 스테이크를 꺼내고 빵과 수저까지 꺼내니 점심식사 준비가 완료된다. 아마 앙티브에서 이렇게 점심을 먹는 여행객은 없으리라! 이제는 먹을 시간. 오고 가는 사람들을 서로 쳐다 보기도 하고 앞에 보이는 바다를 눈요기삼아 상추에 쌈장과 마늘 그리고 먹기 좋게 자른 고기를 한 점 얹어 한 입 가득 입에 넣는다. 그래! 바로 이 맛이지! 하며 한식 같은 양식을 먹으며 점심을 즐긴다. 후식으로 보냉병에 담아온 시원한 착즙 오렌지 주스를 마시니 비싼 레스토랑이 부럽지 않다. 어느 식당에서 이런 요리를 접하랴! 이렇게 점심식사를 마치고 이제 피카소 미술관을 가려는데, 아뿔싸 여기도 월요일은 휴무일이라 갈 수가 없다. 가는 날이 장날이군. 하지만 어쩌랴! 앙티브 명소 몇 군데 들르는 것으로 대신하고 이제 우리의 발걸음은 칸을 향한다.

 앙티브역에 도착하여 칸까지는 기차역으로 2 정거장임을 확인하고 우리는 전광판에 나타난 플랫폼으로 자리를 옮긴다. 그런데 한번에 바로 갈 수는 없는 것이 여행이던가! 플랫폼을 잘못 인식하여 결국 오후 2 시 10 분 기차를 놓치고 30 분을 더 기다려 오후 2 시 40 분 기차에 몸을 싣는다. 실수는 성공의 발판이 아니던가! 실수로 우리의 여행역량은 점점 더 강건해지고 성장발전해 가고 있음을 위로 삼으며, 칸 역에 내려 칸 영화제 시상식때 배우들이 오르내리는 계단으로 발걸음을 옮긴다. 거기엔 벌써 사진을 찍으려는 사람들로 장사진을 이루고 있지만 그 계단에 올라가면 뭐하리! 우리는 우리 나름대로 포즈를 취하고 추억을 남긴다. 이어 다음 관람장소로 이동하는 길에 페스츄리 빵을 2 개를 사서 현지인처럼 우리도 입에 물고 다니며 관람을 한다. 해변을 중심으로 풍광 좋은 곳을 찾지만 걸어서 명소를 다 가보는 것은 역시 역부족이다. 결국 오후 4 시 15 분에 출발하는 꼬마관광열차를 타고 도심 구석 구석을 다니며 칸의 분위기를 느껴보기로 한다. 하지만 생각보다 관광열차의 만족도가 그렇게 썩 좋지는 않다. 간다는 곳이 고작 멋진 호텔 몇 곳 그리고 동네 사람들 놀이터 정도가 전부다. 마지막에 칸의 가장 높은 곳인 전망대에 올라가서 사진을 찍으라며 10분간 시간을 준다. 그나마 칸 전망대는 가고자 했던 곳이니 아내와 여기 저기를 다니며 멋진 풍광과 함께 추억을 남긴다.

이렇게 앙티브와 칸 여행을 마치고 돌아오는 길에 제과점에 들러 맛난 빵과 담백한 빵도 사고 또 슈퍼에 들러 물과 오렌지 주스도 사고 마지막으로 잡화점에 들러 멋진 피크닉을 위한 보온 식기도 하나 장만한 후 숙소에 도착하니 저녁 8시다.

오늘 총 11시간 동안 밖에서 걷고 기다리고 먹고 시행착오를 하는 중에 "여행의 본질은 완벽한 일정이 아니라, 그 안에서 나 자신을 성장시키는 경험"임을 깨달았다. 앙티브에서의 바다와 성벽의 조화, 칸의 전망대에서 바라본 풍경은 하루를 더욱 특별하게 만들어 주었고, 그 풍경 속에서 함께한 시간과 추억은 단순히 사진으로 남을 뿐 아니라, "어디에서나 아름다움을 발견할 수 있는 마음의 태도"를 갖게 해 주었다. 여행이란 결국 자신이 가진 시각에 따라 매 순간이 특별해질 수 있음을 깨달아 가는 과정임을 경험하게 한 앙티브 칸 여행에 감사한 마음을 담아 본다.

여행정보 Tip

1. 여행일정
   - 09:00~13:30 니스에서 앙티브 이동 및 앙티브 명소 관람
   - 14:40~18:00 앙티브에서 칸으로 이동 및 칸 명소 관람
2. 예약사항 없음
3. 여행 참고사항
   - 월요일은 박물관 등 명소 대부분이 휴일인 경우가 많으니, 앙티브 여행계획 수립 시 반영 필요.
   - 칸의 경우 명소가 기차역 주변에 몰려 있으므로 도보로 명소를 관람하고 전망대는 약간 거리가 있으므로 택시 혹은 도보로 관람하는 것 추천.
   - 칸에서 운영하는 꼬마관광열차는 비추천.

시행착오 체크리스트 및 대응방안

☐ 기차표 발권 과정에서의 문제: 기차역 도착 전 발권방법을 숙지하고, 오류 발생 시 즉시 역무원을 찾아 도움요청 필요.

☐ 앙티브의 피카소 미술관 및 성 입장 불가: 방문 예정장소의 운영시간과 휴무일을 사전에 확인하여 일정조정 필요.

☐ 기차 플랫폼을 잘못 확인하여 기차를 놓침: 기차 출발 전 플랫폼 번호를 전광판과 표를 통해 정확히 확인하고, 주변에 물어보는 습관 필요.

☐ 관광열차의 코스 및 내용에 대한 기대와 실제의 차이: 관광 열차나 투어 프로그램은 사전 리뷰나 경로를 확인하여 본인 취향에 맞는지 파악 필요.

☐ 여행 루트변경과 예상치 못한 일정조정의 필요성: 여행 중 일정변경의 유연성을 발휘하고, 예상치 못한 상황에 대처할 수 있는 대안 계획의 사전 준비 필요.

사진 Spot Tip

앙티브 보트 선착장

피카소 미술관

칸 전망대

칸 전망대에서 내려다본 보트 선착장 및 시내

칸 영화제 시상식 장소

칸 카지노 전경

에즈,
동화 속 마을과 열대정원
여행일정의 탄력적운영과 로컬체험은 자유여행이 최고

21 일차
남프랑스 에즈

　자유여행이 좋은 점이 많지만 오늘은 그 중 여행계획의 탄력적 운영과 로컬 체험의 유익을 경험해 볼 생각이다. 니스역에서 오전 9시 50분 기차를 타고 에즈역에 내려 에즈마을까지 약 1시간 30분 정도 트래킹을 하여 올라간 후, 에즈마을 및 열대정원을 둘러보고 점심식사 후 다시 1시 30분가량 트래킹을 하여 에즈역으로 내려와 기차로 모나코로 이동하여 모나코 명소관람 후 숙소로 돌아오는 것이 오늘 여행일정이다. 패키지 여행이었으면 3시간이나 소요되는 트래킹이 포함되지도 않았을뿐더러 이미 짜여진 순서대로 투어가 진행될 것은 뻔한 일이다. 역시 자유여행은 내 입맛대로, 내 계획대로 또는 날씨에 따라 탄력적으로 일정을 운영할 수 있어 좋다.

　니스역에 도착하여 에즈역으로 가는 티켓을 사 플랫폼에 서 있으니 전광판에는 모나코로 가는 기차가 20분 연착이라 뜨고, 잠시 후 다음 시간대에 기차를 타려는 사람들과 겹치면서 플랫폼엔 발 디딜 틈없이 여행객으로 꽉 찬다. 마음 한 켠에 연착기차에 이 많은 사람이 과연 다 탈수 있을까 생각하지만 플랫폼에 서있는 여행객들은 이런 상황이 일상이라는 듯 아무렇지도 않게 서로 대화하고 기차역을 배경으로 추억을 담기도 한다. 오전 10시 10분에 어김없이 기차는 니스역에 도착하지만 이미 기차 안에는 다른 기차역에서 탄 여행객들로 꽉 차 있다. 이 기차를 놓치면 또 30분을 기다려야 하니 안되겠다 싶어 우리는 기차의 맨 앞으로 뛰어가 간신히 두 몸을 여행객들 틈에 끼워 넣는다. 어떻게 마무리되었는지 모르지만 기차는 여행객들을 김밥에 내용물 넣듯 열차 칸에 꾸역꾸역 끼워 넣고는 다음 역을 향해 힘차게 달린다. 다음 역에도 플랫폼에는 여행객들로 가득하다. 그 중 마음이 급한 사람은 여행객들 틈에 자신을 끼워 넣지만, 뭐 그렇게까지 할 필요가 있겠느냐고 생각하는 사람은 다음 열차를 기다린다. 유럽여행을 하면서 이런 경험은 처음이어서 사실 좀 의아하긴 하다. 이렇게 가는 기차 안에서 어떤 부인은 떡시루 같은 기차여행에 화가 잔뜩 나 남편에게 눈을 흘기며 애꿎은 물만 연신 들이켜는가 하면 또 어떤 여행객은 이게 여행이지 하며 유유자적하게 미소를 잃지 않는 모습도 보인다.

그런데 상황을 보니 트래킹을 위해 우리가 내려야 할 에즈역에 내리지 못할 것 같다는 생각이 든다. 대부분의 사람들이 모나코로 가는 것 같은데 우리는 여행객들이 없는 중간에 서 있었으니 모나코로 가는 여행객들이 꽉 찬 기차 칸에서 길을 내어 입구로 가는 것이 결코 쉽지 않아 보인다. 순리대로 하리라 생각하고 서있는데 저 앞에서 어떤 여행객이 에즈역에서 내리려 몸을 꿈틀거리고 있음이 눈에 띈다. 이 때다 하고 우리는 입으로는 "익스큐즈 미!"를 외치고, 손으로는 여행객들을 제치며 입구를 향한다.

이렇게 하여 에즈마을로 향한 우리의 트래킹은 시작되고, 1시간 30여분을 오르니 에즈마을에 이른다. 에즈마을로 향하는 트래킹코스는 산을 나선형으로 깍아 길을 만들었기에, 올라가는 길에 돌멩이와 자갈이 많아 미끄러지기 쉬우므로 트래킹화를 신어야 하는데, 일반 신발을 신고 트래킹을 하는 사람들이 눈에 띄길래 안전산행을 기원하며 마을에 도착한다. 그런데 어찌 이리 마을이 예쁜지! 마을 전체가 무슨 동화마을 같다.

이에 카메라가 가만히 있지를 못한다. 멋진 풍광이 보일 때마다 셔터가 저절로 눌러지고 아내는 이런 저런 포즈로 추억을 남긴다. 이렇게 마을 끝까지 올라 입장료 8유로를 내고 열대정원으로 들어가 아열대 지방에서나 볼 수 있는 각종 선인장을 신기한 듯 바라보기도 하고 산과 바다 풍광을 배경으로 사진을 찍기도 한다. 이렇게 한참이나 시간을 보내고 북적거리는 곳을 피해 점심식사를 하고 다시 트래킹을 하여 에즈역에 내려오니 시간이 오후 2시가 훌쩍 넘는다.

유럽여행을 시작한지 3주가 지났지만 아직까지 날을 잡아 하루를 제대로 쉬어 본 적이 없이 매일 강행군을 하니 사실 몸은 피로가 엄청 누적된 듯하고, 그 피로가 몸에서 부채질을 하니 계획대로 일정을 진행하다가는 몸이 딱 두 쪽 날 판이다. 안되겠다 싶어 오늘은 이 정도하고 숙소로 복귀하여 1~2시간 쉬고, 오후 5시경 다시 니스 구시가지로 나와 야경을 관람하기로 한다.

숙소로 돌아와 조금 쉬고 나니 몸이 조금은 가뿐하다. 100유로를 내면 니스 시내 전체를 관람하며 사진도 찍을 수 있는 패키지가 있어 이를 이용해볼까 생각해 보지만, 지난번 칸에서의 부실한 꼬마관광열차의 경험이 떠올라 그냥 도보로 명소를 관람하고 밖에서 식사하는 것으로 아내와 정리한다.

  도보건 기차건 초행길은 사실 어디를 가나 혼란투성이다. 좌충우돌하며 어둑어둑한 니스의 밤거리를 헤매듯 다니며 명소를 확인하여 추억을 남기고, 지나가던 길에 식사하기로 한 터키 식당에 들어가 깔라마리 한 개, 닭과 소고기 구운 것에 볶음밥 그리고 샐러드가 곁들어진 요리를 시켜 저녁을 먹는다. 튀긴 감자는 포장하여 올 정도로 양이 얼마나 많은지! 푸짐한 저녁식사로 배를 든든히 채운 후, 지나는 길에 헤어 컷 비용이 12 유로인 한 미용실을 발견한다. 헤어 컷은 원래 스페인에 가서 할 계획이었는데, 미용실이 눈 앞에 바로 보이자 마음이 바뀌어 여기서 헤어 컷을 하기로 하고 저녁 7 시 50 분경 미용실에 도착했는데, 미용사가 오후 8 시에 문을 닫는다고 내일 오라고 한다.

  할 수 없어 숙소로 돌아가려는데, 미용실 안에서 갑자기 시끄러운 소리가 나서 물끄러미 바라보니, 미용사가 머리 깎을 때 사용하는 앞치마를 두르더니 나보고 들어오라 한다. 아마 주인이 그 상황을 지켜보고 있다가 아직 오후 8 시가 되지 않았는데 손님에게 내일 오라 하면 되겠느냐고 꾸지람을 하였던가 보다.

  그 덕에 헤어 컷은 시작되고 지금 스타일로 머리카락을 조금 잘라 달라고 이야기를 하였더니 한국에서와 다를 바 없이 바리깡으로 옆머리를 밀어 올리더니 가위와 빗을 이용하여 순식간에 그 위의 머리를 솜씨 좋게 다듬어 낸다. 손놀림이 얼마나 빠르던지 대충하는듯 싶었는데 완성된 머리를 보니 평상시 한국에서 깎았던 머리 못지 않아

내심 만족한 마음으로 12 유로를 지불하고 미용실을 나와 숙소를 향하니 니스에서의 3 일째 밤이 깊어 간다.

  오늘은 "여행의 본질은 새로운 장소와 문화를 경험하며, 그 속에서 자신을 발견하고 성장하는 것"임을 깨닫는 하루였다. 모든 일정이 계획대로 진행되지 않았지만, 예기치 않은 상황에서도 유연하게 적응하며 하루를 완성해 나가는 과정에서 여행은 그 자체로 삶의 축소판이라는 생각이 들었다. 길 위에서 만나고 겪는 모든 것, 계획의 변화, 그리고 예상치 못한 우연에서 얻는 소소한 기쁨까지도. 그래서 이런 자유여행을 할 수 있는 오늘이 감사하다.

여행정보 Tip

1. 여행일정
    - 10:10~12:10 니스에서 에즈로 이동 그리고 에즈마을 트래킹
    - 12:10~14:00 에즈마을 및 열대정원 관람
    - 14:00~15:00 열대정원에서 에즈역까지 트래킹
2. 예약사항 없음
3. 여행 참고사항
    - 니스에서 에즈마을로 가려면 버스 혹은 기차를 이용할 수 있는데, 관람만 한다면 버스를 선택하는 것이 좋고, 그래도 2~3시간 트래킹을 하고자 한다면 기차 선택.
    - 에즈마을 및 열대정원은 니스여행시 가장 아름다운 풍광을 볼 수 있으므로 적극 추천.

시행착오 체크리스트 및 대응방안

☐ 기차 연착으로 인한 불편: 유럽에서는 기차 연착 및 혼잡이 흔하므로 여유로운 일정과 대체 교통수단을 미리 고려.

☐ 기차내 혼잡으로 인해 하차 어려움 발생: 혼잡한 기차 내에서는 미리 출구근처에 위치하거나, 사전소통을 통한 하차 준비 필요.

☐ 셍장갚폐하 일정 취소 및 에즈 관람 후 숙소 복귀: 지나치게 빡빡한 일정보다는 유연한 일정조정으로 여행만족도를 높이고 건강을 유지하는 것이 중요.

☐ 패키지 투어 선택고민: 새로운 경험을 위해 과거의 부정적인 경험을 극복하고 새로운 옵션 시도 필요.

☐ 미용실 운영시간과 손님응대 문제: 서비스 이용 시 운영시간과 직원의 상황을 미리 확인하고, 원활한 이용을 위한 시간조정 필요.

사진 Spot Tip

에즈마을 트래킹 입구

에즈마을 1

에즈마을 2

에즈마을 3

에즈마을 4

에즈마을 열대정원 1

에즈마을 열대정원 2

에즈마을 열대정원 3

니스 구시가지 야경 1

니스 구시가지 야경 2

모나코,
작은 나라에서 찾은 큰 교훈
스트레스 상황이면 한 박자 쉬어가는 것이 지혜

22 일차
모나코

세계에서 두번째로 작은 나라 하지만 국민소득 순위로는 세계 3 위, 인당 국민소득이 약 12 만 달러에 이르는 나라 모나코가 오늘 우리가 여행할 곳이다.

오늘은 다른 날보다 조금 일찍 서둘러 오전 8 시경 숙소를 떠난다. 지나는 길에 니스에서 몇 년 전 총기사건이 있었던 니스의 성당이 보인다. 그 앞에 놓인 꽃다발을 보며 세상에 이런 비극이 다시 일어나지 않기를 기원해 본다.

20 여분을 걸어 오전 8 시 20 분경 니스 역에 도착한다. 엊그제 에즈 갈 때는 20 분 연착이더니, 오늘 모나코로 가는 오전 8 시 35 분 기차는 40 분이 연착이고, 그 다음 8 시 50 분 열차는 10 분 연착이라는 공지가 전광판에 떠있다. 출근시간이라 플랫폼에는 직장인들과 여행객들이 뒤섞여 혼잡하기도 하지만, 니스는 도대체 왜 가는 족족 기차가 연착하여 이용객들을 불편하게 하는지 마음이 불편하기만 하다. 이 것을 경험이라고 하기에는 아니지! 아니다. 오전 9 시가 되어 모나코 행 열차가 도착하자 우리는 열차에 몸을 싣고 애써 불편했던 마음을

떨쳐버리고 오늘 있을 모나코 및 생쟝갚페하 일정을 점검해 본다. 모나코역으로 이동하여 20 여분을 걸어 모나코 대공궁, 대성당, 수족관, 전망대를 차례대로 관람하고 카지노까지 도보로 이동하여 카지노 및 주변까지 둘러보고 돌아오는 길에 생쟝갚페하에 들러 명소 및 해변을 관람하는 일정이다.

잠시 후 니스역에서 30 분 정도 거리에 있는 모나코역에 내려 대공궁 곧 대통령 집무실을 향한다. 구글 지도를 켜고 길을 따라 걷는데 왼쪽 편에 모나코 시티투어버스가 서 있길래 옳거니! 하고는 이를 이용하여 모나코 도시를 둘러보기로 한다. 모나코에는 시티투어열차만 있는 줄 알고 도보로 여행을 하려 했는데, 시티투어버스가 있어 반가운 마음이다. 두 사람 비용으로 48 유로를 지불하고 투어버스 2 층에 자리를 잡는다. 지붕이 없는 시원한 곳이어서 아침 바람을 시원하게 맞으며 총 13 곳의 포스트 중 어느 곳이든 내려 관람하고 다시 그 자리로 돌아오면, 15 분마다 운행하는 투어버스가 관광객을 다시 태우고 코스대로 계속 이동시켜 주는 시스템이다. 사실 한 도시에 가서 명소를 여러 곳 가는 경우 도보로만 가면 육체적으로 힘든 경우가 많은데, 모나코는 도시 자체가 작은데다 이렇게 시티투어버스로 포스트를 13 곳 정하여 여행객들을 15분 단위로 계속 이동시켜 주니 나름 좋은 선택지다.

모나코 국토 면적은 대한민국 서울시 면적의 30 분의 1 에 불과하지만 고층빌딩에 명소들이 들어서 있어 도시가 매우 혼잡하고 밀도가 높다. 그래서인지 여유가 별로 없어 보인다. 그런데도 고가의 명품 브랜드란 브랜드는 모두 다 입점해 있고, 그 비싸다 하는 자동차 브랜드 페러리도 그 중 한 장소를 차지하고 있음이 눈에 띈다. 시티투어버스 뒷자리에 앉은 어느 노신사분이 어제 수족관에 다녀왔는데 아주 좋다 말씀하시며 가보라고 권하신다. 알려주어 고맙다고 인사하고, 그분 덕에 수족관 갈 마음이 생겨, 가는 방향에 대공궁이 있는 포스트에 우선 내려 여기저기 풍광 좋은 곳을 배경삼아 사진도 찍고 풍광을 둘러본다. 그러다 대공궁 근처에서 울려 퍼지는 군악대 음악소리에 부리나케 대공궁을 향하니, 군악대 음악에 맞춰 병정들이 도열식을 진행하고 있는데, 사람들이 구름같이 모여 발 디딜 틈이 없다. 어깨라도 조금 디밀어 사람들 틈으로 보이는 군악대의 음악소리에 맞춰 도열식을 하는 병정들의 모습을 손을 높이 들어 카메라에 겨우 담아 본다.

이렇게 시간이 흘러 어느덧 점심시간이다. 마침 대공궁 근처에 공원이 있어 우리도 대부분의 여행객들처럼 공원 벤치에 앉아 준비해 간 점심을 먹는다. 주변을 둘러보니 공원 벤치 곳곳에는 간단한 먹을거리로 점심을 대신하고 있는 여행객들도 많이 눈에 띈다.

이렇게 점심식사를 마친 후 수족관으로 이동하여 입장료로 38유로를 지불하고 수족관에 입장한다. 여행 블로거들도 다들 한결같이 좋다는 평가도 있어 내심 기대하지만, 막상 관람을 해보니 국내 아쿠아리움과 별반 차이가 없어 보이고 오히려 국내 아쿠아리움이 더 낫다는 생각도 든다. 여행을 다니며 남들이 좋다고 하는 경험을 해보면, 남들이 좋다좋다 하여도 나에게는 그렇지 않은 경우도 상당하므로, 좋다는 정보에 현혹되지 말고 나름 스스로 잘 판단하여 선택하는 것이 중요함을 깨닫는다.

모나코에서 마지막으로 들른 곳이 몬테카를로 카지노다. 카지노는 역시 명성에 걸맞게 건물이 으리으리하고 그 옆에는 카지노를 이용하는 고객들이 머무는 호텔인 듯한데 이 또한 으리으리하다. 카지노 주변을 한 바퀴 돌면서 관람하며 풍광을 담고 난 후 우리는 다음 일정을 위해 모나코 기차역을 향한다.

지중해 지역의 낮이라 그런지 기차역으로 가는 길이 왜 이리 덥던지! 게다가 시티투어버스도 15 분 단위로 버스가 운행된다고는 하지만 수족관을 나와 버스를 타기까지는 30 분 이상을 기다려야 해서 오늘은 기차든 버스든 연착으로 인한 스트레스 지수가 올라갈 수밖에 없는 불쾌한 날이다.

날도 더운데 여기저기를 다닌 탓에 몸도 많이 지쳐 안되겠다 싶어 다음 관람장소인 생장갚페하 일정은 취소하기로 한다. 대신 니스에 머물면서 아직 가보지 못한 시내 명소 두 곳을 들른 후 귀가하는 것으로 마무리하고, 내일부터 있을 4 일간의 렌터카 여행을 점검하니 니스에서의 마지막 날이 아쉽게 지나간다.

오늘 모나코를 여행하면서 드는 생각은 순간의 기억이 진정한 보물이라는 것이다. 시티투어버스를 타고 바라본 도시 풍경, 대공궁 앞에서 울려 퍼지는 군악대 음악, 그리고 카지노 앞에서 느낀 장엄함 등 이러한 모든 순간들이 쌓여 여행을 이루고, 그 과정에서 깨달은 교훈들을 살아가는 일상에 적용할 때, 공간의 이동을 통한 자유여행과 일상에서 경험하는 인생여행이 조화와 균형을 이루어 삶을 더욱 풍성하게 해 줄 수 있음을 깨닫기에 오늘 여행이 감사하게 다가온다.

여행정보 Tip

1. 여행일정
   - 09:10~09:40 니스에서 모나코까지 기차이동 및 에즈마을 트래킹
   - 10:00~15:00 시티투어버스 이용한 모나코 명소 및 해양박물관 관람
   - 16:00~18:00 모나코에서 니스까지 기차이동 및 니스 명소관람
2. 예약사항 없음
3. 여행 참고사항
   - 모나코 여행시 시내투어버스를 이용하여 명소를 전체적으로 둘러본 후, 마음에 드는 명소에서 내려 관람 및 추억(사진) 남기는 것 추천
   - 해양박물관은 비추천. (우리나라 아쿠아리움 수준)
   - 대공궁 앞에서 진행되는 열병식 관람 추천. (시간 확인 필요)

시행착오 체크리스트 및 대응방안

☐ 니스 기차 연착문제로 일정지연: 기차나 대중교통을 이용할 경우 연착 가능성을 염두에 두고 여유시간을 확보하거나 대체 교통수단을 검토 필요.

☐ 대공궁 도열식 관람 시 혼잡으로 관람 어려움: 인기있는 관람 포인트는 사전에 시간을 확인하고 일찍 도착해야 최적의 위치에서 관람가능.

☐ 수족관 방문 후 기대 이하의 경험: 다른 사람의 "좋다"는 평가로 판단하지 말고, 자신의 흥미와 관심사를 기준으로 방문여부 결정해야 만족도 상승.

☐ 더운 날씨와 이동으로 인한 피로 누적: 날씨와 환경에 맞춘 체력 관리와 유연한 일정 조정이 필요하며, 충분한 수분 섭취와 휴식 시간의 배정 필요.

☐ 생장갚폐하 일정 취소: 경험을 통한 실수를 두려워하지 말고 유연하게 대처하며, 계획의 완벽함보다 순간의 경험을 즐길 줄 아는 태도가 중요.

사진 Spot Tip

모나코 시내 1

모나코 시내 및 보트 선착장 2

모나코 대공궁 1

모나코 대공궁 2

대공궁 앞에서 도열식하고 있는 병정들

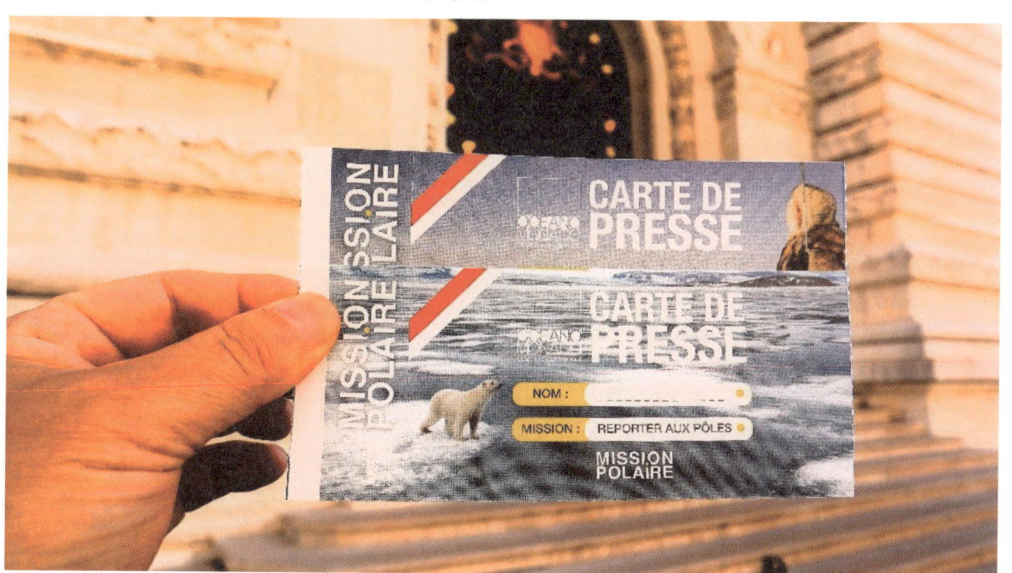
모나코 해양박물관 입장권

모나코 대성당

모나코 카지노 1

모나코 카지노 2

모나코 카지노 3

베르동,
헤매며 만난 베르동의 아름다움
별 볼일 있다 하여도 별 볼일 없음을 어찌하리오

23 일차
남프랑스 생폴드방스 & 베르동

　어제는 여행 스트레스와 피로에 지쳐 일찍 잠자리에 들어서인지 오늘은 새벽 2시경 눈을 뜬다. 오늘은 경험해야 할 경우의 수가 참 많은 날이다. 체크아웃, 렌터카, 명소 주차 및 정산, 고속도로 주행 및 통행료 납부, 생폴드방스, 생크로와 호수, 베르동계곡, 무스띠에생트마리 관람 그리고 마지막으로 프랑스 전통가옥에서의 하룻밤 숙박까지 경험해야 할 것들이 많다.

　짐정리를 하고 간단한 아침식사 후 체크아웃 전 렌터카 회사를 방문한다. 이미 온라인으로 렌터카 예약을 하였기에 나름 시간에 맞춰 오전 8시 20분경 렌터카 지점을 방문했는데, 안내원이 시간에 딱 맞춰 오전 8시 30분에 오라고 하여 10여분을 밖에서 기다리다 데스크로 가서 렌트 절차를 밟는다. 해외에서 렌터카는 처음 경험하는 것이지만 유럽에서의 렌터카 비용은 한국에 비해 많이 비싼 편이다. 기어를 자동으로 하고 운전자를 한 사람 더 추가하고 반납지를 픽업한 도시가 아닌 다른 도시로 하는 경우, 하루 렌탈료가 30만원이 훨씬 넘는다. 이에 나름 저렴하게 렌트를 해야겠다는 생각에, 반납지는 니스에서 마르세유로 해야 하니 어쩔 수 없고, 기어는 수동, 운전은 나 혼자 하는 조건으로 하루 약 23만원으로 예약을 하였는데, 렌트를 하려는 그 지점에는 수동차량이 없는지 막상 렌터카는 기어가 자동인 3천CC급 푸조SUV를 수령한다. 수령한 차를 기준으로 온라인에서 예약했더라면 4일 기준으로 30만원 이상을 더 지불해야 해서, 전혀 예기치 못한 횡재(?)에 감사함을 느끼며 렌터카 여행이 더욱 설레인다.

렌터카를 출고하여 숙소로 다시 돌아와 캐리어를 차에 싣고 오늘 첫 방문지인 생폴드방스를 향한다. 가면서 원형 교차로가 많아 약간 헷갈리긴 했어도 사거리에서 불필요한 시간을 허비하지 않도록 도로 시스템을 만든 것 같아 잘했다는 생각도 든다. 그래도 교통 규정을 위반하는 얌체족들은 늘 있게 마련이니 그것까지야 어떻게 하겠는가! 무사히 생폴드방스 주차장에 도착하여 차를 주차하고 마을에 들어서는데, 입구에 할로윈 가면으로 사용하는 커다란 호박 수십 개가 관광객들을 환영하니 이를 카메라에 담기도 하고 호박을 배경으로 멋진 포즈와 함께 추억을 남기기도 한다.

마을에 들어서서 마을 구석구석과 샤갈의 무덤도 둘러본다. 샤갈이 묻힌 무덤 위에는 무슨 돌무더기 같은 것들이 쌓여 있는데, 그곳 공동묘지에 있는 다른 무덤들과 비교해 볼 때 오히려 다른 무덤들 보다 추억의 흔적이나 가족들의 애정 어린 손길이 덜한 것 같아 쓸쓸함이 느껴진다. 샤갈의 무덤이 있는 공동 묘지를 둘러보며, 이렇게 다 한 줌 흙으로 돌아가는 것이 인생이거늘 서로 잘났다 으스대며 더 갖겠다, 내 뜻대로 살겠다며 아옹다옹 살아가는 인생살이에 허망함이 느껴진다.

이미 여러 명소를 많이 다녀본 터라 굳이 생폴드방스를 비교해 보자면 엊그제 다녀온 에즈보다는 약간 못하다는 생각도 해본다.

이렇게 생폴드방스 관람을 마치고 생크로와 호수가 그 밑을 떠받치고 있는 베르동 계곡을 향한다. 가면서 네비게이션 동선이 우리가 계획한 동선과 다른 방향으로 안내해 잠깐 당황하기도 했지만 네비게이션이 잘 안내하겠지 하는 마음으로 길안내에 따라 이동을 계속한다.

가는 길에 부실한 아침식사로 허기가 느껴져 간단하게 요기를 해야겠다 생각하고 고속도로 옆 버거킹에 들러 큼지막한 햄버거와 콜라 2인분을 주문하니 두 사람 몫으로 30 유로가 계산된다. 매장에 앉아 먹는데 그 양이 얼마나 많은 지 다 먹지를 못하고 남은 것은 포장하여 다시 목적지로 향한다.

두어 시간을 달리니 가장 먼저 생크로와 호수가 보이는데, 그 장소가 바로 핫플인 생크로와 호수 위의 다리와 베르동 협곡이 겹쳐 있는 곳이다. 한 쪽에 차를 주차하고 멋진 포즈로 풍광을 배경으로 추억을 담아본다.

여기까지는 좋았다. 그런데 그 지점부터 무스띠에생트마리에 도착할 때까지 얼마나 많은 시간을 헤맸는지! 니스 숙소에서 출발하여 무스띠에생트마리 숙소에 도착하니 시간은 거의 오후 6 시.

계획대로라면 오후 4 시 전후에 숙소에 도착해야 하는데, 2 시간이나 더 지나 도착했으니 길을 완전히 잘못 들었기 때문이다. 갔던 곳을 가고 또 가기를 여러 번 하였으니 그 길이 시골 외진 길인데다 혼동 되는 길들이 있어 한번 길을 잘못 들면 한참동안 앞으로 가야만 뒤로 돌아갈 수 있어, 4~5시간이면 갈 곳을 6~7시간 동안이나 갔으니 참으로 힘든 여정이었다는 생각이 든다. 그러나 그 헤매는 와중에도 베르동 협곡의 기가막힌 풍광이 짜증난 마음에 위로를 주고, 그랜드캐년의 축소판이라 하여도 손색이 없는 베르동 협곡이 기억에 깊이 남는다.

이렇게 감탄도 하며 헤매기도 하다 결국 해가 뉘엿뉘엿할 즈음 무스띠에생트마리에 도착하니 시간이 여의치 않아 몇 곳을 둘러보았으나 이 또한 생폴드방스를 관람할 때와 마찬가지로 실망스러울 뿐 명소에 대한 환상이 와장창 무너져 버리고 만다.

수많은 유튜버와 블로거들이 좋다 좋다 하고, 거기에다 무스띠에생트마리에는 산과 산을 연결하여 별을 달아 놓은 곳인 스팟 황금별이 있어 그곳을 명소라 하는데, 황금별을 볼일이 있다 하여 가보니 정말 별볼일 없다는 말이 딱 맞아 떨어지는 경험을 하니 씁쓸하기만 하다. 결국 생크로와 호수에서의 뱃놀이 계획은 바람과 같이 사라지고 하룻밤을 예약한 숙소로 향한다.

우리가 예약한 숙소는 지금껏 가본 숙소 중 가장 프랑스 전통가옥 같은 숙소다. 이게 진짜 B&B 지 하는 생각을 하며, 다른 곳들은 B&B를 운영할 목적으로 적당히 꾸며 숙소를 만들었지만, 이곳은 1층에 주인 내외가 살고 2층을 B&B로 운용하고 있는데, 가구 하나하나 액세서리 하나하나가 안주인의 땀과 정성이 가득함을 느끼게 한다.

숙소 주인 아주머니를 만나 인사하고 숙소이용 안내를 받은 후, 캐리어는 하룻밤만 묵을 것이라 차 안에 두고, 나름 리뷰가 좋은 레스토랑으로 발걸음을 옮긴다. 그런데 이곳이 외지이고 관광철이 지나서인지 마을식당은 문닫은 곳이 대부분이고 우리가 가려던 레스토랑도 역시 문을 닫았다. 결국 커다란 마을 슈퍼에 들러 오렌지 주스와 과일 몇 가지를 사서 숙소로 돌아와 남은 음식과 함께 간단히 저녁을 마친다.

오늘 하루는 계획한 만큼 완벽하지 않았지만, 그 자체로 배움과 감동이 있었다. 길을 잃고 헤매는 순간에도 베르동 협곡이 주는 장엄함은 자연의 위대함이 주는 선물이었고, 기대에 미치지 못한 명소에서도 현실을 받아들이는 법을 배웠다. 프랑스 전통가옥에서의 디테일 하나 하나는 주인의 진심을 담고 있어 화려한 호텔에서 느낄 수 없는 정겨움과 따뜻함을 선사했다.

이제 남은 일정은 고르드, 아비뇽, 아를, 님, 몽펠리에, 마르세유로 이어진다. 앞으로의 여행에서도 오늘과 같은 배움과 경험이 나를 더 단단하게 만들어 주리라는 확신을 가지며 또 하루를 마무리한다.

여행정보 Tip

1. 여행일정
   - 08:30~11:00 생폴드방스 이동 및 관람
   - 11:00~17:00 생크로와 호수 및 베르동 협곡 관람
   - 17:00~18:00 무스띠에생트마리 관람
2. 예약사항
   - 렌터카 예약
     ✓ 기간: 24. 10. 31. 08:30~11. 3. 19:00
     ✓ 출고지: 니스, 입고지: 마르세유
     ✓ 보험 및 기어: 자비부담 "0"인 완전면책 조건, 기어: 수동
     ✓ 렌터카 비용: 631 유로
3. 렌트 여행시 참고사항
   - 렌트는 공식홈페이지에서 예약하는 것이 중요하고, 보험도 중개업체가 아닌 공식홈페이지에서 직접 가입해야 이중보험 가입 방지 가능.
   - 렌트로 여행하는 경우, 도난방지를 위해 반드시 유료주차장에 주차를 해야 하며, 주차장 정보도 미리 확인 필요.
   - 핸드폰 거치대와 충전기 시거잭도 사전 준비필요.
   - 렌터카 반납 시 보증금 감액되지 않도록 휘발유 가득 채워 반납.

시행착오 체크리스트 및 대응방안

☐ 렌터카 수령과 관련한 혼선: 예약 차량이 수급 상황에 따라 변경될 가능성을 미리 고려하고, 예상 변경상황에 유연하게 대처.

☐ 명소관람 시 정보과잉으로 인한 기대치 왜곡: 샤갈 무덤 및 황금별 등 명소에 대한 기대 대비 관람 후 실망하였으나, 다양한 여행후기와 개인적인 기대치를 조율하여 실망을 줄이는 전략 필요.

☐ 이동 중 길 안내 혼선: 주요 경로는 사전에 미리 저장하고 네비게이션에 지나치게 의존하지 않으며, 대체 경로를 미리 숙지.

☐ 음식 선택의 비효율성: 여행 경로상 합리적인 가격대의 식사 장소를 미리 검색하고 계획수립.

☐ 저녁 식사준비 실패: 외딴 지역이나 비성수기일 경우, 식사 장소의 운영 여부를 사전에 확인하고 준비.

사진 Spot Tip

샤갈의 무덤

생폴드방스 마을 1

생폴드방스 마을 2

생폴드방스 마을 3

생크로와 호수 1

생크로와 호수 2

생크로와 호수 3

베르동 협곡 1

베르동 협곡 2

무스띠에생트마리 스팟 황금별

무스띠에생트마리 마을 1

무스띠에생트마리 마을 2

아를 가는 길,
예상치 못한 경험이 주는 가치
어제에 묶이지 않고 내일을 염려하지 않는 오늘이 좋다

24 일차
남프랑스 고르드 & 아를

　　오늘은 눈을 뜨니 새벽 4 시다. 일어나 렌터카 2 일차 여행을 위해 해야 할 것들을 준비하다 보니 어느덧 새벽여명이 밝아온다. 거실 문을 활짝 열어젖히고 떠오르는 태양을 맞이하며 오늘 하루도 힘차게 여행하리라 되뇌며 기지개를 켜본다.

　　오전 7 시 40 분경 프랑스 숙소 주인아주머니께서 커다란 은쟁반을 드시고 우리가 머물고 있는 숙소 2 층으로 올라오시는데, 그 안에 핫초코, 커피, 우유, 오렌지 주스, 갓 구운 빵, 치즈 그리고 오렌지 잼과 키위까지 프랑스 조식 한상을 차려 식탁에 올려 주시며 베란다에서 바라다보이는 아름다운 풍광과 함께 맛있는 아침식사를 하라는 인사말도 빼놓지 않으신다. 오늘이 여행한지 벌써 24 일차이니 여행 일정의 반이 휙 지나가 버린 셈이다. 그 덕에 아직은 한국인 입맛이 살아있긴 해도 점점 외국인 입맛 못지않게 많이 지중해식이 되어 버린 듯하다.

　　정성스레 차려주신 조반을 깨끗이 비우고 나니 이제 떠날 시간이다. 아내가 깨끗하게 비운 쟁반을 아래 층으로 가져다 드리니 감사하다

하신다. 비록 하룻밤이지만 프랑스 전통가옥에서 머물며 체험한 경험은 지금까지 다녀본 어떤 숙소보다 귀한 시간이었음을 실감한다. 전날 숙소를 찾기 위해 동네를 헤매고 있을 때 숙소주인 아주머니의 이웃이 우리를 발견하고 직접 문을 열고 나와 우리를 숙소까지 데려다 준 일이며, 숙소주인 아주머니의 따뜻하고 인간미 넘치는 배려는 프랑스인에 대한 우리의 나쁜 인식을 바로잡기에 충분했다. 그 동안 상업적으로 만난 프랑스인들을 경험하고 프랑스인에 대해 별로 안 좋은 선입견을 가지고 있었는데 숙소에 머물며 경험한 몇 가지 에피소드가 나의 인식을 뒤바뀌게 해 준 듯하다. 친절함과 좋은 추억을 갖게 해주심에 감사하다는 인사를 나눈 후, 차에 올라 시동을 건다.

가는 길에 발랑솔을 지나며, 이제는 철 지난 라벤다 밭을 바라보니, 보랏빛 바다를 이루며 그 위용을 자랑했을 라벤다를 생각해 본다. 누구든 한 때는 인생 최고 절정의 꽃을 피우며 세상 부러울 것 없이 살았어도, 시간이 지나면 철 지난 라벤다 밭고랑처럼 흔적만 남아있는 초라한 모습으로 과거나 넋두리하며 사는 모습이 우리네 인생이 아닌가 하는 생각을 해보며, 살아있는 동안 과거만 되뇌일 뿐 오늘과 내일을 살지 못하는 인생이 되어서는 안된다는 생각을 해본다. 또 한 참을 가다 차량들이 길게 줄지어 서있길래, 예정에 없었지만 우리도 한 켠에 차를 주차하고 무슨 일이 있는지를 둘러보니, 마을 한 켠에 벼룩시장이 길게 펼쳐져 있음을 발견하여, 우리도 한번 구경해 보자는 생각이 들어 가까이 다가가 물건도 보고 현지인의 삶도 느껴보니, 자유여행을 하면서 체험하는 경험이 재밌기만 하다. 옷의 경우에 한국에서는 안 입는 옷은 이사 갈 때나 아니면 철 지날 때 한번씩 싹 정리하여 버리는 경우가 대부분인데, 오늘 우리가 들른 벼룩시장에서는 나이드신 어르신들이 자신들이 과거에 입었던 옷가지나 가정에서 사용했던 골동품과 같은 장식품들을 가지고 나와 적은 금액에 판매를 하는 모습을 보며, 지난 것들을 쉽게 잊고 편하고 빠르게 변화하는 것에 익숙한 우리네 삶과는 다른 면이 있음을 보고 좋은 문화를 갖고 있구나 하는 생각을 해본다.

  이렇게 예정에 없던 갑작스러운 벼룩시장 경험을 하고 나니 시간은 계획된 시간보다 많이 흘러 벌써 오전 11시다. 이제 오늘 첫 번째 여행지인 고르드를 향하여 부리나케 달린다. 그런데 가는 길이 그리 쉽지가 않다. 소도시를 가는 길이라 그런지 꼬불꼬불 이리 왔다 저리 갔다를 반복한다. 그 와중에 여러 갈래 길에서는 길을 제대로 찾지 못해 한 바퀴를 돌고 또 돌다 보니 도착 시간은 점점 더 늘어나고, 여기에 예기치 않은 벼룩시장 관람까지 하였으니 정오 12시까지 끝나야 할 여행이 정오 12시부터 시작되었으니 오늘 일정이 만만치 않음이 예상된다. 하지만 여행이 어찌 계획대로만 될까? 경험이 여행이니 이동하면서 계획을 재조정해 본다. 결국 오늘 방문하기로 한 아비뇽 관람을 과감하게 패스하고 숙소가 있는 아를로 넘어가 편안한 마음으로 나머지 일정을 소화하기로 한다.

  고르드는 중세도시가 그대로 보존된 마을로서 프랑스에서 가장 아름다운 마을로 선정되기도 하였다는데, 막상 도착하여 마을을 둘러보니 중세시대의 건축물이 원형 그대로 보존되어 있긴 하지만 그게 전부였다. 너무 과장된 유명세에 별 볼일 없음을 또 한번 체험하고 이제 발걸음은 아를로 향한다.

아를로 가는 길에 기름이 떨어져가고 있어 이제 주유하는 법을 체험할 시간이다. 모든 사건사건이 새로운 체험들이니 사실 마음이 그리 편하지는 않다. 우리나라와는 다르게 프랑스에서는 먼저 결제에 대한 가승인을 받은 후 주유를 하고, 주유한 만큼 결제를 하고 차액은 나중에 돌려받는 좀 이상야릇하고 복잡한 시스템이다. 처음 하는 것은 이렇듯 모든 것이 새롭고 신기하기도 하지만, 못하면 어쩌지 하는 약간의 두려운 마음도 한 켠에 있음은 어쩔 수가 없다. 앞에서 주유하고 있는 한 프랑스인에게 도움을 청하니, 자신의 차에 주유를 다 한 후에 도와주겠다고 하니 고마운 마음이 든다.

이렇게 도움을 받아 주유하는 법을 배워 차에 주유를 하고 우리는 숙소가 있는 아를로 향한다. 아를에 와서는 차를 주차장에 주차하여야 하는데 그 절차가 또한 만만치 않다. 맨 처음에는 주차장을 지나쳐서 들어가지 못하고 두 번째는 다른 길로 들어가 주차장에 들어가지 못한다. 이럴 때는 묻는 것이 상책이다. 길을 걷고 있는 어느 여성분에게 물었더니 진행방향으로 계속가면 주차장 입구가 보인다고 설명해 준다. 안내대로 진행하여 주차장 입구에 도착하니 이제 세 번째 도전이 눈앞에 전개된다. 그런데 이번에는 주차장 차단기가 올라가지 않는다. 이게 뭔가 하고 차단기 옆을 보니 뭔가 기계 하나가 보이는 데, 그곳에서 주차 티켓을 뽑아야 할 것 같아 기계를 누르니 정말 주차 티켓이 나온다. 이렇게 주차장에 겨우 진입하여 주차를 하니 안도의 한숨이 나온다.

이렇듯 모든 일이 계획대로 흘러가지는 않았지만, 오늘 하루는 새로운 경험의 연속이었다. 길을 잘못 들며 시간을 허비했지만, 벼룩시장에서의 뜻밖의 만남은 기억에 남을 순간으로 자리 잡았고, 패키지 여행의 틀 안에서 누릴 수 없었던 자유와 배움은 때로는 불편함과 시행착오를 동반했다. 그러나 여행이란 결국 익숙한 일상에서 벗어나 미지의 세계를 경험하며 성장하는 과정이다. 이번 여정에서 만난 새로운 풍경, 새로운 사람들, 그리고 새로운 시도들은 앞으로도 오랫동안 나의 삶에 소중한 기억으로 남을 것이다.

이번 여행으로 몸과 마음이 사실 피곤하기도 하지만, 오늘의 피로는 아들의 숙소에서 달래고, 남은 여행에 대한 기대감을 품으며 하루를 마무리한다. 내일은 또 어떤 새로운 이야기가 펼쳐질지 기대가 되는 저녁이다.

여행정보 Tip

1. 여행일정
    - 09:00~13:30 고드르 이동 및 관람
    - 13:30~15:00 아를 이동 및 숙소 체크인
    - 15:00~16:00 아를 산책
2. 예약사항 없음
3. 여행 참고사항 없음

시행착오 체크리스트 및 대응방안

☐ 프랑스 주유 시스템을 이해하지 못해 도움을 요청하며 시행착오: 여행 전 현지의 차량을 이용하여 주유절차를 미리 학습하여 예기치 않은 혼선을 줄임.

☐ 계획에 없던 벼룩시장 방문으로 주요일정지연: 자유여행의 유연성은 중요하나 주요 일정과 균형을 고려하여 계획 수정 필요.

☐ 고르드의 중세도시 보존 상태는 좋았으나 기대 대비 특별한 감흥 부족: 명소에 대한 개인적인 기대치를 조정하고, 과장된 정보에 현혹되지 않아야 함.

☐ 주차장 입구를 두 번 지나쳐 도착 지연 및 절차 이해 부족: 주차 관련절차를 숙지하고 현지인에게 도움 요청하는 것 두려워하지 않기.

사진 Spot Tip

프랑스 전통가옥에서의 아침

철 지난 발랑솔

고르드 1

고르드 2

빛의 채석장,
피로 속에 찾은 감동
지금 쓸모없어도 후에 쓸모있게 변할 수 있는 것이 인생

25 일차
남프랑스 님 & 빛의 채석장

매주 수요일과 토요일 오전 8시부터 오후 1시까지 우리가 머무는 아를 숙소 앞 광장에서 전통 재래시장이 열린다고 한다. 그래서 우리는 아침 8시경 시장에 들려 1시간 정도 재래시장을 체험한 후, 님으로 이동하여 계획한 아레나, 메종 카레, 박물관 등에 입장하여 명소를 관람한 후, 레보드 프로방스로 이동하여 빛의 채석장에서 진행하는 미술전시회를 관람하고 돌아오는 일정으로 숙소를 나선다.

어제 아를은 만성절(카톨릭에서 천국에 있는 모든 성인을 기리는 축일)로 공휴일이라 대부분의 상점이 문을 닫아서 거리가 한산하고 사람들이 많이 보이지 않았는데, 공휴일이 끝난 오늘은 재래 시장이 열리는 날이라서 그런지 아침부터 광장에는 사람들로 북적북적하다.

이 북새통에 우리도 한 몫 하겠다고 광장에 길게 늘어선 좌판대를 두리번거리며 한 1 킬로미터나 되는 재래시장 거리를 구경한다. 옷가게, 잡화상, 포목점, 장난감 등 없는 것이 없다. 또 한 켠에는 야채, 과일, 생선, 고기, 빵 그리고 스페인 국민음식 빠에야도 빠지지 않는다.

그렇다면 여행가답게 그 도시의 음식을 제대로 한번 먹어봐야 하지 않겠는가! 우리는 조각 케익, 올리브, 견과류 그리고 점심으로 먹을 빠에야도 2인분을 주문한다. 빠에야를 파는 주인이 아내의 목에 건 핸드폰이며 지갑을 보며 하시는 말씀이 "여기 조금 있다 사람들이 많아지면 소매치기를 조심해야 한다"며 프랑스어로 뭐라뭐라 말씀을 하시는데, 서로 말이 잘 통하지 않으니 바디 랭기지로 소통을 한다. 그런데 어찌나 리얼한지! 주인이 콩떡같이 이야기를 해도 우리는 찰떡같이 알아듣는다. 마음이 통하니 언어가 서로 달라도 역시 바디 랭기지는 만국 공용어인가보다. 이렇게 한 시간 정도 전통 재래시장 체험을 하고 주차장으로 이동한 후, 차를 운전하여 바로 님으로 향한다.

프랑스에서 운전할 때마다 느끼는 것이지만 여기는 일단 신호등이 별로 없다. 그나마 마을에 들어서면 신호가 몇 개 있긴 하지만 마을만 벗어나면 신호등은 거의 없고 매번 원형교차로가 보이고 거기에 운전자들이 정해진 교통 규정에 따라 운전하는 것이 전부다. 그러니 신호등에 익숙한 여행자들은 원형교차로만 나오면 불안감이 앞서는 것이 사실이다. 게다가 구글 네비게이션이 한국말로 주로 몇 번째 교차로에서 나가야 한다고 안내를 하지만 그 안내가 맞은 적은 거의 없다. 네비게이션에 나타난 지도방향을 보고 "아! 이건 좌회전 이겠구나" 아니면 "한시 방향 우회전으로 가야겠구나" 하는 것을 주행 중 신속하게 판단하여 운전을 해야 한다. 게다가 네비게이션이 길을 잘 모르는 타지 여행객들이 준비할 수 있도록 미리 안내를 해 주는 것이 아니라 길을 지나기 바로 전에 알려주기 때문에 가야 할 길을 놓치기가 부지기수다. 이러니 1시간이면 갈 거리를 훨씬 더 많은 시간을 갖고 가야 하는 것이 현실이다. 이렇게 하여 님 주차장에 도착하여 우리는 계획대로 관람할 곳을 찾아 다니며 명소에 들러 관람도 하고 추억도 남긴다. 님을 방문해 보니 님은 우리가 머무는 아를보다 도시가 더 크고 활기차 보이는데, 그 이유가 더 많은 관람객들이 도시를 왕래하기 때문인 듯하다. 사실 오늘 계획은 님뿐만 아니라 교육의 도시 몽펠리에까지 둘러볼 예정이었으나 그 동안 여행을 해보니, 두 도시를 하루에 관람하고 체험하는 것이 쉽지 않음을 경험한다. 그래서 오늘은 아예 처음부터 욕심부리지 않고, 전통 재래시장과 님을 차례로 관람한 후 빛의 채석장으로 가서 미술전시회를 관람하는 것으로 만족하기로 한다. 특별히 오늘은 빛의 채석장에서 진행하는 미술전시회 관람에서 큰 감동을 받는다.

빛의 채석장은 원래 석회암 채석장이었다고 한다. 그런데 채석장의 석회암 수요가 감소하여 1930 년대에 문을 닫았는데 1960 년대에 프랑스의 유명한 예술가이자 영화제작자인 장콕토라는 분이 이를 발견하여 예술적 장소로 전환시켜 지금은 디지털 아트 전시의 선구적인 장소가 되었으니, 지금 쓸모없다 하여 영원히 쓸모없는 것이 아니라 임자를 만나면 쓸모없는 것도 후에 쓸모 있는 멋진 모습으로 탈바꿈 될 수 있음을 교훈삼아 볼 일이다.

오늘 전시회 주제는 "이집트 그리고 파라오"다. 이와 관련된 작품들을 디지털화하여 장엄한 음악과 함께 영상으로 보여주는데 깊은 감동을 받는다. 관람하기 전 주차를 하는데 애를 먹어 마음이 어수선하지만 훌륭한 영상미 덕분에 끝나고도 그 감동이 마음에 긴 여운으로 남는다.

이렇게 아를 2일차 여행을 끝내고 숙소로 돌아오는데 얼마나 피곤하던지! 사실 오늘은 아침에 일어날 때부터 피곤하여 님에 도착하기 전 중간에 도로 한 켠에 주차를 하고 한 20~30분 쪽잠을 잤고, 빛의 채석장으로 오면서도 너무 피곤하여 도로 한 켠에 주차를 하고 또 쪽잠을 잤는데도, 미술관을 관람하고 숙소로 돌아오는데 피로가 좀처럼 가시지 않는다.

돌아오면서 다음 숙소인 마르세유에 가서는 하루는 푹 쉬자고 아내와 다짐을 한다. 그리고 숙소에 돌아와서 일단 한 잠을 자고 나서 스테이크도 굽고, 샐러드와 훈제연어에 오늘 재래시장에서 산 올리브도 올리고, 오징어와 춘권도 오븐에 구워 멋진 저녁 한 상을 맛있게 차려 먹으니 아를의 마지막 밤을 아쉬워하지만, 한편으로 내일부터 있을 엑상프로방스 관람, 까시스 보트투어 그리고 칼랑크 국립공원 트래킹을 상상하니 아쉬움보다는 기대가 더 큰 아를에서의 마지막 밤이다.

여행정보 Tip

1. 여행일정
   - 09:00~13:30 고드르 이동 및 관람
   - 13:30~15:00 아를 이동 및 숙소 체크인
   - 15:00~16:00 아를 산책
2. 예약사항 없음
3. 여행 참고사항 없음
   - 사전예약 추천: 인기있는 전시회이므로 미술관이나 전시회 일정에 맞춰 사전 예약 필수
   - 전시회 일정 확인: 빛의 채석장 방문 전에 전시 일정 및 주제 확인 필요.
   - 주차정보: 주차 공간이 협소하고, 주변 주차도 어려우므로 가장 빠른 시간에 주차하는 것이 필요

시행착오 체크리스트 및 대응방안

- ☐ 시장 소매치기 대비 부족: 시장이나 사람이 몰리는 장소 방문 시 귀중품 관리를 철저히 하고, 크로스백 등 안전한 소지품 보관 방법 활용 필요.
- ☐ 네비게이션의 늦은 안내로 인해 교차로 및 방향 변경에서 어려움 발생: 네비게이션 외에도 주요 경로를 종이 지도나 미리 다운로드한 지도 앱으로 확인.
- ☐ 빛의 채석장 주차 어려움: 인기 명소에서는 일찍 도착하거나, 대체 주차 옵션 확인 필요.
- ☐ 일정 과부하로 인한 피로: 일정 설계 시 하루 2~3 곳 이상 방문하지 않도록 계획수립 필요.
- ☐ 이동 중 피로 누적으로 도로변에서 두 차례 쪽잠을 자야 했음: 일정 사이 휴식시간을 충분히 배치하고, 장거리 이동 후 피로 관리계획 필요.

사진 Spot Tip

님 아레나

님 아레나 광장

님 메종 카레

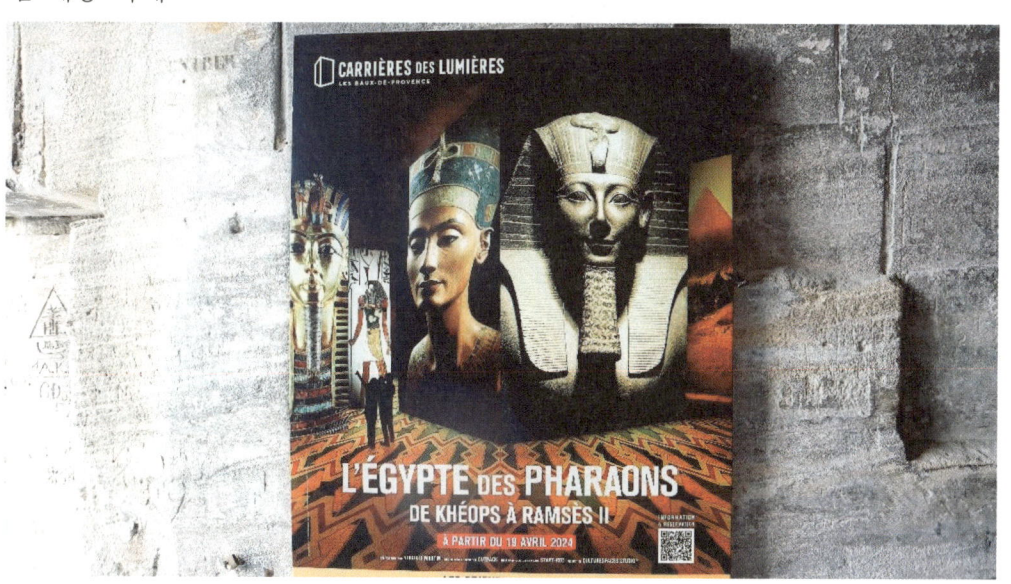

빛의 채석장 입구

빛의 채석장 내부

빛의 채석장 영상 1

빛의 채석장 영상 2

빛의 채석장 영상 3

마르세유 첫 날,
렌터카와 열쇠로 인한 끝없는 스트레스

앙꼬없는 찐빵은 싫다

26 일차
남프랑스 엑상프로방스 & 마르세유

아를에서 숙박을 한 이유는 무엇보다 아를에서 작품활동을 했던 고흐의 발자취를 따라가 보기 위함이었다. 무스띠에생트마리를 떠나 발랑솔과 고르드를 거쳐 아비뇽을 패스하고 아를로 온 것도 물론 피곤함이 쌓인 탓도 있지만 아를에서 고흐를 조금 더 체험하고 싶어서다. 그런데 놀랍게도 이틀동안 머물렀던 아를에서 반 고흐의 흔적을 찾기는 쉽지 않았다.

오늘은 이틀 묵은 아를을 떠나는 날이다. 사실 아를에서 이틀을 숙박하였어도 정작 아를은 충분히 들여다보지 못했다는 생각에 이를 만회하기 위해 우리는 숙소 체크아웃 전 아를에서 가보아야 할 명소 몇 곳을 둘러보기로 한다. 문화센터, 원형 경기장, 고흐가 말년에 머물렀던 정신병원 그리고 반 고흐 미술관은 체크아웃 후 엑상프로방스 가기 전에 들르기로 한다. 고흐가 죽기 전 마지막에 머물렀던 정신병원에서 그나마 고흐의 흔적을 발견할 수 있어 다행이다. 우리는 고흐가 머물렀던 건물을 둘러보고 추억을 남긴다. 그리고 바로 숙소로 돌아와, 체크아웃 후 반 고흐 미술관에 들른다. 이른 아침 시간이라 그런지 미술관에 사람들이 별로 없다. 매표소에서 티켓을 구입하려 하니 오늘은 일요일이라 무료로 관람할 수 있다 한다. 원래 티켓값이 일인당 10유로니, 20유로를 절약한 셈이다. 그런데 고흐의 미술관에 정작 고흐의 작품은 보이지 않고, 서점 그리고 다른 예술가의 작품만 가득할 뿐이다. 미술관 이름은 "빈센트 반 고흐"인데 미술관에 진열된 미술품은 모두 다른 예술가의 작품들뿐이다. 약간 허망한 마음이 든다. 아니! 왜 빈센트 반 고흐 이름을 내걸고 관람객을 유치해, 원치 않는 작품에 원치 않는 시간과 에너지에 원치 않는 지출을 하게 하는지 정말이지 앙꼬없는 찐빵을 먹은 기분이다. 사실 어제 갔던 빛의 채석장도 고흐의 작품을 기대하고 갔지만, 물론 이집트와 파라오를 주제로 한 작품에 큰 감동을 받긴 하였어도, 고흐의 작품을 기대하며 간 우리의 기대에는 미치지 못했다.

  빈센트 반 고흐 미술관을 나와 엑상프로방스로 이동하여 마을을 관람했을 때도 앙꼬없는 찐빵먹은 기분은 계속 이어진다. 엑상프로방스는 분수의 도시이기도 하지만 세잔이 예술활동을 한 곳이기도 하다. 그런데 막상 분수의 도시 엑상프로방스에 도착해 보니, 물 마른 분수대만 덩그러니 서 있었고, 광장에서는 오래된 물품을 파는 벼룩시장이나 구경했지, 세잔의 흔적도 물 뿜는 분수도 찾을 수 없었다. 아를에서처럼 또 앙꼬없는 찐빵을 먹은 기분으로 오늘의 목적지 마르세유를 향한다. 마르세유에서의 원래 일정은 오후 3시 이전에 숙소 체크인을 하고 렌터카를 반납하기 전에 도보로 가기 어려운 명소를 차량을 이용하여 관람하고 오후 7시경 렌터카를 반납한 후 숙소로 들어가는 것이었다.

그러나 마르세유에 막상 입성하니 교통지옥, 주차지옥이 따로 없다. 도로에는 자동차와 오토바이 거기에 자전거까지 뒤섞여 혼잡하고, 길가에는 뭔 사람들이 이렇게 많은 지 정말 정신이 하나도 없다. 그래도 일단 정신차리고 지나는 길에 잠깐 롱샴 궁전 관람을 위해 주차를 하려는 데 주차할 곳이 딱히 없다. 동네를 몇 바퀴 돌았는데도 주차할 곳은 단 한 칸도 남아있지 않았다. 게다가 일방통행이 왜 이리 많고 도로가 복잡한지, 도시 초행자에게 교통사고는 필수인 듯한 느낌이 들어, 안되겠다 싶어 우선 숙소에 캐리어부터 옮겨 놓아야겠다 생각하고 열쇠수령 하는 곳으로 갔지만, 거기도 역시 주차 할 곳은 없었다. 어쩔 수 없이 아내와 나는 따로 떨어져, 아내는 열쇠를 찾으러 가고, 나는 거기서 앞으로 조금 더 가서 도로가 아닌 인도에 비상등을 켜고 차를 정차할 수밖에 없는 상황이다.

잠시 후 숙소 열쇠를 찾은 아내와 내가 만나야 한다. 낯선 마르세유 도심한복판에서 참으로 난감한 상황이지만 어찌 어찌하여 아내와 만나 숙소로 이동한다. 그런데 숙소 앞에도 주차장은 없다. 결국 숙소 가까운 인도에 일단 차를 정차하고, 아내는 숙소 열쇠를 갖고 숙소 문을 열러 가고, 나는 인도에서 차량 비상등을 켜고 서 있는데, 지나다니는 사람들의 눈초리가 매섭게 느껴진다. 지금까지 다녀본 도시에서 만났던 따뜻했던 사람들과는 사뭇 다른듯한 긴장감이 감돈다. 마르세유가 치안이 좋지 않다는 이야기를 들었는데, 지나가는 사람들마다 차 안을 힐끗힐끗 쳐다보며 뭔가 가져갈 것이 없는가 하는 이런 눈빛을 하고 있는 것같이 느껴지니 더욱 그런 느낌이 든다. 게다가 흑인들의 눈초리가 예사롭지 않게 느껴진다. 거리에 왜 이리 흑인들이 많은지! 이렇게 시간이 흘러 30 분이 지났는데도, 숙소 문을 열기 위해 간 아내는 감감 무소식! 잠시 후 아내로부터 문이 안 열린다는 소식을 카톡으로 확인한다. 열쇠로 애를 먹은 적이 어디 한 두 번이어야지! 일단 아내에게는 차량 있는 곳으로 오라고 카톡을 보내고, 나는 프랑스 언어로 밖에는 소통을 하지 못하는 숙소 여주인에게 WhatsApp 을 통해 번역기를 이용하여 문이 열리지 않는다는 문자를 보낸다. 잠시 후 숙소 주인에게서 왜 문이 안 열리냐며 통화를 하자고 하는데 AI 전화기가 잘 되지 않아 소통이 어렵다. 결국 WhatsApp 을 통해 구글 번역기를 이용하여 소통하기를 1 시간 30 여분이 지난 후 알게 된 사실은, 우리나라 기준으로 건물 3 층을 여기서는 2 층이라 하는데 이 소통이 되지 않아 아내가 30 분, 내가 숙소 여주인과 1 시간 30 분, 도합 2 시간 정도를 숙소 문 여는데 사용하였으니 정말 진이 다 빠진다.

오후 3 시에 들어가기로 계획한 숙소를 오후 6 시가 넘어 들어갔으니, 스트레스 지수는 상승곡선을 타고 있지만 시간이 별로 없다. 오후 7시까지는 렌터카를 반납해야 하기 때문이다. 부랴부랴 인근 주유소를 찾아 우여곡절 끝에 차량에 기름을 가득 채워 렌터카 업체에 차량을 반납하고 나니 오후 7 시.

오늘 마르세유에서의 첫날은 혼란과 고단함의 연속이었다. 하지만 이 경험을 통해 우리는 여행의 진정한 본질, 곧 예상치 못한 상황 속에서도 배우고 적응하는 과정을 통해 자신을 성장시키는 것임을 깨닫는다. 이 순간도 지나고 나면 추억으로 남는다는 진실을 알기에 내일은 조금 더 나은 하루를 기대하며, 오늘의 경험을 마음에 담는다.

여행정보 Tip

1. 여행일정
    - 07:30~09:00 아를 산책
    - 09:00~14:00 엑상프로방스 이동 및 명소 관람
    - 14:00~15:00 엑상프로방스에서 마르세유까지 차량이동
    - 15:00~19:00 숙소 체크인 및 렌터카 반납
2. 예약사항 없음
3. 여행 참고사항
    - 엑상프로방스는 명소라 할만한 곳이 없어 관람을 위한 방문은 비추천.

시행착오 체크리스트 및 대응방안

- [ ] 빈센트 반 고흐 미술관에서 고흐 작품 부재로 실망: 미술관 관람 시 작품에 대한 상세 정보를 사전에 확인하여 기대치 조정 필요.
- [ ] 엑상프로방스의 분수 및 세잔 관련 정보 부족: 주요 명소 방문 전에 정확한 콘텐츠와 운영상황 확인 필요
- [ ] 열쇠 수령 및 숙소 입실 과정에서 시간 낭비: 숙소 체크인 절차 상세히 확인하고, 주인과 소통방법 미리 설정.
- [ ] 주차 공간 부족으로 차량 이동에 어려움 발생: 대도시 방문 시 숙소근처 주차 옵션 사전 조사하되, 대도시에서는 가급적 대중교통이용을 우선적으로 검토하고, 차량 이용은 최소화.
- [ ] 반납 시간 임박으로 주유 및 반납 절차에 급박함: 차량반납 전 일정에 여유 시간을 배치하고, 주유소 위치 미리 파악.

사진 Spot Tip

빈센트 반 고흐 미술 전시관 입구

빈센트 반 고흐 미술 전시관 1

빈센트 반 고흐 미술 전시관 2

빈센트 반 고흐 미술관

엑상프로방스 시내 1

엑상프로방스 시내 2

프리울 섬에서 여는
마르세유 첫 여행
다수의 함정

27 일차
프랑스 마르세유, 프리울 섬

어제 오후 9 시전에 잠자리에 들었는데도 오늘은 오전 6 시가 되어서야 겨우 눈을 뜬다. 여행 중 처음으로 이렇게 한번도 깨지 않고 계속 9 시간이나 잤으니 웬만큼 피로가 풀릴 듯도 한데 여전히 졸립기는 마찬가지다. 피로가 엄청 누적되어 있는 것 같다.

피곤한데도 아내는 일찍부터 부지런히 음식을 정성스럽게 준비하여 한식 한 상을 차려내니 감사한 마음으로 한식 비빔밥 한그릇을 뚝딱 해치운다. 한식으로 배도 든든히 채웠으니 오늘은 제대로 한번 마르세유를 정복해 봐야겠다고 마음먹는다.

잠시 후 여행준비를 마친 우리는 마르세유 구 항구에 있는 관광 안내소로 가서 마르세유 1 일 시티투어 티켓을 구입하여, 프리울 섬 관람 및 트래킹, 꼬마관광열차를 이용한 마르세유 명소관람 그리고 시간이 되면 미술관이나 박물관 한 두 곳을 정하여 관람할 계획으로 오전 9 시가 조금 넘어 숙소를 나선다.

미리 구글지도로 관광안내소를 확인하여 15 분 정도 도보로 이동한 후 관광 안내를 하는 여직원에게 오늘 일정을 설명하였더니 굳이 마르세유 1일 시티투어 티켓을 구입할 필요가 없다 한다. 프리울 섬 이동 및 관람 그리고 트래킹을 하는데 5~6시간 정도 소요되니 마르세유로 돌아오더라도 꼬마관광열차를 타고나면 더 이상 할 수 있는 것이 없다는 설명이다. 일인당 하루 21유로면 원하는 관광을 할 수 있는데 굳이 29유로나 하는 일일 시티투어티켓을 구입할 필요가 없다며, 관광하려는 곳에 가서 티켓을 구입하라는 안내원의 현실적인 권고에 따라, 관광지도와 필요한 안내지를 받아 관광안내소를 나와, 안내에 따라 먼저 프리울 섬으로 가는 티켓 판매사무실로 가서 22유로를 주고 오전 11시에 프리울 섬으로 출발하는 티켓을 구매하여, 프리울 섬으로 이동한다. 프리울 섬으로 이동하는 보트가 마르세유 선착장을 출발하면서부터 보이는 마르세유 항구에 꽉찬 삐까뻔쩍한 배들이 먼저 눈을 호화롭게 해준다. 이어 보트 2층에서 바라보이는 마르세유 시내 또한 시원한 바다와 함께 멋진 풍광을 보여주고, 프리울 섬으로 가면서 보이는 파로 궁전, 지중해 박물관 또 그 옆으로 펼쳐진 마르세유 대성당과 요새, 여기에 노트르담 드라가르드 성당 그리고 이프 섬까지 멋진 풍광을 계속 보여주고 있어, 여행객들이 한눈팔 새가 없다. 이에 보고만 있을 수 없어 연신 카메라 셔터를 눌러대며 추억을 남기니 어느덧 보트는 프리울 섬에 도착하여 시간을 확인하니 오전 11시 40분이다.

보트에서 내린 대부분의 여행객들이 프리울 섬에서 오늘 가야 할 곳들을 가느라 분주히 움직이고 있지만, 금강산도 식후경인데 일단 먹고 시작하자는 생각으로 우리는 한적한 벤치를 찾아 준비해간 볶음밥을 먹는다.

우리가 걸터앉은 벤치 앞 해변에는 노년의 부부 3쌍이 수영도 하고 대화를 나누는 것이 보이는데, 그 중 한 나이드신 여성 한 분이 수영복 팬티만 입고 당당하게 일행들과 즐기는 모습을 보며, 문화의 차이로 나타나는 현상들에 대한 선입견을 갖지 않아야 함을 생각해 보는 시간을 갖는다.

식사 후 둘러본 프리울 섬은 정말 매력이 넘치는 섬이다. 마르세유에 방문하는 많은 여행객들이 이프 섬이나 프리울 섬 중 하나를 택하여 보트를 타고 관람을 하는데, 많은 경우 이프 섬을 간다. 그 이유가 몽테크리스토 백작이라는 소설의 배경이 된 섬이기 때문인 것으로 알고 있는데, 이 이프 섬 크기의 20~30 배 되는 크기의 섬이 바로 프리울 섬이다.

이프 섬은 성이 하나 밖에 없는 손바닥 만한 섬인 반면, 프리울 섬은 이프 섬에 있는 요새과 같은 성은 물론 칼랑크("바다로 둘러쌓인 작은 만"이라는 뜻)가 여럿 있어 그 곳에 많은 사람들이 수영을 하고 휴식도 취할 수가 있어 휴양하기가 정말 좋은 곳이다. 이에 우리는 마르세유에 머무는 마지막 날에 수영할 수 있는 복장을 준비하고 물 멍도 할 수 있도록 돗자리도 준비하여 재방문하기로 한다. 프리울 섬에서의 가벼운 트래킹과 관람을 마치고, 우리는 오후 2시 30분에 출발하는 마르세유행 보트를 타고 프리울 섬을 빠져나온다.

마르세유에 도착하자마자 우리는 바로 꼬마관광열차를 타는 곳으로 이동하여 관광기차를 타고 마르세유 주변을 관람한다. 이 관광열차는 주요명소를 지나가며 프랑스어로 뭐라뭐라 하고는 이어 영어로 한번 더 이야기하고 서지도 않고 명소를 그냥 휙 지나가 버린다. 관광열차의 하이라이트는 노트르담 드라가르드 성당에 도착했을 때다. 노트르담 드라가르드 성당은 마르세유의 전망대 역할을 하는 곳으로서 마르세유에서 제일 높은 곳에 위치해 있다. 노트르담 드라가르드 성당은 신앙인들이 많이 찾는 명소이기도 하지만 지금은 언뜻 보기에 전망대를 찾는 관광객들이 대부분을 차지하는듯 보인다.

전망대에서는 마르세유 항구와 도심 그리고 외곽까지 전체를 한 눈에 바라볼 수 있는 파노라마 전경이 있고 지중해의 아름다운 풍광까지 볼 수 있어 그야말로 멋진 장소다. 그곳에서 우리도 다른 여행객들처럼 한 켠에 서서 마르세유를 배경으로 멋진 사진도 찍고 풍광도 담아본다. 사진을 찍어달라는 외국인의 부탁에 치즈를 해보라고 안내하여 웃으면 셔터를 누르고 카메라를 돌려주니 찍은 사진을 보며 좋다고들 고맙다고들 야단이다. 이렇게 꼬마관광열차를 타고 마르세유 관람을 마치니 시간은 어느덧 오후 5시다.

오늘 저녁은 뭐처럼 얼큰한 국물이 있는 음식을 먹고자 베트남 음식점을 방문했으나 문을 닫았다. 할 수 없이 숙소로 돌아와, 고기와 빵을 굽고 야채와 과일 그리고 음료수로 저녁을 먹으니 마르세유에서의 2일 차 저녁이 깊어 간다.

여행은 이처럼 늘 완벽하지 않다. 하지만 그 안에서 예상치 못한 순간들을 받아들이고, 새로운 방식으로 즐기는 것이야말로 여행의 진정한 가치일 것이다. 마르세유에서의 하루를 마무리하며, 앞으로 남은 여정에서도 이러한 태도를 잃지 않기를 다짐해 본다.

여행정보 Tip

1. 여행일정
   - 11:00~14:30 프리울 섬 이동 및 트래킹
   - 15:30~17:00 마르세유 시내 관람 (꼬마관광열차 이용)
2. 예약사항 없음
3. 여행 참고사항
   - 마르세유 시내 관광목적에 따라 시티투어티켓 구입여부 선택.
   - 박물관이나 미술관 등을 이용하지 않는 경우에는 일일시티투어티켓을 구입하기보다는 섬으로 가는 보트티켓과 꼬마관광열차 티켓을 구입하여 여행하는 것이 비용면에서 효과적.
   - 섬투어는 프리울 섬 추천. 이프 섬은 섬도 작지만 볼 것이 없어 비추천.

시행착오 체크리스트 및 대응방안

☐ 프리울 섬은 매력적이었으나 물멍, 수영 등의 활동을 제대로 즐기지 못함: 사전 조사로 섬의 특징(이프 섬과 프리울 섬의 차이)을 명확히 이해하여 선호에 맞는 선택을 하고, 계획수립시 액티비티에 필요한 준비물(수영복, 돗자리 등)의 사전 준비.

☐ 관광열차가 명소를 스치듯 지나가며 영어 안내가 부족해 실망: 명소관람의 주목적이 충분히 충족될 수 있도록 투어 옵션을 신중히 선택.

☐ 베트남 식당이 문을 닫아 얼큰한 음식을 즐기지 못함: 외식계획은 식당의 영업시간과 휴무일을 미리 확인하여 일정에 반영.

☐ 일부 계획이 예상치 못한 상황으로 변경되며 스트레스 증가: 일정에 여유를 두어 돌발 상황에 대처할 수 있는 유연성 확보.

사진 Spot Tip

마르세유 항구

유람선에서 바라본 파로궁전

유람선에서 바라본 마르세유 대성당

유람선에서 바라본 이프섬과 마르세유 시내

유람선에서 바라본 마르세유 시내

프리울섬 보트 선착장

프리울섬 칼랑크 1

프리울섬 칼랑크 2

전망대에서 바라본 마르세유 시내 1

전망대에서 바라본 마르세유 시내 2

노트르담 드라가르드 성당 내부

노트르담 드라가르드 성당 외부

지중해의 매력,
칼랑크 트래킹
저질체력으로 멋진 풍광 보는 건 하늘의 별 따기

28 일차
남프랑스 마르세유, 칼랑크 트래킹

　마르세유는 파리 다음으로 큰 프랑스의 제 2 도시이자 지중해에서 가장 큰 항구도시다. 이렇게 지중해의 한 중심을 차지하고 있는 마르세유 옆으로 칼랑크 국립공원이 길게 늘어서 있고 그 기슭에 "카시스"라는 조그만 마을이 자리 잡고 있다.

　오늘은 숙소에서 출발하여 버스를 타고 카시스에 도착하여 칼랑크 국립공원에서 유명한 명소로 알려진 칼랑크 드 포므류, 칼랑크 드 뽀흐빵 그리고 칼랑크 덩보를 트래킹 하기로 한다.

　간단한 아침식사 후 오전 8시 30분경 숙소를 출발하여 도보로 20여분을 걸어 카시스로 가는 버스정류장에 도착한다. 프랑스 여성 2명이 이미 도착하여 이야기를 나누고 있어 "봉주르!"하고 인사하며 여기가 카시스로 가는 버스정류장이 맞느냐고 물으니 자신들도 카시스로 가려고 버스를 기다리고 있는 중이라 한다. 잠시 후 버스가 도착하고 50여분을 이동하여 카시스에 도착한다. 카시스는 작은 마을이지만 마을 분위기가 아름다워 휴양지로 많이 알려져 있고 마을 앞 선착장에는 여행객들의 액티비티를 위하여 보트로 가득 채워져 있다. 지나간 일이지만 카시스의 명성을 알고 있어 처음에 카시스에서 숙박하기 위해 칼랑크 국립공원이 바라다 보이는 숙소에 4박 5일간의 숙박을 예약했는데, 숙소주인으로부터 "우리가 숙박하려는 즈음에 인테리어 공사를 해야 해서 숙박을 받을 수 없다"는 연락이 와, 부득이 카시스에서의 숙박을 취소하고 마르세유로 숙박을 변경하게 된 가슴 아픈(?) 사연이 떠오른다. 막상 오늘 카시스에 도착하여 트래킹을 위해 마을로 걸어가는데 카시스에서 숙박하지 못한 아쉬움이 마음에 가득하다. 지금 숙박하고 있는 마르세유는 항구가 가깝고 지하철역이 옆에 있어 편리한 점이 없지 않지만, 일단 공기가 나쁘고 밖에 나가면 너무 어수선하고 혼잡하여 별로 머물고 싶지 않은 도시다. 그런데 카시스는 내리자마자 휴양지 분위기가 가득하다. 파스텔 톤의 병아리 색과 이슬람 건축물에서 많이 볼 수 있는 황토색 건물들이 진노랑과 어울려 산 아래 아름드리 나무들과 함께 멋지게 펼쳐져 있어 그 모습이 참으로 장관이다. 게다가 오늘은 따뜻한 날씨에, 맑은 공기, 조용한 마을 분위기 그리고 약간의 바다 내음이 너무 마음에 든다. 정말 내가 좋아하는 분위기인 까닭에 다음 남프랑스 여행을 할 때는 카시스에서 꼭 숙박하기로 마음먹는다.

칼랑크 트래킹을 하러 가는 중에 길을 따라 바라보이는 마을이 자연풍광과 어우러져 멋진 자태를 뽐내고 있어, 우리는 연신 셔터를 눌러 풍광도 담고 추억도 남긴다. 그러다 보트들이 정박하고 있는 선착장을 지나는데 팔뚝 만한 물고기들이 잘 오셨다며 꼬리를 반갑게 흔들며 여기 저기를 왔다 갔다 하는 모습을 보니, 녀석들이 내가 온 것이 반갑긴 한가보다.

유럽에서의 트래킹은 우리나라와는 사뭇 다르다. 일단 흙 길이 없다. 돌 길과 자갈 길 혹은 굵은 모래 길이 대부분이어서 자칫 미끄러지거나 넘어져 다칠 수 있는 위험이 있다. 오늘 트래킹 코스는 지중해를 바라보며 칼랑크 국립공원의 능선을 오르락 내리락 하며 트래킹 하는 코스다. 왕복 11 킬로미터 정도의 거리인데 길이 험하고 돌이 많아 트래킹 하는 내내 불편함은 어쩔 수 없다. 마지막 덩보로 가는 구간은 내려가는 구간인데, 경사가 거의 45도 이상이나 되는 길에 돌과 자갈이 가득하여 미끄러질 위험이 있긴 하였어도, 무사히 덩보에 도착하여 오늘 트래킹의 전반부를 찍고 칼랑크 덩보 앞 해변 앞에 앉아 잠시 몸을 추스린다.

트래킹을 하는 대부분의 사람들이 젊은 사람들이지만 그 중에는 나이드신 분들도 띄엄띄엄 눈에 띈다. 젊은이들처럼 그분들도 평상 시에 건강관리를 얼마나 잘했던지 땀을 뻘뻘 흘리면서 잘도 걷는다. 역시 평상시 꾸준히 체력단련을 하고 건강관리를 하지 않으면 이 멋진 풍광을 보고싶어도 볼 수 없으므로 나이가 들수록 체력단련 및 건강관리를 더 잘해야 한다는 교훈을 얻는다.

잠시 쉬며 주변을 둘러보니 어떤 젊은 친구들은 덩보 앞 절벽을 어찌어찌 아슬아슬하게 올라가며 일행들과 사진을 찍기도 하고 또 어떤 연인은 카약을 타고 왔는지 둘이서 카약을 저어 지중해 앞바다로 나가기도 하고 또 어떤 여행객은 자갈 해변에 벌러덩 누워 잠을 자는가 하면 우리 옆자리 여행객들은 여자들만 와서인지 먹고 웃고 떠드는데 그래도 즐겁기만 해 보인다. 준비한 식사로 점심을 먹고 한 30분이나 있었나? 시간을 보니 오후 2시다.

이제 숙소로 돌아갈 시간이다. 자리를 정돈하고 다시 능선까지 가파른 자갈 길을 올라간다. 능선에 올라 이정표를 보니 우리가 왔던 길과는 다른 지름길이 눈에 띈다. 1시간 30분 정도면 갈 수 있는 길이다. 뚜벅뚜벅 묵묵히 길을 걸으며 오랜만의 트래킹에 그 동안 지친 몸을 달래 본다. 이렇게 하여 마르세유로 가는 버스정류장에 도착하여 버스를 타고 마르세유에 도착하니 오후 5시다. 돌아오는 길에 버스 정류장까지 가는 길에 도움을 준 친절한 프랑스인들을 생각해 보며 감사한 마음도 가져본다.

오늘은 오전 8시 30분에 숙소에서 나와 오후 5시에 숙소가 있는 마르세유 정거장에 내렸으니 밖에서 8시간 30분간을 있었던 셈이다. 5시간을 트래킹 하고 2시간 정도 버스를 탔으니 밥 먹고 이동하고 버스 기다리는 시간이 1시간 30분 정도는 되는 것 같다. 이렇게 마르세유에서의 보람찬 3일차가 지나 가는 오늘 밤은 아내가 정성스럽게 준비한 영양만점 스파게티로 맛있는 저녁을 먹는다.

오늘은 카시스와 칼랑크 국립공원이 주는 자연의 위대함과 소소한 행복을 온전히 느낄 수 있었던 날이었다. 자연 속에서의 여유로움과 인간의 작은 발자취가 어우러진 오늘의 여정은 여행이 단순히 즐기는 것을 넘어 삶을 돌아보게 하는 귀한 시간이 될 수 있음을 일깨워 주었다, 남은 여행기간도 이러한 교훈과 감동을 기억하며 여행을 이어갈 수 있게 되기를 바라며 하루를 마무리 해본다.

여행정보 Tip

1. 여행일정
   - 09:00~15:30 카시스 이동 및 칼랑크 트래킹
   - 15:30~17:30 카시스에서 숙소로 이동
2. 예약사항 없음
3. 여행 참고사항
   - 칼랑크 트래킹을 계획하는 경우, 트래킹화 준비 필수. 스틱도 준비하면 트래킹에 도움.
   - 카시스 여행시 칼랑크 보트투어 추천. (계절마다 운행시간이 다르므로 보트를 타려면 시간 확인 필수)

시행착오 체크리스트 및 대응방안

- ☐ 칼랑크 트래킹 경로의 난이도와 지형에 대한 사전정보 부족으로 피로와 불편함 가중: 트래킹 코스의 난이도, 길 상태, 거리 등은 사전에 철저히 조사하고 필요한 장비(트래킹화, 스틱 등) 준비 필수.
- ☐ 카시스 숙박 취소로 인해 카시스에서의 체험과 휴양시간을 충분히 즐기지 못함: 여행 계획 변경 시 대체 일정에서 아쉬움을 최소화할 수 있도록 부족한 점 보완 및 조정 필요
- ☐ 장거리 트래킹으로 체력이 많이 소모되었으나 휴식과 영양 보충이 충분하지 못함: 체력 소모가 많은 일정에는 충분한 간식, 수분 그리고 중간 휴식시간을 계획에 반영.
- ☐ 지름길로 돌아왔으나 사전에 경로를 확인하지 않고 선택: 경로 변경 시 지도를 통해 예상소요시간과 난이도를 확인 후 결정.

사진 Spot Tip

카시스 보트 선착장

카시스 마을 1

카시스 마을 2

카시스 마을 3

칼랑크(드 포므류) 트래킹 1

칼랑크 트래킹 2

칼랑크 트래킹 3

칼랑크(덩보) 트래킹 4

아내의 손맛,
여행의 품격을 높이다
지나고 나면 좋았던 일도 나빴던 일도 다 추억의 한 자락

여행 29 일차
남프랑스 마르세유 시내

아침부터 비가 부슬부슬 내리는 마르세유의 아침을 맞는 오늘이 벌써 여행 29 일차다. 내일이면 남프랑스에서의 11 박 12 일간의 여행을 마치고 다음 여행지인 스페인으로 떠난다.

돌아보니 10 월 9 일 인천공항을 떠나 로마에 도착하여 콜로세움과 바티칸을 투어하고, 아말피 해변에서 4 박 5 일간 머물면서 진행한 라벨로 트래킹과 포지타노까지 걸쳐 있는 신의 길 트래킹이 기억난다. 밀라노에서 비가 억수같이 쏟아지는 날 길거리에서 비를 맞으며 열쇠로 스트레스 받았던 기억 그리고 스위스 그린델발트에서는 융프라우와 피르스트 그리고 외시넨 호수 트래킹이 기억난다. 이어진 샤모니에서의 에귀디미디 전망대 관람과 몽땅베르 그리고 플랑드래귀까지의 트래킹은 한국과는 다른 트래킹을 경험하게 해주었고, 니스로 이동하여 앙티브, 에즈, 생폴드방스, 생크로와 호수, 베르동 협곡, 무스띠에생트마리, 고르드, 님, 빛의 채석장 그리고 아를에서의 다양한 도시체험으로 남프랑스만이 가지고 있는 아름다운 마을을 눈으로 직접 보며 프랑스는 역시 예술적 감각을 지닌 나라임을 경험한다.

이탈리아나 스위스와는 다르게 남프랑스의 대도시나 유명세가 있는 도시에서 만난 일부 프랑스인들에게서 약간 깍쟁이 같은 상업적 태도에 기분이 언짢기도 하였지만 대부분의 프랑스인들은 친절하고 인간미가 넘쳤다. 더욱이 마르세유에서 첫날 느꼈던 치안이 취약하다는 선입견도 시간이 지나면서 우리가 머물고 있는 숙소 인근이 워낙 복잡하고 유동인구가 많은데다 첫날 당황스러운 경험들로 인해 그렇게 느꼈을 뿐 마르세유에서 계속 머물며 도시 여기저기를 다니다 보니 치안에 취약하다는 인상은 선입견에 지나지 않았다는 것을 경험한다. 마르세유 첫날 그렇게 당황스럽고 황당한 상황에서도 기억에 남는 것은 숙소 옆 건물 1층이 교회인 것 같은데, 십자가나 교회를 표시하는 아무런 표식이 없었지만 그곳에는 20여명의 교인들이 의자에 앉아 있었고, 앞에 서있는 목사님이 무슨 설교를 하시는 것 같았는데, 제스처를 써가며 온 몸으로 설교하는 모습을 보고, 나는 비록 숙소 문을 열기 위해 왔다 갔다 하였지만 감동을 받았다. 설교 중간에 "아멘" "아멘" 하며 설교자와 교인들이 하나되어 예배를 드리는 모습이 참으로 보기 좋았다.

한편 오늘까지 29일간 여행을 하면서 한국식으로 먹던 식생활 패턴이 유럽식으로 많이 변해 있는 내 자신이 놀랍기도 하고, 작년 11월부터 서유럽 일주를 위해 준비했던 영어 듣기와 스피킹 연습으로 여행 중 소통하는데 큰 어려움이 없이 진행하고 있는 내 자신이 대견스럽게 느껴지기도 한다. 그 나라 언어로 의사소통을 하는 것이 기본이지만 안될 때는 바디 랭귀지가 있으니 두려움만 없으면 어느 곳에 가든 소통하는데 문제는 없다. 다만 디테일한 내용을 정확하게 표현하지 못해 엉뚱한 결과를 초래할 수 있는 문제점이 있어 정확한 의사소통을 위해 영어는 필수임을 경험한다.

흔히들 파파고나 구글 번역기로 충분하다고 생각할 수 있지만, 현지에서 사람들과 직접 만나 소통을 하게 되면 우리가 한국 사람과 만나 대화하듯 그들도 우리를 그들 나라 사람 대하듯 소통을 하기 때문에 파파고나 번역기를 찾아가며 소통하는 것은 거의 불가능한데다, 그렇게 무지렁이처럼 대처하면 무시당하기 일쑤여서 멋진 그리고 당당하면서도 폼 나는 유럽여행을 위해 영어 듣기와 어느 정도의 스피킹은 필수임을 경험한다.

아내의 음식도 빼놓을 수 없는 귀한 추억거리다. 물론 길거리에는 요리를 한 음식들도 많이 있지만, 길거리를 다니며 보는 대부분의 음식이 피자, 햄버거, 스파게티 여기에 약간의 고기다. 아무리 고기 좋아하고 햄버거, 스파게티 좋아한다 한들 한국사람 입맛이 어디 가겠는가! 한국음식 생각나기 전 간간이 한국음식을 섞어 주었을 때 유럽식 음식도 맛이 있지, 유럽 음식으로만 배를 채웠다면 아마 여행의 질은 많이 떨어졌을 것이라 생각해 본다.

여행 올 때 챙겨온 만능 간장과 겉절이 양념장 그리고 쌈장과 고추장은 유럽 여행의 품격을 고품격 여행으로 레벨 업 시키기에 부족함이 없게 했다. 게다가 품질 좋고 저렴한 고기에 신선한 야채는 우리 나라 소비자 물가의 1/3 수준 밖에 되지 않으니 밖에 나가 매끼 최소 6 만원~10 만원에 해당하는 품질 떨어지는 입에 맞지 않은 음식을 사서 먹을 필요가 없다. 솜씨좋은 요리로 여행의 품격을 높여준 아내와 함께 한 여행이어서 즐거움과 만족감에 행복이 배가 된다.

지난 시간을 돌이켜볼 때 가장 어려웠던 점은 "열쇠"다. 유럽은 문화적인 이유 등으로 오래된 건물이 많아 열쇠도 우리나라처럼 디지털 방식이 아니라 아날로그 방식의 쇳덩어리로 된 열쇠로 문을 연다. 문제는 열쇠가 구멍에 맞춰져도 문이 잘 열리지 않는다는 점이다. 밀라노에서는 열쇠를 수령하는 과정에서 2시간 정도 소요되었는데 문을 열고 들어가서는 나오는데 또 애를 엄청 먹었다. 이리 돌려도 안되고 저리 돌려도 안되고 정말이지 미치고 팔딱 뛸 노릇이었다. 게다가 문을 열려면 중간 열쇠 외에 위 아래까지 맞춰져야 문이 열리니 이런 문화를 모르는 초보 자유여행자에게 열쇠는 정말 쉽지 않은 문제임이 틀림없다. 여기에 마르세유에서의 열쇠관련 경험은 정말 최악이었음이 기억난다.

유럽여행 할 때 또 하나의 애로사항은 화장실이다. 돈을 내고 갈 화장실이 있으면 그나마 다행이다. 마르세유의 경우 구 항구가 있는 지역에는 도대체 화장실을 찾아볼 수가 없다. 한번은 대형 까르푸에 장을 보러 갔다가 급하게 화장실을 가야 하는데 화장실이 없어 어떤 안내원에게 물으니 건물 저 끝 언저리로 가라 하여 한 5분을 찾아 헤매다 결국 찾기는 찾았는데, 가는 길에 오줌보가 터질 뻔했으니, 우스운 해법이지만 정말이지 기저귀를 차고 다녀야 하나 하는 생각이 들 정도다. 심지어 패스트푸드 음식점에도 아예 화장실이 없는 경우가 다반사이므로 물 마시는 것도 잘 조절해야 한다.

오늘은 아침부터 비가 오는데다 하루종일 흐리고 비가 온다는 예보가 있어 우리는 가기로 계획했던 칼랑크 국립공원 트래킹을 취소하고, 오전은 푹 쉬고 오후에 아직 가보지 않은 파로 궁전에 들렀다가, 지중해 문명박물관과 마르세유 대성당 그리고 전쟁 시 마르세유를 방어했던 요새에 들르기로 한다.

비가 내린 덕에 오전은 정말 모처럼 푹 잘 쉬었다. 침대에 휴대용 전기장판을 침대 위에 깔고, 등만 겨우 지지는데도 얼마나 따뜻하고 편안한지 땀을 흠뻑 흘리며 그 동안 쌓였던 묵은 피로를 말끔히 씻어 낸 듯하다. 이렇게 쉼을 갖고 오후 1시 30분쯤 숙소에서 나와 파로 궁전을 향한다. 천천히 걸어 파로 궁전에 도착하니 오후 2시다. 파로궁전을 여기저기 둘러보며 여기가 마르세유의 찐 전망대임을 확인한다. 지난번 꼬마관광열차를 타고 마르세유의 높디높은 산꼭대기까지 올라가 한동안 머물렀던 노트르담 드라가르드 성당이 마르세유에서 제일 높은 곳에 위치해 있고 또 마르세유의 모든 곳이 한 눈에 다 보이므로 전망대로서 손색이 없지만, 개인적인 의견으로는 파로 궁전만 못한 듯하다. 파로 궁전에 도착해 보니 그 앞에 펼쳐진 마르세유 구 항구의 보트들이 한 눈에 다 들어와 그 광경이 장관인데다 마르세유를 지키기 위해 지어진 요새와 그 옆에 자리잡고 있는 마르세유 대성당 그리고 지중해 문명박물관이 마르세유 항구와 함께 펼쳐져 있어 눈을 뗄 수 없을 정도의 풍광을 자랑하고 있어, 우리는 카메라와 동영상으로 멋진 풍광을 하나라도 놓칠세라 이곳 저곳을 담아 보기도 하고 또 셀카봉을 꺼내 멋진 풍광을 배경으로 추억을 남기기도한다. 이렇게 시간을 보내고 나니 시간이 어느덧 오후 4시다. 마르세유는 야경이 멋지다 한다. 어느 블로그에 올려놓은 야경 사진을 보니 이따가 저녁 식사 후 시간이 되면 우리도 이곳으로 다시 나와 야경을 담아야겠다는 생각을 해본다.

자! 이제 내일부터는 스페인을 즐길 차례다. 15박 16일간의 스페인 여행을 통한 다양한 경험으로 한걸음 더 성장해 있을 우리의 모습을 기대하니 마르세유를 떠나는 아쉬운 마음보다는 뿌듯한 마음이 앞서는 마르세유의 마지막 날이 또 이렇게 지나간다.

여행정보 Tip

1. 여행일정
   - 13:30~16:00 마르세유 시내 관람
2. 예약사항 없음
3. 여행 참고사항
   - 노트르담 드라가르드 성당이 마르세유의 명실상부한 전망대이지만, 파로궁전 또한 마르세유 항구 및 시내를 조망할 수 있는 멋진 전망대이므로 마르세유 여행시 방문 추천.

시행착오 체크리스트 및 대응방안

- ☐ 과도한 일정과 피로 누적: 일정에 여유를 두고 중간중간 휴식과 완충 시간을 계획하여 여행의 질 향상에 중점.
- ☐ 열쇠 사용 미숙으로 인한 어려움: 숙박 예약 시 열쇠 사용 방법과 특징에 대해 사전 확인 및 숙지 필수.
- ☐ 화장실 부족 문제: 공공 화장실 위치를 미리 확인하거나 긴급 상황을 대비한 대책(스타벅스, 버커킹 등 이용)을 마련해야 함.
- ☐ 마르세유 초기 방문 시 치안에 대한 선입견과 문화적 차이로 인해 불필요한 불안감 느낌: 현지 문화를 열린 마음으로 이해하고, 선입견보다 실제로 경험한 내용을 근거로 판단 필요.
- ☐ 현지음식 경험 제한: 현지 문화를 더 깊이 이해하기 위해 음식 체험도 중요한 부분으로 계획에 반영.

사진 Spot Tip

파로궁전 전면

파로궁전 측면

마르세유 지중해 박물관 및 대성당

파로궁전 앞 잔디위의 두 사람

마르세유 항구 1

마르세유 항구 2

PART4 스페인 15박 16일

바르셀로나, 얼리 체크인 활용법과 카사바트요 솔직 리뷰
구엘 궁전, 가우디의 숨은 보석
몬세라트와 지로나, 영혼이 머무는 시간, 자연의 선물
그라나다 가는 길, 기차에서 시작된 느린 여행
알함브라, 돌에 새긴 시간, 마음에 새긴 가치
그라나다, 신앙과 권력이 빚어낸 시간의 흔적
스페인 소도시의 다채로운 매력
세비야 대성당과 플라멩코, 혼이 담긴 예술의 향연
스페인 광장에서 만난 예술과 열정
세비야, 버섯 아래에서 알카사르 왕궁을 보다
코르도바, 시간과 신앙이 빚은 화합의 미학
스페인의 심장, 마드리드에서 배운 것들
두 도시 이야기, 중세의 숨결, 오늘의 깨달음
웅장한 마드리드, 건축과 예술의 교향곡
캔버스 위의 역사, 프라도 미술관 산책

바르셀로나,
얼리 체크인 활용법과 카사바트요 솔직 리뷰
잘 키운 가우디 한 명이 바르셀로나를 먹여 살리다니

30 일차
스페인 바르셀로나, 사그라다 파밀리아 & 카사바트요

새벽 5 시 30 분. 알람 시계에 맞춰 눈을 뜬다. 오늘 우리는 마르세유 기차역으로 가서 바르셀로나행 오전 8 시 4 분 기차를 타야 한다. 어제 옷가지 등 대부분의 짐을 캐리어에 넣었기에, 일어나서는 씻고 간단한 아침식사후 여분의 짐을 캐리어에 넣고 체크아웃 절차를 마친 후 기차역을 향한다.

숙소에서 도보로 10 여분을 걸어 마르세유 기차역에 도착하니 기차 타는 곳까지 60~70 여개의 계단이 눈에 띈다. 저기를 올라가야 하는데 무거운 캐리어를 양손에 들고 올라가기가 쉽지 않아 보인다. 하지만 어쩌랴! 엘리베이터나 에스컬레이터는 보이지 않으니 양손에 28 인치 캐리어 2 개를 들고 땀을 뻘뻘 흘리며 기차역에 도착하여 시간에 맞춰 겨우 기차에 오른다. 다행히 1 등석을 예약해서 2 등석 기차 칸보다는 훨씬 여유가 있고 캐리어 놓는 곳도 여유가 있어 마음이 편하다.

어느 블로거의 글을 읽어봤더니 유럽은 도둑들이 많아 캐리어를 분실할까봐 캐리어를 놓아두는 곳에 자전거 관리할 때 사용하는 체인으로 캐리어를 묶고 잠금 장치를 했다는 이야기를 읽고 정말 그렇게 까지 해야 되나 하는 생각을 했는데, 그동안 여기 저기 기차를 타고 다녀봤어도 위험하다는 생각이 든 적은 단 한번도 없어, 우리는 여기 현지인들처럼 짐칸에 캐리어를 올려놓고 여유롭게 바르셀로나에 도착하여 캐리어를 찾았으니, 잘못된 정보에 기초한 기우에 지나지 않은 불안감에 불필요한 행동을 할 필요가 없음이 얼마나 중요한지를 생각해 본다.

기차에 올라 지정 좌석에 앉아 테이블을 내리고 노트북을 꺼내 인터넷을 연결하여 15 일간의 스페인 여행계획을 다시 한번 점검해 본다. 가는 길에 숙소 여주인에게 도착시간을 문자로 알리니 얼리 체크인을 위해 오후 1시경 자신이 숙소에 미리 와있겠다 하니 감사하다. 스위스 그린델발트에서는 숙소 여주인 레굴라가 기차역까지 우리를 마중나와 짐까지 날라 주었는데 바르셀로나에 오니 숙소 여주인 알렉산드라가 이렇게 얼리 체크인을 허용해주는 친절을 베풀어주어 고마운 마음이다.

대부분의 숙소에서 주인이 직접 이렇게 여행객을 맞이하는 경우는 거의 없다. 대개는 숙소 주인이 여행객에게 메일로 숙소 열쇠 보관장소와 비번을 알려 주고, 여행객이 열쇠를 수령하여 숙소를 이용하는 방식으로 운영된다.

프랑스 샤모니와 니스의 경우, 숙소 도착 전에 얼리 체크인이 가능한 지를 메일로 문의했더니, 두 곳 다 안된다는 거절을 당한 경험이 있다. 반면 스페인의 경우 바르셀로나 숙소 뿐만아니라 그 다음 숙박 예정지인 그라나다 숙소의 경우도 메일로 얼리 체크인이 가능한지

문의하니 가능하다는 답변이다. 프랑스와 스페인이 이렇게 다르다. 금전이나 시간적인 면에서 약간이라도 손해 보는 것이라고 생각되면 조금도 허용하지 않는 듯 보이는 프랑스가 옹졸하고 치사한 듯하여 아쉬운 마음이 든다.

오후 12시 40분경 바르셀로나 산츠역에 내려 택시를 잡아타고 숙소에 도착하니 알렉산드라가 반갑게 맞아준다. 고향이 이탈리아이며 여기 바르셀로나에 온 지는 14년이 되었다 한다. 내 나이 60대 중반을 바라본다 하니 놀랍다며 에너지가 넘치는 분을 만났다며 덕담을 건네니 "음! 역시 나는 유럽에서도 통하는군!"이라 농담하니 한바탕 웃음바다가 된다. 친절한 알렉산드라가 바르셀로나에 머무는 동안 필요한 정보와 전화번호를 알려주며 언제든 필요한 일이 있으면 연락하라고 한다. 알겠다고 답변하며 알렉산드라와 우리의 만남이 마무리되고, 우리는 예약한 도보 20분 거리의 사그라다 파밀리아 성당으로 발걸음을 옮긴다.

역시 바르셀로나 하면 가우디, 가우디 하면 사그라다 파밀리아 성당이 공식임을 다시 한번 경험한다. 특히 사그라다 파밀리아 성당은 2026년에 완공을 앞두고 있다는데, 1882년 착공하여 140여년이 지난 지금까지도 성당을 계속 짓고 있음이 놀랍다. 하긴 밀라노에 있는 대성당은 14세기에 초석을 놓은 뒤 600여년의 공사기간 끝에 20세기에 와서 공사가 완성되었으니 빨리 빨리 신속하게 모든 일을 처리하려는 우리네와는 정말 다른 모습이다. 백년대계로 역사에 길이 남을 작품을 만들 수 있도록 인생도 그렇게 목표를 세우고 계획하고 실행해야 함을 깨닫는 시간이다. 성당 앞에는 수많은 인파가 입구 주변에서 있고 예약한 여행객은 별도의 통로에서 체크인 절차를 밟는다. 이렇게 하여 들어간 성당에는 역시 수많은 인파가 가우디가 만든 성당 내부를 관람하느라 분주히 돌아다니고 또 한편에서는 추억의 사진을 찍느라 분위기가 어수선하다. 도시 주변의 명소는 늘 이렇게 북적거리고 어수선할 수밖에 없어, 우리도 여행객들 틈에 끼어 순서에 따라 성당을 관람하고 감동을 받은 곳에서 추억을 남긴다.

이렇게 사그라다 파밀리아 성당 관람을 마치고 오후 7시에 예약한 가우디의 또 다른 작품 카사바트요 관람 전까지 여유시간이 있어 우리는 숙소로 돌아간다. 가는 길에 저녁으로 먹을 빠에야와 치킨을 사 숙소에 도착하여 우선 샤워로 여독을 푼 후, 음식점에서 사온 밀키트 음식을 가공하고 추천 빵집에서 사온 빵을 곁들여 저녁을 먹는다. 본고장에서 만든 빠에야라 그런지 역시 맛이 있다.

이렇게 여유시간을 갖고 저녁 7시경 도착한 카사바트요. 주변에 사람들이 있긴 하지만 생각만큼 그렇게 많지는 않다. 우리는 줄을 서 기다리다 카사바트요에 입장하여 한국어로 된 해설 오디오가 있음을 보고 여기가 한국인이 엄청 찾는 명소임을 확인한다. 그 동안 여러 번 스페인에 왔어도 패키지로만 와서 카사바트요는 지나가면서 건물 외관이나 봤지 건물 내부에는 들어가 보지 못했지만, 막상 오늘 실내에 들어와 보니, 생각이나 기대한만큼 대단한 무엇인가가 있는 것 같이 느껴지지는 않는다. 그런데도 관람료가 일인당 약 40 유로이니 두 사람이면 한국 돈으로 12만원이나 주고 이곳을 관람하는 것은 상당히 비싸다는 생각이 든다. 하지만 역시 소문난 잔치에 먹을 것 없다는 표현이 딱 맞는 경험이어서 아쉽지만 더 있다고 본전을 뽑을 수 있는 것도 아니어서 부리나케 돌아보고, 바로 카사바트요에서 나와 슈퍼에 들러 필요한 몇 가지 음식을 사서 숙소로 돌아와 오늘 여행을 돌아본다.

명소를 관람하면서 느꼈던 것은 바르셀로나는 단순히 도시를 넘어 창의성과 열정이 살아 숨쉬는 공간이라는 것이었다. 가우디의 작품에서 긴 시간의 노력과 목표는 진정한 성공이 무엇인지를 돌아보게 하였고, 빨리빨리 결과를 내고 성과를 기대하는 시대풍조와는 다르게 천천히 그러나 확실하게 목표를 향해 나아가는 것이 더 중요함을 깨닫게 하였다. 또한 현지인들과의 만남은 여행을 단순한 관광에서 인간적인 교류로 바꿔주며, 세계 어디에서나 소통의 가치를 새삼 깨닫게 하였다. 이제 시작될 스페인 여행의 15일 동안에는 또 어떤 감동과 교훈이 기다리고 있을지 기대하니 바르셀로나의 내일이 기대가 된다.

여행정보 Tip

1. 여행일정
    - 08:04~12:38 마르세유에서 바르셀로나 산츠역까지 기차 이동
    - 14:30~16:30 사그라다 파밀리아 성당 관람
    - 19:00~20:30 카사바트요 관람
2. 예약사항
    - 마르세유에서 바르셀로나까지 가는 기차 예매 필수.
    - 사그라다 파밀리아 성당 예약 필수.
    - 카사바트요 예약 필수.
3. 여행 참고사항
    - 카사바트요는 가우디 건축물로 유명세를 타고 있지만 개인적인 의견으로 관람은 비추천.
        - ✓ 관람료는 터무니없이 비싸고 내부적으로도 볼 것이 크게 없는 듯하니 여행계획에 참고.

시행착오 체크리스트 및 대응방안

- [ ] 기차역 계단에서 캐리어 운반 어려움: 여행 시 짐의 크기와 무게를 줄이고, 역 내부지도를 사전에 확인하여 편리한 이동경로 계획 필요.
- [ ] 과도한 불안감에 따른 준비: 기차 내 짐 도난우려로 체인 잠금장치를 준비하려 했으나 실제로는 불필요했음. 지나치게 과장된 정보에 휘둘리지 말고 현지 상황에 맞는 합리적인 준비 필요.
- [ ] 명소 관람에 대한 기대와 현실의 차이: 카사바트요의 비싼 관람료에 비해 실내관람의 기대감이 충족되지 않음. 명소선택 시 관람목적과 비용대비 만족도를 사전에 고려하고 충분한 정보 확인 필요.
- [ ] 명소 혼잡으로 인한 피로: 사그라다 파밀리아와 같은 주요 명소에서는 인파로 인해 관람이 다소 불편할 수 있으므로, 주요명소 방문시 시간대를 잘 선택하고, 미리 예약하여 대기시간을 줄이는 방법 모색.
- [ ] 식사준비와 외식 간 균형 부족: 외식과 숙소 내 요리를 균형 있게 계획하여 비용과 만족도 모두 고려.

사진 Spot Tip

사그라다 파밀리아 성당 외부 1

사그라다 파밀리아 성당 외부 2

사그라다 파밀리아 성당 내부 1

사그라다 파밀리아 성당 내부 2

사그라다 파밀리아 성당 내부 3

카사바트요 건물 외부

카사바트요 건물 옥상 1

바르셀로나 시내

바르셀로나 야경 1

바르셀로나 야경 2

구엘 궁전,
가우디의 숨은 보석

건강은 행복의 기초요 인생을 풍성하게 해주는 필수요소

31 일차
스페인 바르셀로나, 구엘 궁전 & 구엘 공원

오늘은 엄청 걸어야 할 것이 예상되는 하루다. 길을 정확하게 안다는 가정 하에 계획한 투어경로 7 킬로미터, 여기에 구엘 공원 2 킬로미터 그리고 예정에 없는 미술관이나 박물관을 관람한다면 여기에 1 킬로미터 전후 추가하고 또 길을 잘못들어 왔다 갔다 하다 보면 10% 내외추가 그리고 풍광을 담고 추억을 남기려면 여기에 1~2 시간이 더해지니 쉽지 않은 하루다.

간단한 아침식사 후 오전 8시 30분경 숙소에서 출발하여 체력을 아껴본다고 숙소근처 디아고날 역에서 지하철을 타고 두 정거장을 가서 카탈루냐역에서 하차한다. 여기가 오늘 우리의 관람 출발지, 카탈루냐 광장이다.

구글 지도를 켜고 순서에 따라 먼저 보케리아 시장부터 방문한다. 입구에서 가볍게 풍광도 담아보고 추억도 남겨본다. 시장에 와서 뭐가 있는지 살펴보니 과일 가게부터 견과류, 젤리, 하몽, 고기, 생선, 각종 빵과 음식들이 즐비하다. 그렇다면 일단 구미가 당기는 음식을 먹어보는 것은 기본 아니겠는가! 우선 해산물 튀김가게에 들러 가장 인기있는 품목을 확인하여 정어리, 오징어, 감자 등이 포함된 해산물 튀김 한 봉지를 사서 입에 물고 다니며 시장을 두루 다녀 본다. 어떤 여행객은 신선한 해산물집에 앉아 아침부터 해산물을 안주삼아 해장 술을 걸치는가 하면, 어떤 여행객은 고픈 배를 채우려는지 시장표 햄버거를 먹으며 음식점에 앉아있고 또 어떤 여행객은 커피와 빵을 주문하여 의자에 앉아 먹으며 여행객들을 바라보기도 한다. 이런 다채로운 여행객들 틈에 끼여 우리도 그들과 하나되어 해산물 튀김도 먹으며 또 한손에는 콜라를 들고 다니며 시장을 누빈다. 어느덧 봉지에 담겨있던 해산물은 게눈 감추듯 사라지니 우리는 2차 먹거리를 찾아 이리저리 둘러보다 과일을 깎아 컵에 담아 파는 한 가게에 들러 망고 한 컵을 사서 단숨에 먹어 치운다. 해산물 튀김으로 약간 느끼하던 차에 콜라로는 약간 부족했던지 망고 몇 개를 집어먹으니 속이 시원하다.

잠시 후 시장을 빠져나와 레이알 광장을 지나 구엘 궁전을 지나는데 티켓 파는 곳에 여행객들이 별로 없다. 옳커니! 하고는 한국어 오디오 가이드 비용을 포함하여 두 명 티켓 값으로 27유로를 지불하고 구엘 궁전을 관람한다.

아내와 이구동성으로 이거 진짜네! 하며, 어제 80유로나 주고 관람했던 카사바트요 관람료가 엄청 바가지임을 성토한다. 볼거리는 구엘 궁전이 훨씬 더 많고 역사적 가치도 풍부한데 어떻게 카사바트요보다 덜 알려졌는지 알 수 없다. 여기가 진짜 찐 관광지 맞다. 여기서도 한 장 저기서도 한 장. 역사적 현장도 담고 중간 중간 추억도 남기느라 정신이 없다.

구엘 궁전관람을 마치고 나서부터 오늘 일정을 점검하며 염려했던 일들이 일어난다. 오늘 관람할 명소의 최적경로를 모르니 갔던 길을 가고 또 가고! 이러니 관람장소를 정확하게 알고 가는 거리보다 훨씬 더 길어지는 거리를 어찌하랴!

그래도 12시가 되니 배꼽시계는 어김없다. 안되겠다 싶어 우선 급한데로 뭐라도 먹어야 해서 간단하게 먹을 수 있는 타코 가게에 들러 연인 콤보 세트를 주문했는데 양이 얼마나 많던지! 오믈렛에 타코 하나 그리고 감자에 스낵 몇 개를 집어먹고 나니 배가 터질 것 같다. 큼지막한 타코 하나는 포장하여 백팩에 집어넣고 이제 남은 관람지로 이동한다.

그런데 역시 돈을 지불하지 않은 관람지는 별 볼일 없다 해야 하나? 결국 아내와 의논하여 피카소 미술관을 관람하기로 한다. 2사람 관람료로 30유로를 지불하고 미술관에 입장하니 잘 왔다는 생각이 든다. 피카소의 생애와 작품해설도 듣고 관람도 한다. 중간중간 풍광도 담고 멋진 포즈로 추억도 남기니 알찬 시간이다. 이제 시간이 오후 2시가 넘어가니, 오후 4시 30분으로 예약한 구엘공원 관람을 해야 하는데 지금 상태라면 많이 지칠 것 같다는 생각이 든다. 그래서 숙소에 들러 한 시간 정도 휴식을 취한 후 버스를 타고 30분 거리에 있는 구엘 공원을 관람하기로 한다.

숙소로 돌아와 1시간 정도 잠을 자고 나니 나름 피로가 풀린 듯하다. 잠시 후 버스 타는 곳으로 이동하여 구엘 공원으로 이동한다. 공원에 도착하니 아직 티켓을 예매하지 못한 관람객들은 길 한 편에 길게 늘어서 있고, 우리는 예매한 티켓을 직원에게 보여주고 바로 공원으로 입장한다. 스페인 패키지 여행 필수코스인 구엘 공원은 그래도 낮이 익으니 명소를 빠르게 찾아 다니며 풍광이며 추억을 담으니, 한 시간 반이 금방 지나간다.

　이렇게 오늘 여행 일정을 마치고 숙소로 돌아오니 오후 6시 30분. 아침 8시 30분에 숙소에서 출발하여 오후 6시 30분에 복귀하였으니 중간에 숙소에서 1시간 휴식을 취한 시간을 제외하면 9시간을 밖에 있었던 셈이다. 와우! 도대체 얼마나 걸은거야! 트래킹을 한 것도 아닌데 종아리가 뻐근하다. 여행을 하며 느끼는 것 중 하나는 건강의 뒷받침 없이 행복이 보장되지 않는다는 점이다. 오늘이 벌써 여행 31일차인데 아내와 나 둘 중 어느 한 사람이라도 건강에 문제가 있었다면 아마 이 여행은 벌써 중도에 그만 두었을지도 모른다는 생각을 해본다. 건강에는 내노라 하는 나 자신도 사실 여행 중 힘든 시점이 몇 번 있었지만 잘 조절하여 넘어갔기에 망정이지 보통사람 같았으면 벌써 한국으로 돌아갔을 것은 뻔하다. 그래서 부부가 자유여행을 다니려면 아내 건강도 나의 건강 못지않게 중요함을 깨닫는다.

　인생을 살면서 건강없이 할 수 있는 일이 뭐가 있는지를 생각해 보면 "글쎄" 라는 생각이 든다. 인생을 사는 내내 무엇을 하든지 대부분은 몸으로 하는 것이므로 건강없이 행복하겠다 생각한다면 이는 사상누각에 지나지 않는다. 아내 사랑도 건강 없이는 불가능하다. 직장생활도 마찬가지. 가정생활은 안 그런가? 여행은 더더욱 그렇다. 특히 우리처럼 한달 보름간 여행하려면 다른 것 다 떠나서 건강이 뒷받침 되지 않고서는 불가능하다. 결국 건강은 행복의 기초요 인생을 풍성하게 해주는 필수요소임을 부정할 사람은 아무도 없다. 건강할 때 더 건강을 지키고, 건강을 지키며 인생을 더욱 풍요롭게 살아야 할 터이다.

내일은 현지여행사를 통해 몬세라트 및 지로나를 여행할 계획이다. 오전 7 시 50 분에 미팅하여 한국인 가이드를 따라 여행할 때 즐겁고 행복한 여행이 되기를 바라며 여행 31 일차 일정을 마무리해본다.

PS

여행기를 마치고 사진을 정리하는데 무슨 일이 있었는지, 오늘 찍은 사진 모두가 눈앞에서 갑자기 삭제되어 버렸다. 깜짝 놀라, 뭐가 잘못 되었을꺼야! 하며 폴더와 드라이브를 뒤지지만 휴지통까지 비워져 있는 상태다. 갑자기 멘붕이 온다. 오늘 9 시간 동안 고생하며 찍은 사진인데...

결국 인터넷을 뒤져 복구 프로그램을 어찌 어찌하여 설치하고, 복구를 시도하지만, 오전에 찍은 사진은 심혈을 기울여 찍은 구엘 궁전 사진까지 모두 다 삭제되고, 오후에 찍은 피카소 미술관 사진과 구엘 공원에서 찍은 사진 중 그것도 일부만 복구된다.

오호통재라! 그런데 어찌하랴! 남아있는 얼마간의 사진이라도 건졌으니 이것으로 만족할 수 밖에. 살다 보면 이렇듯 알 수 없는 황당한 일들을 수도 없이 겪을 것인데, 이미 지나간 것을 붙잡으면 무엇 하리요! 마음을 추스르고 일부라도 복구된 사진에 감사한 마음으로 오늘 여행기를 마무리해 본다.

여행정보 Tip

1. 여행일정
   - 08:30~14:30 바르셀로나 시내 관람 (구엘 궁전 및 피카소 미술관 포함)
   - 16:30~18:30 구엘 공원 관람
2. 예약사항
   - 구엘 궁전은 아침에 가면 약간의 대기시간 후 입장가능.
   - 피카소 미술관은 약간의 대기시간 후 입장가능.
   - 구엘 공원은 예약 필수
3. 여행 참고사항
   - 구엘 궁전 관람 적극 추천. (카사바트요가 많이 알려져 있으나, 볼 것은 구엘 궁전이 훨씬 많고 입장료도 저렴)

시행착오 체크리스트 및 대응방안

- ☐ 명소간 최적 경로를 알지 못해 반복 이동으로 시간과 체력 낭비: 여행 전 구글지도 등으로 명소간 동선을 꼼꼼히 파악하고, 예상 거리와 이동방법 사전계획 필요.
- ☐ 오전부터 무리한 일정으로 피로가 누적되어 구엘 공원 관람 시 체력 고갈: 명소 관람 간 휴식 시간을 배치하고, 긴 일정을 짧은 코스로 분산시켜 효율적인 체력관리 필요.
- ☐ 간식 준비 및 섭취량 조절 부족: 간단한 간식이나 에너지 보충 음식을 사전에 준비하여 이동 중 필요 이상의 간식 구매를 줄일 것.
- ☐ 사진 촬영 후 데이터 백업 없이 삭제되어 일부만 복구: 매일 촬영 후 사진은 클라우드나 외부 저장소로 백업하고, 긴급한 데이터 손실 상황을 대비해 복구 프로그램을 사전에 설치해 둘 것.

사진 Spot Tip

구엘공원 1

구엘공원 2

구엘공원 3

구엘공원 4

몬세라트와 지로나,
영혼이 머무는 시간, 자연의 선물
자연은 그 자체로 영감의 원천

32 일차
스페인 바르셀로나, 몬세라트 & 지로나

오늘은 바르셀로나의 근교도시 몬세라트와 지로나 투어를 위해 마이리얼트립 사이트에서 예약한 현지투어에 참여하기 위해 오전 7 시 50 분 예약시간에 맞춰 미팅장소인 숙소인근 샤넬 매장 앞에 도착하여 투어버스에 탑승한다. 한국인 가이드 한 명이 투어에 예약한 11 명의 여행객을 대상으로 인사말과 함께 전체 일정을 소개하고 먼저 바르셀로나에서 버스로 한 시간 거리인 몬세라트 수도원을 향한다.

바르셀로나에서 출발하여 산꼭대기에 자리하고 있는 몬세라트 수도원에 올라가는 내내 안개가 가득하여 멋진 자연 풍광을 볼 수 없어 아쉬워하는데, 몬세라트 수도원에 도착하니 안개가 걷히며 운무와 어우러져 드러난 몬세라트의 웅장함과 장엄함에 탄성이 절로 난다. 이에 풍광을 놓칠세라 우리는 이 절경을 카메라와 동영상에 담고 또 담는다. 잠시 후 가이드의 투어 주의사항을 듣고 우리는 바로 산미겔 전망대로 발걸음을 옮긴다. 몬세라트 수도원에는 몬세라트를 조망할 수 있는 코스가 2 개 있는데, 하나는 걸어서 왕복 40~50 분이면 다녀올 수 있는 산미겔 전망대 코스이고 또 하나는 푸니쿨라를 타고 산

정상으로 올라가 산타막달레나까지 트래킹하면서 풍광을 조망할 수 있는 코스인데, 오늘 우리는 산미겔 전망대까지 도보로 다녀온 후 푸니쿨라를 타고 산타막달레나 트래킹을 하면서 몬세라트의 풍광을 감상하기로 한다.

그런데 산미겔 전망대까지 가고 오는 동안, 안개가 걷히지 않아 전망대에서 풍광은 아무것도 보지 못한 채 아쉬운 마음을 뒤로하고 푸니쿨라를 타는 곳까지 내려온다. 내려오면서 전망대에 세워진 십자가에 어떤 여행객이 화분을 달아 묶고 있는 모습이 너무 선명하게 기억에 남는데, 순례길을 걷는 분이지 않을까 짐작해본다.

30여 분을 기다려 푸니쿨라를 타고 정상에 올라 산타막달래나 트래킹을 하지만, 오후 12시 40분까지는 다음장소 이동을 위해 버스로 돌아와야 해서 2시간 정도밖에는 트래킹을 할 시간이 없고 또 점심까지 마쳐야 해서 우리는 서둘러 1시간 30분 정도를 부지런히 트래킹 하면서 몬세라트의 멋진 풍광을 담기도 하고 추억을 남기기도 한다. 바르셀로나가 낳은 세계적인 건축가 가우디의 건축물들이 바로 이 몬세라트의 풍광에서 영감을 얻어 지어졌기에, 몬세라트는 수도원으로서도 유명하지만 가우디에게 영감을 준 측면에서도 유명하다. 게다가 몬세라트 수도원은 성지순례 길에 포함되어 성지순례를 하는 순례객들에게도 유명한 장소일 뿐만 아니라, 6만여 개나 되는 돌로 된 산봉우리에 오르려는 암벽 등반가들에게도 유명한 곳이다. 산타막달레나를 트래킹하다 보니 암산에 달라붙어 클라이밍을 하는 사람들이 곳곳에 눈에 띄기도 하고 또 암벽등반을 위해 대기하는 사람들도 여럿 보인다. 그 친구들에게 "올라!" 하며 인사하니 웃으며 "올라!"

로 화답한다. 눈빛교환과 웃음으로 서로를 격려하고 우리는 또 우리의 트래킹을 하며 풍광과 추억을 남긴다.

　이렇게 트래킹을 마치고 푸니쿨라를 타고 수도원으로 내려와 식당에 앉아 준비해간 점심을 먹고 시간에 맞춰 투어버스에 승차하자, 인원을 확인한 가이드가 다음 장소인 지로나로 이동한다고 안내해 준다. 지로나는 왕좌의 게임 촬영장소로 유명할 뿐만 아니라 우리나라 드라마 촬영지로도 유명한 도시다. 가이드가 현빈이 촬영할 때 지나다닌 장소라며 테블릿을 보여주며 여기가 어디고 또 저기가 어디라고 설명하니 가이드 설명이 끝나면 우리도 그 장소로 되돌아가 멋진 포즈로 추억을 남기기로 한다.

　투어를 하면서 가이드가 추천해준 지로나에서 맛있다는 아이스크림 맛집에 들러 아이스크림 한 개와 쵸코가 가득 든 와플 하나를 먹어보지만, 생각만큼 그렇게 썩 맛이 있지는 않다. 이번 여행을 하면서 느끼는 사항이지만 많은 여행객들이 좋다고 추천했던 부분들을 일부 경험해 보기도 하지만 그들의 평가만큼 좋았던 적은 별로 없었던 듯싶어, 블로거들의 추천항목에 대해서는 충분히 검토하고 평가하여 경험하는 것이 중요함을 깨닫는다. 또 하나 느끼는 점은 여행지에서 만난 외국인들 중 일부는 나이와 상관없이 길거리에서든 명소에서든 타인을 의식하지 않고 어느 곳에서든 애정표현을 서슴지 않고, 키스하고, 껴안고, 스킨십을 하는데, 이들의 특징은 한 곳에 서면 웬만해서는 자리를 잘 비켜 주지 않는다는 점이다. 명소에 갔으면 멋진 풍광도 담고 추억도 남겨야 하는데 멋진 장소에서 그들만의 행동을 하면서 자리를 내주지 않고 한 자리에 오래 머물러 있으니 사진 찍을 때 불편할 때가 한 두 번이 아님을 경험하며, 내게는 저들처럼 남들이 불편하다고 여기는 행동을 내 멋대로 행하며 아무렇지도 않게 생각하고 있는 부분이 없는지를 돌아보게 된다. 정말 조심해야 할 일임을 깨닫는다.

잠시 후 우리는 지로나에서 가야 할 곳들을 두루 다니며 풍광도 담고 추억을 남긴다. 지로나에서 가이드와의 만남 1 시간을 남겨두고 대성당을 관람할까 망설이다 15 유로를 지불하고 대성당과 바실리카를 관람한다. 역시 멋진 풍광은 이렇게 관람료를 지불해야만 얻을 수 있는 경우가 종종 있는 것 같다. 역사적 현장을 감상하고 풍광을 담고 추억을 남기니 이제 집합시간이다.

여행객들이 시간에 맞춰 모두 다 모이고 가이드가 인원을 확인하자, 투어버스는 2 시간 거리의 바르셀로나로 향한다. 교통체증으로 조금 늦어 저녁 8 시에 바르셀로나에 도착하지만, 오는 내내 가이드의 재미를 곁들인 선물소개로 지루함이 가신다.

사실 몬세라트와 지로나는 각각 하루씩은 잡아 여행해야 할 곳들이다. 그럼에도 현지투어를 활용하여 이 두 곳을 하루 11 시간 동안 투어하여, 짧지만 알차게 트래킹도 하고 관람도 하니 나름 뿌듯하다. 게다가 렌트를 했을 경우 왕복 5 시간 이상은 운전을 해야 해서, 현지에서 투어로 피곤한데 운전까지 해야 했다면 피로는 가중되었을텐데, 이렇게 데리러 오고 데려다 주니 현지 투어가 훨씬 편하고 비용에서도 절감되는 면이 있어 좋다.

이제 3 일간의 바르셀로나 여행을 마치고 내일은 그라나다로 떠나는 날이다. 생각해보니 바르셀로나에서 3 일밖에 여행일정을 잡지 못한 점이 못내 아쉽긴 하다. 하지만 사그라다 파밀리아와 카사바트요, 구엘궁전과 구엘공원과 같은 가우디의 작품을 보고, 몬세라트의 장엄함과 지로나의 매력을 느끼며 바르셀로나의 진가를 경험할 수 있었다. 여행은 늘 아쉬움을 남기지만, 그 아쉬움은 다음 여행을 기약하게 하는 씨앗과 같다. 다음에 바르셀로나를 다시 찾는다면 더 넉넉한 일정을 잡아 천천히 음미하며 이 도시를 즐기고 싶다.

바르셀로나에서의 마지막 밤, 이번 여행을 통해 느낀 교훈들이 머릿속을 가득 채운다. 자연을 마주하며 신념의 숭고함을 배웠고, 배려와 공존의 중요성을 다시금 깨달았다. 또 여행은 단순한 소비가 아니라 나 자신을 돌아보고 성장하는 과정임을 다시 한번 확인했다. 이렇게 여행의 마지막 날을 정리하며, 내일 그라나다로 떠날 설렘과 함께 오늘 하루를 마무리해 본다.

여행정보 Tip

1. 여행일정
    - 07:50~12:40 몬세라트 이동, 수도원 관람 및 트래킹
    - 12:40~20:00 지로나 이동 및 지로나 관람
2. 예약사항
    - 마이리얼트립을 통해 몬세라트 및 지로나 투어 예약 필수.
3. 여행 참고사항
    - 몬세라트와 지로나는 각각 하루씩 여행일정을 수립하는 것 추천.
    - 몬세라트 여행시 산미겔 전망대 관람과 산타막달레나 트래킹은 어렵지 않으므로 수도원 관람과 함께 체험 추천.
    - 지로나 여행시 지로나 대성당과 바실리카 관람 추천.

시행착오 체크리스트 및 대응방안

- ☐ 몬세라트와 지로나를 하루 일정에 포함함으로써, 각각 충분한 시간을 할애하지 못함: 명소마다 예상 소요시간을 정확히 파악하고, 각각의 장소에 충분한 시간을 배정하여 여행의 깊이를 더하는 것이 중요.
- ☐ 블로그 혹은 가이드 추천 음식과 명소가 실제 경험에서 기대를 충족시키지 못함: 블로그 및 가이드 정보는 참고자료로 활용하되, 자신의 취향과 기대치를 반영한 선택 필요.
- ☐ 명소에서 타인 행동으로 인한 원활한 사진 촬영 및 관람 어려움 발생: 혼잡한 명소의 경우 촬영 대안 마련하고, 타인의 행동을 예상하여 여유를 가지는 것이 중요.
- ☐ 지로나 대성당 및 바실리카는 관람료를 지불하고 방문한 결과 만족도가 높았으나, 다른 일부장소는 만족도 저조: 관람료 지불 전 명소의 역사적 가치와 개인적 흥미를 평가한 선택 필요.
- ☐ 몬세라트 산미겔 전망대는 안개로 인해 풍광을 감상하지 못함: 날씨 및 환경 조건을 사전에 확인하고, 일정 변경가능성을 고려한 유연한 대처 필요.

사진 Spot Tip

몬세라트 수도원 1

몬세라트 수도원 2

몬세라트 수도원 3

몬세라트 수도원 4

산미겔 전망대

산타막달레나 트래킹 1

산타막달래나 트래킹 2

산타막달래나 트래킹 3

지로나 시내 1

지로나 시내 2

지로나 시내 3

지로나 대성당 외부 1

지로나 대성당 외부 2

지로나 대성당 내부 1

지로나 대성당 내부 2

지로나 바실리카

그라나다 가는 길,
기차에서 시작된 느린 여행
마음의 품과 인생보는 시야는 전인격적인 역량과 정비례

33 일차
스페인 그라나다 시내

　새벽 4시 30분. 자명종 소리에 맞춰 눈을 뜬다. 오늘은 바르셀로나 산츠역에서 오전 6시 45분에 출발하는 그라나다행 기차를 타야 한다. 어제 캐리어 정리를 하였기에 일어나서는 씻고 바로 출발준비를 한다. 오전 5시 30분. 캐리어에 넣지 않은 짐이 없는지 확인하고 숙소 정리 및 쓰레기를 치우고 디아고날 지하철역을 향한다. 다행히도 지하철역 앞에 빈 택시가 있어 짐을 싣고 산츠역에 도착하니 오전 5시 45분이다. 기차를 타기 위한 체크인 절차를 마치고, 대합실 의자에 앉아 어제 산 빵과 콜라 그리고 귤을 꺼내 간단한 유럽식 아침을 먹는다.

　산츠역은 이른 새벽부터 여행객들로 붐비지만 여행객을 위한 시설이 잘 되어있고 여행객에게 친화적이어서 시설이용이 편리한 편이다. 지난 남프랑스 여행 중 겪었던 불친절하면서도 여행객을 배려하지 않는 듯한 공공시설과는 180도 딴판이다. 이런 면만 생각해보면 남프랑스 여행을 하고싶은 생각은 싹 사라지지만, 그래도 그 멋진 자연 풍광을 즐기려면 불친절함은 감수할 수밖에 없음이 씁쓸하기만 하다.

잠시 후 시간에 맞춰 그라나다행 기차에 올라 6시간 하고도 30분 가까이 기차를 타고가는 동안 노트북을 꺼내 그라나다에서의 일정을 확인해 보기도 하고 기차 밖 풍광을 바라보는가 하면 음악도 듣고 잠도 잔다. 중간에 출출한 배를 달래기 위해 준비해 간 빵과 귤을 먹기도 하고 이탈리아에서 산 포켓 커피로 피로도 풀어본다. 어제 투어버스를 이용하여 트래킹 및 관람장소를 가면서도 경험한 것이지만 직접 대중교통이나 렌터카를 이용하는 것보다는 투어버스가 편하긴 편한 것 같다. 또 잘 모르는 지역 혹은 잘 모르는 도로와 교통규범의 상황에서는 렌터카 보다는 이렇게 대중교통이 훨씬 편하고 안전한 것 같다. 렌터카의 편리함 때문에 굳이 리스크를 안고 위험상황에 뛰어들 필요는 없는 듯싶다. 그래도 하겠다면 그건 어쩔 수 없고!

도보나 대중교통을 이용할 때 가장 문제가 되는 점은 겪어야 할 경우의 수가 많다는 점이다. 지하철을 이용한다면 티켓은 어디서 어떻게 발권해야 하는지, 지하철역은 어디에 있는지 또 어느 역에 내려야 하는지 또 내려서는 어디를 어떻게 찾아가야 하는지 등등. 그런데 이렇게 몸으로 익힌 경험들은 자유여행을 할 때 소중한 자산이 됨을 종종 경험한다. 또 로컬현장을 피부로 직접 체험할 수 있는 측면에서도 매우 좋다.

여행의 가치를 경험에 둔다면 도보와 대중교통을 이용하여 로컬 현장을 풍성하게 경험해보고 또 여행에서 체험하고 느낄 수 있는 것들을 마음껏 누리는 것이 중요한 것 같다.

과거에 둘째가라면 서러워할 정도로 술을 엄청 마셨던 시절에 패키지로 여행 다녔을 때를 돌이켜보면, 매일 술에 취해 어디 갔는지도 제대로 기억을 못하고 또 어디서 술을 마실까만을 주로 생각했던 시절과는 완전 딴판인 지금이 진정한 여행을 하는 듯싶어 지난 날들을 돌아보면 그저 헛웃음만 난다.

여행을 하면서 하루 동안의 일들을 여행기로 남기고 풍광 및 추억 사진을 정리하는 것도 매우 중요한 듯싶다. 하루 최소 400~500 장 이상의 사진을 찍는다고 가정했을 때, 500 장을 기준한다면 10 일이면 5,000 장, 40 일이면 20,000 장이 넘는 사진이다. 여기에 동영상까지 있으니 이를 한꺼번에 정리하려면 이 또한 보통 일이 아니다. 하루 동안 계획한 투어 일정을 마치고 숙소로 돌아오면 사실 쉬고 싶은 마음이 인지상정이다. 하지만 몸이 시키는 대로하면 여행하면서 겪고 생각했던 생생한 기억을 기록으로 남길 수 없어 시간이 지나면 기억이 없어지거나 엉켜 제대로 된 추억을 간직할 수 없다. 그래서 그날 그날의 생생한 추억을 여행기로 기록하여 남겨두는 것이 중요함을 경험한다.

부지런해야 하고 또한 글을 쓸 줄도 알아야 하고 체력도 뒷받침 되어야 가능한 일이다. 평상시에 기본기를 갈고 닦아 놓지 않으면 하고 싶어도 할 수 없는 일이니 여행을 통한 풍성한 경험과 삶의 질 향상을 위해 기본기를 잘 닦아 놓아야 할 터이다.

이제 겨우 걸음마 단계인 영어실력을 향상시키는 일도 매우 중요함을 깨닫는다. 그 동안 여행하면 좋은 곳이나 구경 다니고 맛있는 것이나 먹으면 다 인줄 알았지만, 진정한 여행은 여행하는 동안 자신을 돌아보고 다양한 경험을 통하여 인생을 성장 및 발전시켜 삶의 질을 높임에 있음을 깨닫는다. 여행을 마치고 돌아가면 시간나는 대로 틈틈이 영어공부를 하여 내년 자유여행을 할 때는 더욱 풍성한 경험으로 여행의 수준과 질을 높여봐야겠다는 생각도 해본다.

이제 그라나다에 도착할 시간이 되어, 역에 도착하기 전에 문자로 숙소에 얼리 체크인 여부를 확인해 보니, 도착할 즈음에 문자로 숙소 출입하는 방법을 알려준다고 연락이 온다. 스페인은 이렇듯 여행객의 상황을 이해하고 얼리 체크인을 해주니 그저 고맙기만 하다. 맛집도 검색하여 점심은 먹물 빠에야와 문어 요리를 먹기로 한다.

잠시 후 오후 1시 11분. 기차역에서 내린 우리는 택시를 타고 숙소까지 5분 정도 걸어야 하는 거리에서 내린다. 우리가 머물기로 한 숙소가 있는 지역은 택시가 갈 수 없는 지역이라 어쩔 수가 없다고 택시기사가 말을 해준다. 하늘은 청명하고 뜨거운 태양이 내리쬐는데 우리는 캐리어를 끌고 5분 거리를 걸어, 이번에는 열쇠가 없고 디지털 키로 열쇠를 대신하는 나름 신식(?) 숙소를 만난다.

숙소에 도착하여 피로와 더위를 샤워로 말끔히 씻어내고 인터넷 검색을 통해 찾아낸 맛집을 구글 지도의 도움으로 찾아가니 오후 3시가 훨씬 넘는다. 이번에는 맛집 정보가 맞아야 할텐데 하는 마음으로 레스토랑의 시그니쳐 메뉴인 문어요리 뽈뽀와 해산물이 가득한 먹물 빠에야를 주문한다. 타파스까지 주는 레스토랑이므로 아무래도 너무 많이 시킨 것이 아닌가 하고 있는데, 주문한 양이 많아서인지 다른 사람들에게는 공짜로 주는 타파스를 우리에게는 갖다 주지 않음을 보고 역시 많이 시키긴 했군! 하고 있는데, 식전 빵이 나오고 잠시 후 문어 볶음요리 뽈보가 먼저 나온다. 아내와 한 접시를 다 비우고 나니 벌써 배가 어느정도 차오름을 느낀다. 이어져 나온 먹물 빠에야는 3인분도 훨씬 더 되는 듯하다. 남으면 싸가지고 가려고 가져간 플라스틱 통에 한가득 담을 분량을 제외하고 싹 먹어 치우니 이젠 배가 터질 것 같다. 계산을 하고 나오며 계산서를 보니 해산물 먹물 빠에야 요금을 18유로로 보았는데, 아뿔싸 이것이 1인분 가격이었던 것을 몰랐다니! 결국 2인분 비용으로 36유로를 내고 먹었으니 사실 약간 비싼 느낌이 든다. 먹고 난 평가는 그럭저럭 정도여서 역시 한국 음식이 값도 싸고 정말 맛있음을 또 다시 실감하는 순간이다.

이제 오늘 일정을 소화할 시간이다. 오늘은 숙소 주변에 있는 알함브라 궁전을 볼 수 있는 전망대 3곳을 가보는 가벼운 일정을 계획했는데 사실 숙소가 알함브라 궁전이 한 눈에 바라보이는 곳에 있어 전망대라 하여도 손색이 없을 정도여서, 굳이 전망대 3곳은 갈 필요가 없다고 판단하고 아내와는 그라나다 시내투어버스를 타고 시내나 한번 돌아보자고 결정한다. 하지만 시내를 투어하는 꼬마관광열차와 관광버스를 여러 번 타봤지만 사실 한번도 만족한 적이 없었는데 왜 또 그 기억을 잊고 시내투어버스는 탔는지! 투어라는 명목으로 시티투어버스를 타고 가는 내내 실망에 실망을 거듭하고 투어버스에서 내리니 시간은 어느 덧 오후 6시 30분.

그라나다에서의 첫날은 거창하지는 않았지만, 나를 돌아보고 다음 여정을 준비하는 날이었다. 여행은 완벽해야 한다는 강박에서 벗어나, 실수와 예상밖의 경험 속에서도 삶의 가치를 발견하는 시간이었다. 이번 여행에서 배운 교훈들을 가슴에 새기며, 그라나다에서의 남은 일정 또한 더욱 풍성한 삶의 이야기를 만들어갈 것을 다짐해 본다. 오늘 하루는 그래도 편안함을 만끽하며 쉬어 가는 하루였다.

여행정보 Tip

1. 여행일정
   - 06:45~13:11 바르셀로나에서 그라나다까지 기차로 이동
   - 16:00~18:30 그라나다 시내 관람 (시내투어버스 및 도보이용)
2. 예약사항
   - 바르셀로나에서 그라나다까지 기차표 예매는 필수.
3. 여행 참고사항
   - 그라나다에서 시내투어버스는 완전 비추천. (절대 타지 말 것)
     ✓ 한국어 오디오 방송을 한다고 안내하고 있으나 거짓.
     ✓ 의자가 매우 불편하고, 창문이 고정되어 열리지 않아 사진도 찍을 수가 없고, 갈 필요가 없는 곳을 주로 다니므로 시간 낭비.

시행착오 체크리스트 및 대응방안

- [ ] 숙소근처가 차량접근 제한구역임을 미리 알지 못해 캐리어를 이동하며 어려움 겪음: 숙소 예약 시 접근경로와 교통가능 여부를 미리 확인해 이동의 편의성 확보필요.

- [ ] 빠에야 1인분 비용을 오해해 2인분을 주문하여 불필요한 비용 지출: 주문 전 메뉴와 가격을 명확히 확인하며 양을 고려한 현명한 선택 필요.

- [ ] 반복된 비효율적 관광 열차/버스 선택: 과거 경험에서 얻은 교훈의 실천으로 반복된 실수 줄이고 효율적인 대안 선택 필요.

- [ ] 숙소에서 이미 전망을 충분히 제공받았음에도 전망대 방문 일정을 계획에 포함: 일정의 우선순위를 설정하고 중복되는 활동은 생략하여 효율적인 시간 활용 필요.

사진 Spot Tip

그라나다 시내 1

그라나다 시내 2

스페인 대표 문어요리 뽈뽀

스페인 대표 해산물요리 먹물 빠에야

알함브라,
돌에 새긴 시간, 마음에 새긴 가치
알함브라 궁전이 아무리 멋있어도 집밥이 최고

34 일차
스페인 그라나다, 알함브라

　오늘은 자유여행 출발 1 개월전에 예약한 알함브라 궁전을 관람하는 날이다. 알함브라 궁전이 숙소에서 훤하게 보여 금방 갈 줄 알았는데 막상 걸어가보니 오르막 길이어서 숙소에서 30 분 정도 소요된다. 주변 풍광도 돌아볼 겸 예약시간보다 거의 1 시간이나 일찍 도착해서 주변을 돌아보니, 여행객들에게는 이른 시간이었던지 몇몇 관람객들만 눈에 띈다.

　알함브라 궁전은 정의의 문으로 입장하여 나사리 궁전, 알카사바, 카를로스 5 세 궁전 그리고 헤네랄리페를 순서대로 관람하는 것이 가장 효율적인 관람 동선이므로, 우리는 순서대로 알함브라 궁전으로 들어가는 입구인 정의의 문으로 들어가면서 사진 몇 장을 찍고, 시간적 여유가 있어 오전 8 시 30 분 정각에 입장할 수 있는 나사리 궁전을 관람하기 전에 혹시나 알카사바와 카를로스 5 세 궁전을 관람할 수 있는지 알아보지만, 문을 열지 않아 관람 동선대로 투어하기로 하고 주변을 둘러보며 풍광도 담고 추억을 남긴다. 잠시 후 나사리 궁전 입장시간에 맞춰 줄을 서서 기다리다 오전 8 시 30 분 정각에 나사리 궁전에 입장하여 내부를 관람하면서 이슬람 건축문화의 화려함과 섬세한 기술에 "역시!"하며 감탄사를 연발한다. 그동안 여러번 알함브라 궁전을 관람했지만 나사리 궁전을 이렇게 관람객도 별로없는 상태에서 한가하게 그것도 맨 정신으로 사진도 넉넉히 찍으며 관람한 것은 이번이 처음이다.

나사리 궁전은 메수아르 궁, 아라야네스 안뜰과 코마레스의 탑이 있는 코마레스 궁 그리고 라이온 궁 등으로 구성되어 있는데, 각 궁들의 천장과 내부장식들은 모두 사람의 수작업으로 정교하고 섬세하게 만들어져, 각기 다른 디자인과 장식을 갖춘 방들을 볼 때마다, 보는 이로 하여금 탄성이 절로 나게 만든다. 나사리 궁전 옆에 위치한 파르탈 궁전 또한 앞에는 물이 가득한 연못과 높이 드리워진 야자수와 함께 그 자태를 뽐내고 있어 보는 이로 하여금 시원함을 느끼기에 부족함이 없게 만든다. 이렇게 계속 감탄사를 연발하며 나사리 궁전과 파스탈 궁전까지 다 관람하니 약 한시간 정도 소요되어 시간을 확인해보니 오전 9시 30분경이다.

카를로스 5세 궁전은 별로 볼 것이 없어 외부에서만 살짝 보고, 자리를 옮겨 바로 옆 알카사바로 이동한다. 알카사바는 요새인지라 내부에 볼 것은 별로 없지만 전망대로서 역할은 톡톡히 한다. 알바이신 지구가 한 눈에 내려다 보이는 전망대에 올라 탁 트인 그라나다 시내를 배경으로 풍광도 담고 추억도 남겨본다.

이어 헤네랄리페 정원을 관람한다. 알함브라 궁전의 정원으로 나사리 왕조의 여름 궁전으로 알려진 헤네랄리페 정원 안으로 들어오면 크고 작은 연못같이 생긴 수로가 있는데, 그 양 옆으로는 작은 분

수들이 설치되어 있고 그 주변은 각종 화려한 꽃들과 사이프러스 나무 그리고 오렌지 나무들로 아름답게 꾸며져 있는 것을 볼 수 있다. 특히 헤네랄리페 정원에는 사이프러스 나무가 곳곳에 심겨져 있어 푸른 병풍이 되어주는 역할을 하여 시원함을 더해 준다.

이렇게 관람도 하고 헤네랄리페 바로 옆으로 바라보이는 나사리 궁전을 배경삼아 추억도 남기고 풍광을 담다 보니 시간이 어느덧 오전 11시 30분이다. 오늘 아침 7시경 숙소에서 나왔으니 벌써 4시간 하고도 30분이 흘렀다. 아침에 가볍게 식사를 하고 관람 중간에 당 충전도 하였지만 고향집밥 그리운 여행객의 배를 채우기에는 턱없이 부족하다. 게다가 어제 먹은 문어요리 뽈뽀와 해산물 먹물 빠에야는 비싸기만 하고 속만 니글거리게 할 뿐 역시 믿을 것은 집밥 외에 아무 것도 없음을 어찌하리오!

아내와 의논 끝에 아시아식품을 판매하는 슈퍼에 가서 고향 식재료를 사서 요리를 해먹기로 한다. 가는 길에 길가 한 정육점에 들러 주인에게 물어 가장 좋은 돼지고기와 소고기를 확인하여, 스페인 이베리아 반도에서만 생산되는 이베리코와 스테이크용 고기를 산다. 주인에게 영어로 이 두 고기를 각각 0.6 킬로그램씩 달라고 했는데 주인이 정확하게 못 알아들었던가 보다. 종이에 내가 원하는 것이 맞는지를 써가며 확인을 한다. 그러며 하는 말이 자신이 예전에 식당에서 셰프로 일할 때는 외국인들을 많이 만나 영어 사용할 일이 많아 능숙했었는데 지금은 정육점을 하여 외국인 상대를 많이 안 하다 보니 영어실력이 많이 줄었다며 자신이 잘 알아듣지 못함에 대한 이유를 굳이 변명한다. 이런! 나도 잘 못 알아듣고 말도 잘 못하는데! 정육점 주인은 내가 자기보다 더 잘하는 줄 착각하여 이야기를 하니 이 상황이 재미있다. 역시 낯선 나라에 와서 자유여행을 하니 이런 재미있는 경험도 하는구나 하며 아내와 농담을 주고받는다.

고기를 사고 조금 더 가니 아시아식품을 파는 슈퍼가 보인다. 쌈장이며, 떡볶이, 어묵, 참기름 등 집밥에 필요한 식재료와 양념을 구입하여 택시를 탄다. 우리나라의 경우 도로 아무 곳에서나 서서 지나가는 빈 택시에 손을 흔들기만 하면 택시가 서기 마련인데 여기는 그렇지 않다. 택시를 잡으려는 한국인 여행객을 본 어떤 택시기사가 우리와 눈이 마주치자 손가락을 가리키며 저쪽으로 가라고 한다. 스페인은 우리나라와 달리 지정된 장소에서 택시를 타는 것임을 알게 된다. 이래서 또 하나 배운다.

이렇게 택시를 타고 숙소로 돌아와 밥을 하고 고기를 굽고 겉절이를 무치고 김도 구워 맛난 집밥 한 상을 맞이한다. 여행을 다니면서 접하는 패스트푸드는 그나마 익숙하니 먹을만한데, 요리음식은 호불호가 갈리는 것 같다. 중요한 점은 아무리 맛있는 외국음식이라 하더라도 주기적으로 섭취하는 한국음식 없이 음식의 만족도를 유지하기는 어려운 것 같다. 다행스러운 점은 어느 나라를 가든 한국인 슈퍼나 아시아 슈퍼가 있으니 필요한 식재료를 구입하여 집밥을 먹을 수 있으니 참 좋다. 그라나다에 오니 일정도 넉넉하고 또 쫓기는 계획도 없으니 편안한 마음으로 여행을 할 수 있어 좋다. 게다가 이렇게 중요한 알함브라 궁전 관람일정을 마치고 집밥으로 고향의 향수도 달랬으니, 이제 남은 일정도 즐겁고 의미있는 시간으로 채우기로 하고, 우리는 시에스타(낮잠)로 평화로운 시간을 이어간다.

여행정보 Tip

1. 여행일정
   - 07:30~11:30 알함브라 궁전관람
   - 15:00~18:00 그라나다 시내관람
2. 예약사항
   - 알함브라 궁전 입장권 사전 예매 필수.
3. 여행 참고사항
   - 알함브라 궁전은 정의의 문으로 입장하여 나사리 궁전, 알카사바, 카를로스 5세 궁전 그리고 헤네랄리페를 순서대로 관람 하는 것이 최적 관람경로.
   - 사진찍는 것에 관심이 많으신 분들은 오전 8시 30분 첫번째 입장 추천
     - ✓ 궁전만 나오는 사진을 원하면 나사리 궁전 입장 후, 순서대로 관람하지 말고 바로 아라야네스 안뜰로 이동하여 여행객들이 없을 때 사진 찍는 것 추천.

시행착오 체크리스트 및 대응방안

- ☐ 알함브라 궁전까지의 이동 소요시간 과소평가: 주요 관광지와 숙소 간 거리를 명확히 확인하여 예상 소요시간 계획에 반영.
- ☐ 현지음식이 기대에 미치지 못했으나, 대안적 식사 계획 부족: 외식 실패 가능성을 대비한 한국 음식점 위치 사전확인 필요.
- ☐ 언어적 소통에서 발생한 오해: 현지 언어와 단위(kg, g 등)를 숙지하고, 중요한 정보는 메모를 활용한 소통 필요.
- ☐ 스페인에서는 지정된 장소에서만 택시를 잡아야 한다는 현지 규칙을 몰라 혼란 발생: 각국의 대중교통 및 택시 이용규칙의 사전 확인을 통한 효율적인 이동 계획 필요.

사진 Spot Tip

정의의 문 1

정의의 문 2

나사리 궁전 1

나사리 궁전 2

나사리 궁전 3

나사리 궁전 4

나사리 궁전 5

파르탈 궁전

알카사바 1

알카사바 2

헤네랄리페 1

헤네랄리페 2

그라나다,
신앙과 권력이 빚어낸 시간의 흔적
어떤 영향력으로 인생을 살 것인가

35 일차
스페인 그라나다 시내

　오늘은 알함브라를 볼 수 있는 3 곳의 전망대와 그라나다 대성당, 산 헤로니모 수도원, 왕실 예배당 그리고 마드라사 궁전 등 그라나다의 유명한 명소들을 관람하면서, 유럽 명소의 상당부분이 신앙이나 권력과 다 관련이 있음을 생각해본다. 산 헤로니모 수도원과 그라나다 대성당이 그렇고, 마드라사 궁전과 왕실 예배당도 그렇다. 어제 관람한 알함브라 궁전도 마찬가지다.

　신앙을 지키기 위해 세상과 구별된 삶을 살고 순교로 자신의 신앙을 보여 주었던 위대한 순교자들 그리고 권력의 보좌에 앉아 부귀 영화와 영광을 누렸던 왕들의 모습들이 성당과 궁전에 고스란히 남아있지만, 신앙과 권력의 보좌에 앉았던 주인공들은 모두 안개와 같이 사라지고 한 줌 흙으로 돌아갔으니, 이제 그들이 지켰고 누렸던 흔적들만 건축물로 남아있음을 보며 쓸쓸한 마음을 감출 수 없다.

　여전히 세상은 옳고 그름의 문제를 놓고 니가 옳으니 내가 옳으니 하며 치고 받고 싸우며, 또 내가 요 만큼이라도 더 갖겠다며 아옹 다옹 싸우지만, 신앙의 발자취를 남긴 순교자들과 그 제자들은 옳고 그

름에 대한 절대진리를 가지고 있었기에 흔들릴 수 있는 정황 속에서도 신앙적 가치를 지키려 몸부림치며 그 삶을 살기 위해 애썼고, 때로는 순교로 그들이 쫓는 신앙적 가치와 절대 진리를 몸으로 입증하였으니, 오늘을 사는 신자들은 마음으로는 그들의 발자취를 쫓으려하나 몸으로는 따르지 못하는 삶의 현실에 한숨 쉬며 스스로를 자책하니 안타깝기만 하다.

또한 과정이 어떠하든 이긴 자의 손을 들어주는 것이 세상의 이치니, 세상이치에 따라 살기위해 이기려 경쟁하며 세월을 보내는 것이 인생이고, 이 중 뛰고 나는 놈들은 경쟁 속에서도 권력을 잡아 보좌에 앉아 세상을 호령하지만, 그 세월이 기껏해야 고작 수년에 지나지 않은 것을 보면 이 또한 무상하기 이를 데 없어 범생이나 나은 놈이나 다 거기서 거기고 그러다 어느덧 죽음에 이르는 것이 인생인데, 어떻게 살아야 할 것인가를 생각해 보지 않을 수 없다.

게다가 누가 절대 진리라도 말하려 하면 "그럼 너는 그렇게 살고 있느냐?"며 비아냥거리니 100% 그렇게 살지 못할 바에는 차라리 입 다물고 그냥 그렇게 묻혀 사는 것이 대다수의 세상살이다.

신앙도 권력도 결국 선한 영향력으로 행사되었을 때 그 가치가 드러나는 법이지만, 뉴스에 오르내리는 세상사를 보면 권력을 쥐고 군림하며 부를 누리며 호령하는 모습들이어서 씁쓸하기만 하다. 하지만 세상 돌아가는 것이 다 그러하니 어쩌겠는가!

오늘 그라나다 여행은 단순히 아름다운 건축물들을 관람하는 시간이었다고 하기보다는 유럽 역사에서 신앙과 권력이 얼마나 긴밀하게 얽혀 있는지를 깨닫는 하루였다. 여행 중 가장 마음을 울린 것은, 신앙과 권력은 단순히 존재하는 것이 아니라 그것이 어떻게 사용되었는가에 따라 그 가치가 결정된다는 점이었다. 순교자들의 삶은 세상과 구별된 신앙적 가치를 몸소 실천하며 선한 영향력을 행사하여 오늘날까지 신앙적 영감을 주고 있는 반면, 권력을 쥔 자들은 한 순간의 영광을 누리며 일부는 그 권력을 남용하여 그 흔적을 화려한 건축물 속에 남겼으나 그 행적을 따르려는 사람이 없으니, 영향력을 어떤 방식으로 사용하는지가 중요함을 깨닫게 한다.

우리 삶도 마찬가지다. 우리가 가진 신념, 재능, 권한이 무엇이든 그것이 선한 방향으로 쓰일 때 비로소 그 가치가 드러난다. 내가 가진 것들로 어떤 영향력을 끼칠 수 있을까를 고민하며 살아가는 것이 중요하다는 점을 이 여행에서 다시 한번 배운다.

여행정보 Tip

1. 여행일정
   - 09:00~12:00 알바이신 지구 및 전망대
   - 14:00~16:00 그라나다 명소 관람
2. 예약사항 없음
3. 여행 참고사항
   - 산 헤로니모 수도원의 경우 1층 내부관람은 허용되나 2층 관람은 허용되지 않으니 여행계획 수립 시 참고.

시행착오 체크리스트 및 대응방안

☐ 알함브라 전망대와 명소들 간 이동경로가 효율적이지 않아 불필요한 시간과 체력소모 발생: 주요 명소 간 동선을 사전에 충분히 조사하고, 최적의 관람 경로계획 필요.

☐ 일부명소의 운영시간과 입장제한에 대한 정보를 미리 확인하지 않아 계획차질 가능성: 각 명소의 운영 시간과 입장 절차를 사전에 정확히 확인해 불필요한 대기나 낭비 방지.

☐ 명소관람 중 철학적 고찰에 지나치게 몰입해 구체적인 관람 경험의 깊이가 얕아짐: 철학적 고찰도 중요하지만, 실제 관람 경험에 집중해 명소의 세부적인 아름다움과 역사적 의미를 충분히 느낄 것.

☐ 한꺼번에 많은 명소를 방문하려다 체력적으로 힘들어질 가능성이 높음: 명소의 수를 줄이고 각 명소에서의 체험을 깊이 있게 가져가는 것이 효과적.

사진 Spot Tip

산 헤로니모 수도원

그라나다 대성당 내부

그라나다 대성당 외부

왕실예배당

알함브라 궁전

알함브라 궁전 야경

스페인 소도시의
다채로운 매력

비가 와도 명소는 역시 명소

36 일차
스페인 네르하 & 프리힐리아나 & 론다

오전 6시. 밖에는 비가 부슬부슬 내린다. 오늘은 그라나다에서의 3박 4일간 여행일정을 마치고 세비야로 떠나는 날이다. 처음계획은 자동차를 렌트하여 프리힐리아나와 네르하를 투어하고 네르하에서 1박을 한 후, 론다를 거쳐 세비야로 갈 예정이었는데, 남프랑스 여행할 때 렌트하면서 불편을 많이 겪어 이번에는 그라나다에서 세비야로 가는 투어버스를 이용하기로 한다. 이 투어버스에는 여행객들을 위해 가이드 한 명이 버스에 탑승하여, 프리힐리아나, 네르하 그리고 론다에 각각 들러 여행객들을 투어시켜주고, 마지막으로 여행객들을 세비야까지 데려다 주는 것이어서 투어도 하고 이동도 편하게 할 수 있어 일석이조라는 생각에 선택을 하게 되었다.

숙소가 투어 모임장소에서 멀리 떨어져 있어 우리는 모임 시간에 맞춰 오전 7시에 체크아웃 절차를 마무리하고, 비를 맞으며 버스 정류장까지 걸어 버스를 타고 모임장소 근처에 내려 도보로 모임장소에 도착하니 오전 8시다. 아직 아무도 도착하지 않은 듯해 근처 카페에 들러 커피와 빵을 주문하여 모임시간을 기다린다.

잠시 후 오전 8 시 30 분. 미팅 시간에 맞게 여행객들이 다 모이고 인원점검이 끝난 후 투어버스에 여행객들이 모두 다 탑승하자, 가이드는 인사말과 함께 오늘 진행일정을 안내하고, 투어버스는 바로 프리힐리아나로 출발한다. 프리힐리아나로 가는 중에 내리는 비는 프리힐리아나에 가서도 계속 이어진다. 그래도 버스에서 여행객 모두가 내리자 가이드는 여행객들과 함께 프리힐리아나 투어를 시작한다. 비가 오니 하늘에는 구름이 잔뜩 껴서 하얀색 집들을 배경으로 사진을 찍어도 멋있게 찍히지는 않는 것 같다. 프리힐리아나는 스페인의 산토리니라 불리는 마을로서, 마을에는 백색의 예쁜 집들이 가득하고 스페인에서 가장 아름다운 도시로 2 번이나 선정될 정도로 아름답지만 날씨가 받쳐 주지 않으니 투어를 하며 아쉬운 마음이 남는다.

프리힐리아나에서의 아쉬움을 뒤로하고 우리는 다음 투어장소인 네르하로 이동한다. 네르하는 지중해 바다를 사이에 두고 유럽과 아프리카를 가르고 있는 곳에 위치한 도시로서, 유럽의 발코니라 불리운다. 네르하에 내린 우리는 유럽의 발코니라 불리는 전망대까지 이동하여 드넓은 지중해를 바라보지만, 비바람과 풍랑에 어울린 시커먼 파도가 해변을 치고 올라오는 것을 보며 대자연의 위엄 앞에 인간이라는 존재는 정말 아무것도 아님을 돌아보는 시간을 가져본다. 네르하를 배경으로 사진 몇 장을 찍고 가이드의 안내에 따라 여행객들 모두가 버스에 탑승하자 버스는 론다로 향한다. 프리힐리아나와 네르하 두 곳 모두 비가 오고 바람이 부니, 사실 투어하기가 곤란한 날인 것은 분명하다. 하지만 그렇다고 비용까지 지불한 투어를 차 안에서 보낼 수는 없는 일이니 가이드의 안내에 따라 투어를 진행하는 것 외에 다른 도리는 없다. 론다로 가는 길에 비는 또 왜 이렇게 억수같이 쏟아지는지! 가이드에게는 비가 이렇게 심하게 오면 투어시간을 단축하고 세비야로 빨리 가는 것이 좋겠다는 의견도 제시해 본다. 억수같이 쏟아지는 비를 맞고 무리하게 투어를 진행하는 것보다는 다음 여행지인 세비야로 빨리 가서 다음여행을 준비하는 것이 더 낫겠다는 판단 때문이다.

잠시 후 론다에 도착하자 시간은 오후 1시 30분. 다행히 구름이 걷히면서 내리던 비는 해를 맞이하며 물러가는 기세다. 가이드의 간단한 일정 안내 후 3시간의 자유시간이 주어진다.

우리는 먼저 가이드가 안내해준 식당으로 가서 스테이크와 소꼬리찜을 주문한다. 론다는 투우가 유명한 곳이라서 여기 소는 대부분 근육질의 소여서 질기다고 한다. 그런데 소꼬리는 그렇지 않아 론다는 소꼬리찜으로 유명하다고 하니, 음식을 먹어보며 역시 가이드의 안내대로 소꼬리찜이 유명할 만하다는 생각을 해본다. 우리나라의 소꼬리찜이 국물을 베이스로 한 심심한 맛이라면, 여기 소꼬리찜은 소갈비찜 양념을 베이스로 한 짭짤한 맛이라 할 수 있는데, 그래도 맛이 그렇게 나쁘지는 않지만 우리 입맛에는 조금 짠 듯싶다. 밑에 감자가 조금 깔려 있긴 한데 그것만으로 짠 맛을 감출 수는 없다. 이렇게 점심식사로 배를 든든히 채운 후, 우리는 남은 시간을 이용하여 론다 명소들을 두루 다니며 풍광도 담고 추억도 남겨본다. 명소 여기저기를 다녀보며 역시 론다는 자연과 어우러진 멋진 곳이라는 생각이 든다. 이렇게 자유시간을 보내고 나니 시간이 벌써 오후 4시 30분이 되어 이제 세비야로 떠날 시간이다.

여행객 모두가 버스에 탑승하자 버스는 세비야를 향한다. 세비야에 도착하니 오후 6시 20분. 변경된 여행계획에 맞춰 투어 할 장소를 나름 다 투어하고 이동까지 편하게 잘 하였으니, 비록 오전에 비가 다소 왔을지언정 오늘 여행은 만족하다. 세비야로 오면서 숙소에는 예정시간보다 일찍 간다고 메시지를 보내니, 준비하고 있겠다는 답변이 온다. 호스트까지 친절하니 여행은 만족에 만족을 더 한다.

  네르하에서 묵을 숙박을 갑작스레 세비야로 옮긴 탓에 3박 일정의 세비야 여행이 갑자기 4박으로 늘어나긴 하였지만, 투어 면에서나 이동 면에서 오늘은 나름 모두 만족한 하루다. 세비야에 들어서며 느껴지는 동서문화의 융합을 통한 조화가 세비야의 여행을 더욱 기대하게한다. 바르셀로나가 유명 건축가들이 지은 건물들로 가득한 화려함의 도시라면, 세비야는 카톨릭 문화와 이슬람 문화의 융합이 만들어낸 조화와 평화로움의 도시라는 생각이 든다.

  잠시 후 숙소에 도착하여 따뜻하게 맞이하는 호스트의 안내를 받으며 숙소로 들어와 먼저 샤워를 하고 난 후, 피곤한 몸도 풀고 산책도 할 겸 우리는 스페인 광장에 가기로 한다.

  광장을 걸으며 역시 스페인 광장이 유럽 최고의 광장이라는 생각을 해 본다. 예술적 감각과 역사적 상징성이 돋보이는 광장건물과 다리, 건물 가장자리를 화려하게 수놓은 타일 그리고 스페인의 역사적 사건을 그림으로 표현하고 있는 벽까지, 유럽 어디에서도 스페인 광장만한 예술성과 내용을 가진 광장은 본적이 없어, 언제 보아도 아름답고 멋있는 스페인 광장이 있는 세비야에 오기를 참 잘했다는 생각이 든다. 산책을 마치고 돌아오며 오늘의 여정을 되돌아본다.

비바람 속에서도 프리힐리아나와 네르하는 우리에게 대자연의 위엄을 선사했고, 인간이 자연 앞에서 얼마나 작은 존재인지를 깨닫게 해 주었다. 또 론다는 자연과 도시가 어우러진 풍경 속에서 삶의 여유를 즐기는 법을 가르쳐 주었고, 세비야로 이동하며, 낯선 환경에서의 적응과 계획 변경의 유연함이 여행을 더 풍성하게 만들 수 있음을 경험했다. 스페인 광장에서는 단순한 시각적 즐거움을 넘어, 예술과 역사의 조화가 주는 깊은 울림으로 다가왔다. 여행은 새로운 장소를 경험하며 그 안에서 스스로를 돌아보고 더 나은 삶의 방향을 고민하게 만드는 과정임을 깨닫는다. 여행 중의 어려움과 예상치 못한 상황들 또한 그 자체로 배움의 기회였다. 앞으로의 여정에서도 계획을 넘어선 경험을 통해 새로운 시각과 깨달음 얻기를 기대하며, 오늘 하루를 마무리해본다.

여행정보 Tip

1. 여행일정
   - 08:30~13:30 프리힐리아나 및 네르하 관람
   - 13:30~16:30 론다 관람
   - 19:30~20:30 스페인 광장 관람
2. 예약사항
   - 마이리얼트립을 통해 당일치기로 그라나다에서 세비야까지 이동하며, 프리힐리아나, 네르하 및 론다를 투어하는 상품 예약. (1 인 187,000 원)
3. 여행 참고사항
   - 스페인 여행을 하면서 당일치기로 프리힐리아나, 네르하 및 론다를 투어하면서, 동시에 그라나다에서 세비야로 이동하는 최선의 선택지로 마이리얼트립에서 진행하는 투어 추천.

시행착오 체크리스트 및 대응방안

- [ ] 비와 바람으로 인해 프리힐리아나와 네르하의 아름다운 풍경을 제대로 즐기지 못함: 여행 전 날씨 예보를 꼼꼼히 확인하고, 날씨가 나쁠 경우 대체가능한 실내관광지나 여유로운 일정으로 변경하는 유연함 필요.
- [ ] 날씨가 악화되었음에도 투어일정을 단축하거나 대체 옵션을 선택하지 못함: 투어 예약 시 일정조정이나 환불정책을 미리 확인하고, 현장에서는 상황에 따른 요청의 적극적 전달 필요.
- [ ] 론다에서의 소꼬리찜은 맛이 있었지만 짠 맛이 강해 아쉬움이 남음: 현지 음식의 맛과 양에 대한 정보를 미리 숙지하고, 다양한 음식을 조금씩 주문하여 맛을 보는 방식으로 선택의 폭을 넓힐 필요 있음.
- [ ] 비와 흐린 날씨로 인해 사진 결과물이 기대보다 저조함: 날씨가 안 좋을 경우에는 실내 명소를 선택하거나 투어 일정에서 촬영 대신 현장 체험에 집중.

사진 Spot Tip

프리힐리아나 1

프리힐리아나 2

네르하 1

네르하 2

론다 1

론다 2

스페인 광장 야경 1

스페인 광장 야경 2

스페인 광장 야경 3

스페인 광장 야경 4

세비야 대성당과 플라멩코,
혼이 담긴 예술의 향연
생각대로 진행되지 않는 인생, 그래도 준비는 하고 살아야지

37 일차
스페인 세비야, 대성당 & 플라멩코

　어제 일기예보를 확인해보니 오늘 세비야 지역에 폭우가 쏟아진다고 한다. 얼마전 스페인 발렌시아 지역에서 기록적인 폭우가 쏟아져 수백명의 인명 피해가 있었는데 오늘 그 엄청난 폭우가 세비야에 온다고 한다. 어제 그라나다에서 세비야로 오는 길에 함께 투어한 여행객들의 단체 카톡 방에 들어가 보니, 어떤 여행객은 오늘 예정된 투어가 취소되었다며 속상하다는 글이 올라와 있는가 하면 또 어떤 여행객은 가이드가 오늘은 나가지 말고 숙소에 꼼짝 말고 있으라고 했다는 글도 올라와 있어 분위기가 영 심상치 않다.

　어제는 세비야 광장으로 산책 나갔다가 늦게 돌아오기도 했고 또 사진 정리와 여행기를 쓰는 시간이 늦어 지기도 해서 새벽 1시가 되어 잠자리에 든 탓인지, 오늘은 새벽 6시에 울리는 자명종 소리를 듣고도 너무 피곤하여 한 동안 침대에 누워 있다가 오전 7시쯤 일어나 밖을 보니 어두컴컴한 하늘에 비가 주룩주룩 내린다. 속으로 오늘은 실내에서 진행하는 세비야 대성당과 히랄다 탑 관람 그리고 오후 5시 30분으로 예약한 플라멩코 공연을 관람하는 것으로 만족해야겠다

생각하고 어제 야간에 찍은 스페인 광장 사진을 정리하고 식사를 마치니 오전 10 시가 넘는다.

 그런데 이게 웬걸! 일기예보를 다시 확인하고 창문을 열어보니 폭우는커녕, 하늘에는 구름만 잔뜩 끼어 있고 비는 오는듯 마는 듯하고 있지 않은가! 이게 웬 떡이야! 역시 어떤 나라든 기상청은 믿을 수가 없지! 하며 1 박을 예약한 숙소에서 체크아웃을 하고, 3 박을 예약한 다음 숙소로 이동할 준비를 한다. 3 박을 예약한 숙소는 정오 12 시경 얼리 체크인을 해주기로 하여, 우리는 일단 어제 1 박을 했던 숙소의 친절한 호스트에게 오전 10 시 30 분경, 짐 보관을 부탁하고 2 시간 정도 근처 명소를 관람한다.

 걸어가는 길에 멋진 건물과 조형물들을 사진에 담으며 도보로 한 20 분 정도를 가니 황금의 탑이 나온다. 그런데 이상하다. 스페인에 마지막으로 왔을 때가 코로나가 막 터지기 직전이었는데 그때 황금의 탑 앞에는 아무 것도 없이 휑했던 것 같은데, 이번에 가보니 벤치가 놓이고 차양막이 쳐 있어 사진 찍기가 매우 불편하게 되어 있음을 확인한다. 결국 어찌어찌 하여 풍광과 추억을 담은 후, 오후 1 시 30 분으로 관람을 예약한 세비야 대성당이 있는 곳으로 와서 외관을 배경으로 추억을 담는다. 세비야 대성당과 그 앞 알카사르를 사이에 두고 한편에 관람객을 태워서 주변을 관광시켜주는 마차도 일렬로 서 있었던 것 같은데 눈에 띄지 않아 그 동안 세비야가 이런 저런 도시 정비사업을 하였구나! 하고 생각해 본다.

 이어 메트로폴 파라솔로 이동하여 주변광장과 함께 조형물을 관람한다. 메트로폴 파라솔은 나름 이색적인 조형물로 스페인의 명소로

서 이름을 날리고 있지만 글쎄! 난 그 정도까지인지는 잘 모르겠다. 하지만 아이 러브 세비야까지 써진 조형물이 그 앞에 있어, 일단 풍광도 담아보고 이런 저런 포즈로 추억도 남겨본다.

이러다 보니 시간이 벌써 정오 12시가 넘는다. 이제 새로운 숙소로 짐을 옮겨야 할 시간이다. 어제 묵었던 숙소로 가서 짐 보관을 해준 호스트에게 감사하다는 인사를 전하고, 얼리 체크인을 위해 우리는 새로운 숙소로 향한다. 새로운 숙소는 어제 우리가 묵었던 숙소에서 200미터 정도 떨어진 곳에 있어 무척이나 가깝다. 새로운 숙소에 도착하여 만난 숙소주인은 젊은 여자다. 만나서 반갑다며 인사하고는 필요한 정보만 건네고 바로 가버린다. 젊어서 그런지 첫인상이 약간 사무적이고 정감도 별로 없어 보인다.

이제 예약한 세비야 대성당과 히랄다 탑을 관람할 시간이다. 숙소에서 도보 10분 거리이니 매우 가깝다. 대성당에 들어가기 전에 무료로 관람할 수 있는 성당이 눈에 띄어 잠깐 들렀는데, 잔잔한 신앙 음악에 숙연한 마음이 들어 잠시 마음으로 기도한 후 대성당을 향한다. 자연풍광을 경험하는 것과는 달리 명소관람 장소에 가면 늘 느끼는 것이지만, 그렇게 감동적이지 않은 경우가 종종 있다. 특히 여러 번 관람을 한 경우는 더욱 그렇다. 어떤 느낌인지 아니까 더 그런 것 같다. 대성당 내부를 관람하고 히랄다 탑까지 올라간 후, 내려오면서 잘 보이지도 않는 창살 틈을 이용해, 밖에서는 잘 보이지 않는 대성당의 외관 풍광을 열심히 담아보지만, 역사적 건물을 보존하기 위한 방편으로 철사를 이용해 그물망을 쳐 놓은 탓에 풍광 담기가 쉽지 않다.

이렇게 관람을 마치니 오후 3 시다. 어제 무리한 탓에 몹시 피곤 하기도한 우리는 우선 가까운 슈퍼에 들러 필요한 식재료를 사서 숙소로 돌아온 후, 오후 5 시 30 분으로 예약한 플라멩코 공연관람 전까지 남은 시간을 활용하여 여유시간을 갖는다. 피로도 풀 겸 뜨거운 물로 샤워하고 침대에서 잠깐 휴식도 취한 후 예약한 플라멩코 공연 장소로 이동한다.

공연을 예약하면서 재미있었던 것은, 공교롭게도 플라멩코 공연장이 숙소 바로 옆집이었는데, 호스트가 알려주기를 여기 숙소에서 왔다고 하면 어느 정도 할인을 해줄 것이라 하여, 공연을 안내하는 분에게 이야기를 했더니, 일인당 26 유로인 입장료를 20 유로로 예약해 주었으니 20 프로나 할인 받은 셈이다. 살다 보면 이렇듯 우연치 않은 소소한 행복도 얻게 되는 일도 있으니 사는 맛이 난다.

정말 대단한 플라멩코 공연이었다. 그 동안 세비야에 가면 보았던 플라멩코 공연과 수준이 달랐던 것 같다. 싱어, 기타 리스트 그리고 댄서 이렇게 3 명으로 된 단출한 팀이었지만, 댄서의 절제되고 성숙한 몸짓은 경지에 올라있음을 느끼게 하였고, 기타 리스트의 손놀림과 음율 또한 경지에 다다른 느낌이었다. 여기에 심금을 울리는 싱어의 노래는 듣는 이의 가슴을 뭉클하게 하였고, 이에 맞춰 춤으로 그 내용을 표현하는 댄서의 몸짓에 혼이 담겨있음을 본다. 무대도 작고 관람 객석도 30 석 밖에 되지 않는 작은 공연장이었지만, 플라멩코팀과 관람객이 하나가 된 공연이어서 감동적이었다.

이렇게 1 시간 동안 진행한 플라멩코 공연관람을 마치고 숙소로 돌아오며 오늘의 여정을 되돌아본다. 폭우라는 두려움에서 시작한 오늘의 여정은 결국 예상치 못했던 선물같은 경험들로 가득 찼다. 여행은 늘 새로운 배움과 감동의 연속이다. 때로는 날씨처럼 예측할 수 없는 변수와 마주할 때, 그 변화를 받아들이고 새로운 길을 찾아가는 과정이야말로 진정한 여행의 의미임을 다시금 깨닫는다. 삶도 여행도, 마음을 열고 기대하지 않았던 순간에 감사할 때, 더 깊은 감동을 얻을 수 있다. 대성당 관람이나 히랄다 탑 오르기를 통해서 과거의 역사를 되새겨 보았고, 플라멩코 공연에서 살아있는 예술의 숨결을 느꼈다.

앞으로 남은 이틀 동안은 서두르지 않는 여유 속에서 도시의 매력을 음미하고, 또 다른 감동의 기쁨을 간직하고 싶다. 타파스로 유명한 그라나다 보다 여기 세비야의 타바스 바가 더 많이 눈에 띄니 타파스 바에도 한번 가보고, 느긋하게 세비야 광장에도 가서 구석 구석 광장도 뜯어보고, 광장에서 무료 플라멩코 공연을 하면 한 켠에 서서 "올라!"를 외치며 공연의 흥도 보태고 싶은 그런 생각을 하니 세비야의 남은 일정에 기대가 더해진다.

여행정보 Tip

1. 여행일정
    - 10:30~12:30 세비야 시내 관람
    - 13:30~16:30 세비야대성당 및 히랄다 탑 관람
    - 17:30~18:30 플라멩코 공연 관람
2. 예약사항
    - 세비야대성당 및 히랄다 탑 관람하려면 티켓 예매 필수.
    - 플라멩코 공연은 예매없이 현장 구매 가능.
3. 여행 참고사항
    - 세비야 여행할 때 플라멩코 공연 관람 추천.
    - 스페인 광장이나 세비야 알카사르 담장 옆으로 길거리 플라멩코 공연도 있으니 참고.

시행착오 체크리스트 및 대응방안

- [ ] 폭우 예보를 보고 일정에 대한 기대와 준비를 낮췄으나, 실제로 날씨가 예상보다 좋았음: 기상청 예보는 참고용으로만 활용하고, 대체 계획이나 유연한 일정을 준비하여 날씨 변화에 능동적으로 대처.

- [ ] 세비야 대성당과 히랄다 탑 관람 시, 이전 방문 경험으로 인해 감동이 덜했음: 이미 경험한 명소를 방문할 경우, 새로운 시각에서 관찰하거나, 역사적 배경을 심화 학습하며 관람하는 것이 중요.

- [ ] 전날 무리한 일정으로 오늘 일정에 체력 부담 발생: 장기여행 중에는 하루의 강도 높은 일정 후, 반드시 체력을 회복할 충분한 휴식을 포함한 일정 필요.

- [ ] 숙소 추천으로 할인 받아 예약했지만, 다른 공연과의 비교를 미리 하지 않아 최상의 선택인지 확신 없음: 공연, 식사 등 예약 전에는 인터넷이나 현지 정보를 통해 다양한 옵션을 비교해보는 것이 중요.

사진 Spot Tip

황금의 탑

세비야 대성당 외부 1

세비야 대성당 외부 2

세비야 대성당 외부 3

세비야 대성당 내부 1

세비야 대성당 내부 2

세비야 대성당 내부 3

히랄다 탑

메트로폴 파라솔 1

메트로폴 파라솔 2

플라멩코 공연 1

플라멩코 공연 2

스페인 광장에서 만난
예술과 열정
여유가 있어야 주변도 돌아보지

38 일차
스페인 세비야, 시내 & 스페인 광장

    오늘은 아침부터 한식 한 상을 차려 푸짐하게 밥을 먹는다. 요 몇 일 빠에야, 해산물 튀김, 빵, 스페인식 만두 엠빠나다 그리고 소꼬리 찜 등 속이 니글거리는 스페인 음식을 먹어서인지 고향 맛이 그리운 차에 안되겠다 싶어 쌀을 씻어 밥을 하고, 겉절이, 파래 김, 마늘, 쌈장, 간장 등 고향음식에 스페인의 맛난 이베리코 고기를 곁들여 거나하게 먹었더니, 정서적 육체적 안정감이 찾아 든다. 역시 한국인은 한국음식을 먹어야 힘이 나는 듯싶다.

    오늘은 예약한 일정이 없어 오전에는 편안하게 숙소주변 이색 거리 및 핫플을 둘러보고, 오후에는 세비야 여행 첫날 야간에 방문했던 스페인 광장을 재방문하여 광장도 제대로 즐겨보고 길거리 플라멩코 공연도 관람하고자 한다. 숙소가 세비야 대성당 및 알카사르에서 10분 거리에 위치하고 있고 주변에 핫플도 여러 곳 있어, 거나한 아침식사 후 느긋하게 오전 10 시경 숙소에서 나와 주변을 어슬렁거리며 이색거리 및 핫플을 향한다. 가는 길에 아침부터 카페에 가득한 사람들을 사진에 담아 보기도 하고, 세비야 대성당도 지나가는 길이니 장소 좋은 몇 곳을 골라 풍광 몇 컷을 사진에 담는다. 어제 그제 안 보이던 관광마차들이 오늘은 눈에 띈다. 한편에서는 손님을 태운 마차가 지나가고 다른 한편에서는 마차에 손님을 태우려고, 마부들이 지나가는 여행객들에게 타라고 호객행위를 하는데, 우리에게는 한국말로 "안타세요?"라고 하길래, 손사래를 치고 지나가며 얼마나 웃었는지! 마차를 타는 한국여행객이 그만큼 많은가 보다. 대성당 앞에 있는 한 동상에는 견학을 나왔는지 초등학생들이 빽빽하게 들어서 장난을 치고 있고, 다른 한편에서는 시니어 여행객들이 자전거 투어를 하려는지 자전거와 함께 서있는 모습도 눈에 띈다. 복권을 파는 가게에는 줄이 길게 늘어서 있고, 이 줄로는 부족해서인지 길거리마다 직접 복권을 파는 사람들이 몸에 복권을 주렁주렁 매달고 손님을 기다리기도 한다. 복권을 파는 가게도 상점 몇 개를 지나면 계속 눈에 띈다. 일확천금을 꿈꾸는 인간의 욕망은 어느 나라든 동일한가 보다. 그래서 복권을 파는 가게도 흥행을 이루는 듯싶다. 재봉틀 앞에서 무슨 작업을 하는 아가씨가 있어 무엇을 하나 쳐다보고 있으니, 봉투 같은 것에 세비야 글자를 새기다가 우리를 보더니 새겨진 것 중 하나를 집어 주면서, 선물이라 한다. 고마움을 표하고 우리는 또 길을 걷는다.

예약한 일정이 있으면 아침부터 일찍 서둘러 일정을 소화해야 하는데, 내일 알카사르 관람 외에 예약한 일정이 없으니 서두를 것도 없어 그야말로 어슬렁거리며 거리를 배회하니 그저 편안하기만 하다. 그 동안 예약일정에 쫓겨 주변을 돌아볼 겨를이 없었는데, 오늘은 주변에 일어나는 사소한 일들까지 왜 이렇게 잘 보이는지! 역시 여유가 있어야 주변도 돌아볼 수 있지 시간에 쫓기면 제 앞에 닥친 일 외에 아무것도 할 수 없다는 평범한 진리를 새삼 몸으로 체험하는 시간이다. 여기저기를 둘러보지만 결국 보이는 건 특이한 형태와 색상을 가진 건물과 사람이 전부다.

이렇게 두어 시간동안 세비야 시내를 돌아보고 숙소로 돌아와 간단한 요기를 하고 스페인 사람들처럼 편안하게 시에스타(낮잠)를 즐긴다. 그래서 낮잠 문화가 있는 것인지는 모르겠지만 어찌되었건 낮잠을 자니 역시 개운하다.

이제 스페인 광장으로 이동할 시간이다. 오후 2시경 숙소에서 나와 역시 또 어슬렁거리며 스페인 광장을 향한다. 가면서 마리아루이사 공원 벤치에 앉아 잠시 뜨거운 햇살을 피하는데, 앉은 길에 준비해간 간식도 먹는다. 스페인 광장에 도착하여 스페인 역사를 그림으로 담아 놓은 광장도 둘러보고 풍광과 추억도 담는다. 그러다 광장 중앙에서 무슨 음악소리가 나길래 가봤더니, 역시 길거리 플라멩코 공연이 한창이다. 싱어와 기타 리스트의 운율에 맞춰 댄서가 플라멩코를 한바탕 풀어내니 주변에 앉아 보는 사람들이 박수 갈채를 보낸다. 이어 나이가 드신 여성분의 춤사위와 젊은 여성의 플라멩코 공연을 끝으로 우리는 자리를 이동하여 스페인 광장의 풍광도 담고 추억을 남기며 시간을 보낸다.

어느덧 시간이 흘러 벌써 오후 5시. 이제 숙소로 돌아가야 할 시간이다. 가는 길에 스페인 대학이 도로변에 있어, 들러 무엇이 있나 살펴보지만 강의실 외에 특별한 건 없어 보인다. 잠시 화장실에 들렸다가 알카사르 성을 끼고 숙소로 가는 길에 무슨 음악소리가 나길래가 보았더니, 역시 길거리 플라멩코 공연이 한창이다. 우리는 공연장 앞으로 한 자리를 차지하고 돗자리를 깔고 앉아 공연을 관람한다. 곡이 끝날 때마다 운영자가 무슨 바구니 같은 것을 들고 다니니, 감동을 받은 관객은 자발적으로 바구니에 돈을 넣으니, 우리도 1 유로 동전 몇 개를 꺼내 바구니에 넣는다. 2곡 정도 관람을 하니 이제는 숙소로 돌아갈 시간이다.

오늘의 여정은 특별한 일정보다도 여유와 소소한 순간의 아름다움이 주는 감동을 느낀 하루였다. 예약된 일정이 없는 날, 세비야의 거리에서 본 사람들의 삶의 모습은 익숙하지만 새로운 감동을 선사했다. 여유로운 걸음 속에서 복권을 판매하는 사람들의 소소한 열정, 호객하는 마부의 유쾌함, 재봉틀로 선물을 준비해 준 소녀의 따뜻한 마음은 일상 속의 특별함을 일깨워 주었다. 여행의 본질은 단순히 화려한 명소를 찾는 것뿐만 아니라, 그곳에서 사람과 문화를 이해하고 마음을 나누며, 작은 감동과 새로운 시각을 발견하는 데 있음을 깨닫는다. 여유롭게 길을 걷고, 지나가는 사람들과 풍경에 주목하며, 낯선 도시의 리듬에 동화되는 경험이야말로 진정한 여행의 즐거움임을 경험한다.

내일은 예약한 알카사르를 관람하고 이어 길거리 공연을 관람하면 이제 남은 여행지는 코르도바, 세고비야, 톨레도 그리고 스페인의 수도 마드리드가 전부다. 세고비아와 톨레도는 현지 투어로 진행할 예정이어서 사이트에 들어가 현지투어를 신청하니 세비야의 하루가 또 이렇게 아쉽게 지나간다.

여행정보 Tip

1. 여행일정
    - 10:00~12:00 세비야 시내 관람
    - 14:00~18:00 스페인광장 관람 및 길거리 플라멩코 공연 관람
2. 예약사항 없음
3. 여행 참고사항
    - 스페인 광장은 다른 광장들과는 달리 유럽에서 가장 화려하면서도 볼 것이 많기도 하고 특히 사진 찍을 곳도 많아 낮에 한번 저녁에 한번은 방문해 볼 것 추천.
        - ✓ 길거리 플라멩코 공연도 있으니 참고

시행착오 체크리스트 및 대응방안

- [ ] 예약 일정이 없어서 하루가 다소 느슨하게 진행됨. 중요한 명소 관람보다 주변 탐방에 치중: 예약 일정이 없는 날에도 우선 순위를 정해 명확한 동선을 계획해야 효율적인 하루를 보낼 수 있음.
- [ ] 세비야 대성당이나 알카사르 등 주요 명소와 대조적으로, 일반 거리 탐방에 시간을 다소 과도하게 사용: 주요 명소 관람과 주변 탐방의 균형을 맞추는 것이 중요. 다음날 우선순위를 명확히 계획하여 진행하는 것이 중요.
- [ ] 공원에서 간식을 먹으며 쉬는 동안 더 풍성한 간식이나 음료 준비가 아쉬움: 하루 일정에 맞는 적절한 간식이나 음료 준비로 중간 에너지 보충 및 체력관리 필요.

사진 Spot Tip

세비야 시내 1

세비야 시내 2

세비야 시내 3

세비야 시내 4

세비야 시내 5

스페인 광장 1

스페인 광장 2

스페인 광장 3

스페인 광장 4

스페인 광장 5

스페인 광장 플라멩코 공연

길거리 플라멩코 공연

세비야,
버섯 아래에서 알카사르 왕궁을 보다
옛 것과 새 것의 조화

39 일차
스페인 세비야, 알카사르 & 메트로폴 파라솔

 오늘 오전에는 예약한 알카사르를 관람하고 오후에는 길거리 공연을 보거나 아니면 저녁노을이 지는 석양을 바라볼 겸 세비야의 전망대인 메트로폴 파라솔에 오르기로 하고, 오전 9시 10분경 숙소를 나선다. 알카사르 관람 첫 시간인 오전 9시 30분 예약을 하여서인지 현장에는 사람들이 그렇게 많지가 않고 엊저녁 비가 와서인지 아침부터 날씨는 제법 쌀쌀하다.

 오전 9시 30분 정각이 되자 알카사르 입장이 시작된다. 그라나다에 알함브라 궁전이 있다면, 세비야에는 알함브라의 축소판인 알카사르가 있다. 세비야에 오기 전에 알함브라 궁전을 통해 이미 그 아름다움과 멋스러움을 맛본 터라 세비야의 알카사르를 그렇게 썩 기대하지는 않았지만 막상 관람을 하니, 나름 아기자기한 멋스러움에 알함브라 궁전과 비슷한 면도 약간 있는 듯한 느낌을 받는다. 궁정의 경우 보통은 1층에 화려한 방들이 있게 마련인데, 세비야의 알카사르는 지하에 화려한 방들을 만들어 놓아서 그런지 전체적으로 약간 어두운 느낌이 든다. 2층에 올라가 여러 방들을 둘러보니 왕실 궁정에 걸려있는 그림들이 인상적이다. 당시 스페인이 세계를 제패하던 시절에 완성된 그림인지는 정확하게 모르겠지만, 이슬람을 대상으로 전쟁을 하는 그림이라든지 알카사르를 공사하는 그림 등이 특히 인상적이다. 건물 앞으로 펼쳐진 정원에는 미로로 되어 있는 정원도 있어 구경할 겸해서 정원의 어느 입구로 들어갔는데 나오는 길을 찾지 못해 여기저기를 헤매다 겨우 입구를 찾아 나오면서 왜 정원을 이렇게 만들었는지 의아한 생각이 들기도 했지만, 무슨 이유가 있었겠지 하며 다음 장소로 이동한다. 또 정원 한편에 밑둥이만 남은 커다란 고목을 보며, 이 나무도 한때는 웅장한 자태를 뽐내며 다른 수목들이 부러워하는 최상의 전성기를 보냈을텐데, 이제는 기둥도 숱한 가지도 다 잘려 한때 떵떵거리며 살았더라도 결국엔 흉물처럼 사라져 가는 대다수의 인생 모습을 보는 것 같아 씁쓸함이 느껴진다.

오전 9시 30분에 알카사르 입구로 들어가 1층, 지하 그리고 2층과 정원을 둘러보니 시간이 흘러 벌써 오전 11시 30분이 넘어가고 있다. 알카사르를 관람하면서 특별한 감동이 있지는 않았지만 그래도 풍광을 담고 추억을 남기며 나름 의미 있는 시간이었다고 스스로를 위로해 본다.

숙소로 돌아와 점심식사 후 오늘도 어김없이 시에스타를 즐긴다. 타지에 나와 여행기간이 어느덧 5주가 넘어가니, 쉰다 쉰다 해도 하루 온종일 쉼을 갖지 않은 채 매일 2만보 이상을 걷고, 더군다나 여행 중 찍은 사진정리 및 여행기를 기록하니, 사실 피로가 많이 누적되어 있음을 부인할 수 없다. 오늘은 시에스타(낮잠)를 즐기며, 그냥 눈 떠질 때까지 한번 자보자! 며 아내와 이야기를 하고, 눈을 뜨니 시간이 오후 4시가 훨씬 지난 것 같다. 피로가 쌓여도 보통 쌓인 게 아니다. 일어나서 세비야의 마지막 오후를 어떻게 보낼까 아내와 의논하다가 플라멩코 공연은 공연장에 가서도 보고 길거리 공연도 보았으니 오늘은 저녁노을이 지는 석양과 야경도 볼 겸 세비야의 전망대, 메트로폴 파라솔을 방문하기로 하고 숙소를 나선다.

  메트로폴 파라솔은 일몰과 야경 명소로 유명한 세계 최대규모의 목조 건축물이다. 엔카르나시온 광장에 우뚝 솟아 있고 너비가 150 X 70 미터, 그리고 높이는 약 28 미터로서 2011년에 완공되었다 한다. 약 35,000개의 나무 조각을 조립해 만든 독특한 외관이 버섯 모양을 닮아 세비야의 버섯들이라 불리기도 하며 세비야의 랜드마크로도 유명하다.

  메트로폴 파라솔에 도착하여 일인당 15 유로씩 입장료를 지불하고 전망대에 오르지만 날씨가 흐려 일몰보기가 쉽지 않아 보인다. 게다가 전망대에서 딱히 볼거리도 별로 없어 보여 입장료가 비싸다는 생각도 든다. 그래도 입장료를 지불하고 전망대까지 올라왔으니 여기저기를 둘러보며 일단 일몰까지 기다린 후, 해가 지고 나면 하나 둘씩 켜지는 조명을 배경삼아 풍광도 담고 추억을 남기기로 아내와 의견을 모은다. 그러다 휴게실에 잠시 쉬러 들어갔다가 우연치 않게 세비야를 한눈에 감상할 수 있는 영상을 보여주는 영화관처럼 되어 있는 방에 입장하면서 나름 위로를 받는다. 스크린에 비춰진 세비야 소개영상에는 세비야의 랜드마크며, 플라멩코 그리고 다양한 문화들이 소개되는데, 이 영상을 보며 세비야에 대하여 정리하는 시간을 가져본다. 영상을 다 보고나서 다시 전망대로 나오니, 기대했던 조명등이

켜지면서 LED 쇼가 시작되자, 전망대의 모습이 약간의 착시(?) 현상을 일으켜 보는 이로 하여금 주변 야경과 어울어진 전망대의 모습이 멋있게 느껴지게 한다. 조명에 비춰진 전망대와 세비야의 야경을 배경삼아 풍광도 담고 추억을 남기니, 시간이 벌써 저녁 7시가 넘어 이젠 숙소로 돌아갈 시간이다.

숙소로 돌아오면서 오렌지를 직접 짜서 만든 주스와 필요한 것들을 산다. 저녁식사를 하면서 아내가 해 준 요리가 그 동안 다 맛있었지만 오늘은 특별히 더 맛있게 느껴진다. 이베리코 고기에 배추, 파프리카, 피망, 양파, 마늘 그리고 아내만이 만들 수 있는 양념으로 요리된 음식은 웬만한 유명 쉐프들도 줄을 서서 배워야 할 수준이다. 요리의 양이 엄청 많지만 숟가락을 놓을 수 없어 결국 요리가 다 없어지고 나서야 마무리된다. 이렇게 저녁을 마치니 이제 내일 코르도바로 떠날 준비를 해야 할 시간이다.

39일간의 긴 여정을 지나며, 여행의 마지막이 다가올수록 하루 하루가 더욱 소중하게 느껴진다. 모든 것이 끝나가고 나서야 그 순간의 소중함을 깨닫게 되는 것처럼, 삶에서도 매일의 일상이 특별한 순간임을 깨닫고 감사하며 살아가야 함을 배운다. 남은 일정동안 더 많이 보고, 느끼고, 경험하며 이 시간들을 감사함으로 채워가야 겠다는 다짐을 해보는 세비야에서의 마지막 밤이 또 이렇게 지나간다.

여행정보 Tip

1. 여행일정
    - 09:00~12:00 알카사르 관람
    - 17:00~19:30 메트로폴 파라솔 관람
2. 예약사항
    - 알카사르 입장권 예매는 필수.
    - 메트로폴 파라솔 입장권은 예매 선택. (예매하면 입장시간을 단축할 수 있으니 참고)
3. 여행 참고사항
    - 그라나다의 알함브라 궁전을 관람하지 않았다면 세비야에서 알카사르 관람 추천.
    - 메트로폴 파라솔은 일몰 및 야경 장소로 추천.

시행착오 체크리스트 및 대응방안

- ☐ 알함브라와 유사한 건축물이라 특별한 감동 부족: 이전에 관람한 비슷한 장소와 비교하지 말고, 해당 장소만의 고유한 매력을 발견하려는 태도가 중요.
- ☐ 흐린 날씨로 메트로폴 파라솔에서 일몰을 제대로 감상하지 못했고, 전망대에서의 경관이 기대보다 부족했음: 날씨가 관람에 큰 영향을 미치는 명소는 대체 가능한 옵션을 마련하거나, 날씨에 덜 의존적인 일정으로 보완 필요.
- ☐ 메트로폴 파라솔의 입장료(1인당 15유로)가 기대한 감동에 비해 비쌌음: 입장료와 경험 간 기대치를 조율하고, 전망보다는 예상치 못한 영상 체험(영상관람 등)을 즐길 요소로 삼아야 함.

사진 Spot Tip

세비야 알카사르 입구

세비야 알카사르 내부 1

세비야 알카사르 내부 2

세비야 알카사르 내부 3

세비야 알카사르 내부 4

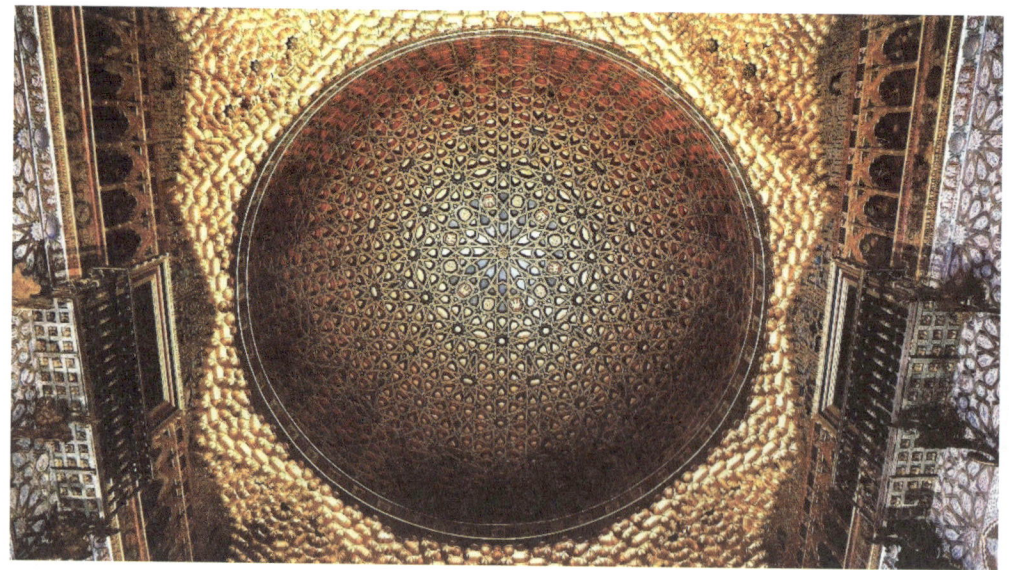

세비야 알카사르 내부 5

메트로폴 파라솔 전망대에서 바라본 세비야 시내 1

메트로폴 파라솔 전망대에서 바라본 세비야 시내 2

메트로폴 파라솔 전망대에서 바라본 세비야 시내 야경 1

메트로폴 파라솔 전망대에서 바라본 세비야 시내 야경 2

메트로폴 파라솔 전망대 야경 3

메트로폴 파라솔 전망대 야경 4

코르도바,
시간과 신앙이 빚은 화합의 미학
이념의 갈등에서도 배우는 공존의 인생

40 일차
스페인 코르도바

오전 8 시 40 분으로 예약한 코르도바행 기차를 타기 위해 우리는 체크아웃 절차를 마치고 숙소근처에서 택시를 타고 세비야 기차역을 향한다. 숙소에서 일찍 출발한 탓에 기차 출발시간보다 1 시간이나 일찍 기차역에 도착해 보니 대합실이 한산하다. 우리는 한쪽 의자에 자리를 잡고 인근 빵집에서 사가지고 온 빵과 오렌지 주스로 간단하게 요기를 하고, 아직 시간적 여유가 있어 대합실 의자에 앉아 잠시 눈을 붙인다.

세비야에서 코르도바까지는 기차로 약 40 분 정도밖에 걸리지 않아, 기차 예약시간에 맞춰 기차에 올라 잠깐 졸다 보니 금방 코르도바 역에 도착한다.

차를 렌트 하지 않는 이상 여행지에 일찍 도착했을 때 가장 문제가 되는 것이 캐리어다. 숙소에서 얼리 체크인을 해준다 하더라도 오후 1 시는 되어야 숙소에 입실이 가능하므로 오늘처럼 오전 9 시 20 분경 코르도바에 도착하면, 짐 보관을 할 수 있는 라커룸 찾는 일이 최우선적으로 해야 할 일이다. 어느 블로거의 글을 통해 코르도바역에서 가까운 곳에 라커룸이 있다는 정보를 확인하여 현장에 가보지만 라커룸이 보이지 않는다. 내가 잘못 알았나 싶어 여기 저기를 돌아다니며 라커룸을 확인해 보지만, 지금부터 약 10 여년 전의 정보이니 맞을리가 없다. 이렇게 길에서 20 여분을 허비하다 인터넷을 통해 기차역 앞 버스터미널에 라커룸이 있다는 것을 확인한다.

우여곡절 끝에 캐리어를 끌고 버스터미널 라커룸에 도착하니, 잠금장치가 디지털로 된 라커와 수동으로 된 라커가 눈에 띄어 확인해 보니, 잠금장치가 디지털로 된 라커 중 우리가 들고 다니는 28 인치 캐리어를 넣을 수 있는 라커는 이미 다 사용 중이고, 소형 캐리어를 넣을 수 있는 라커만 남아있는 상태이고, 수동으로 된 라커에 28 인치 캐리어를 넣어보지만 단숨에 들어가지 않아, 쉽지 않은 상황이다. 그렇다고 캐리어를 끌고 다닐 수는 없고! 그러다 일단 28 인치 캐리어를 손으로 눌러서라도 수동 라커에 넣어보자 하고는 두 손으로 캐리어를 최대한 눌러 라커에 밀어 넣으니 겨우 들어간다. 그런데 여기가 끝이 아니다. 라커 문이 잠기지 않는다. 코인을 넣으라는 안내문에 따라 지폐를 1 유로 동전으로 바꿔 기계에 5 유로를 넣으려 하지만 기계에는 동전을 넣는 공간이 없다. 그러던 중 한쪽 모서리 끝을 보니 유로를 라커용 코인으로 교환해주는 또 다른 기계가 눈에 띈다. 기계에 1 유로 동전을 하나씩 넣어 5 유로를 넣으니 코인 하나가 나온다. 이것인가 보다 하고, 라커로 다가가 코인을 라커에 넣으니 그제서야 라커 문이 잠긴다. 휴우! 이렇게 하여 겨우 캐리어를 라커에 넣고 문을 잠근 후 우리는 코르도바에서의 첫 번째 여행장소인 알카사르로 향한다.

알카사르는 무어인들(중세에 스페인 이베리아반도를 지배했던 이슬람계 정복자들)을 몰아내려는 스페인의 노력이 거세지면서 요새이면서도 위압감을 주는 건축물을 마련해야 할 이중의 필요성이 강하게 대두되어 세워졌는데, 보통 직사각형으로 방어하기 쉽게 설계한 벽과 네 귀퉁이의 거대한 탑으로 구성되어 있으며, 알카사르 안에는 널따란 중정(파티오)이 있고 그 주위를 예배당, 병원등이 에워싸고 있는데 정원이 딸려 있는 경우도 있다고 한다. 스페인 곳곳에는 알카사르가 세워져 있는데 그 중 가장 유명한 곳이 세비야에 있는 알카사르로 알려져 있다. 코르도바의 알카사르에 방문해 보니, 세비야와 그라나다에서 본 알카사르에 비해 규모나 화려함이 많이 뒤지지만 정원은 나름대로 잘 가꾼 듯 생각이 들고 규모가 작아 관람하는데 많은 시간이 걸리지 않는다.

알카사르 관람을 마칠 때쯤, 정오 12시 30분부터 숙소 입실이 가능하다는 호스트의 연락을 받는다. 얼리 체크인을 해 준 호스트에게 감사하다는 메시지를 보내고, 우리는 택시를 타고 라커룸으로 가서 캐리어를 찾아 숙소에 도착한다. 원룸으로 된 2층에 있는 숙소인데 1박 하기에 손색이 없어 보인다.

오후 4시에 메스키타를 예약했기 때문에 짐을 풀고 잠시 휴식을 취한 후, 메스키타를 관람하기 전에 점심을 먹으려 하는데 준비된 음식이 없다. 먹을 것을 사러 근처 까르푸에 들렀지만 규모가 작아서인지 우리에게 필요한 식재료는 눈에 띄지 않아, 결국 간단한 요기거리를 사서 숙소로 돌아와 점심을 해결하고 숙소에서 10분 거리에 있는 이슬람 사원인 메스키타를 향한다.

코르도바는 이슬람 세력이 이베리아 반도를 지배하던 때에 수도였으므로 이슬람과 스페인 후대 문화의 영향이 강하게 남아 있고 또 중세의 문화유산을 고스란히 간직하고 있기에 그 수려함으로 유네스코 세계유산이 된 곳이다.

메스키타를 방문하여 건축물 양식이며 실내 장식을 보니 이슬람 문화의 향기가 가득함이 느껴진다. 재미있는 것은 이슬람 문화가 가득한 곳에 전통 카톨릭의 종교양식도 함께 공존함을 보며 이것이 바로 스페인의 매력이라는 생각을 해본다. 과거 이슬람과 카톨릭 세력이 패권을 놓고 그 자웅을 겨루며 서로 치고 차지하는 와중에서도 각각의 좋은 문화는 그대로 보존하면서 자신들의 문화를 덧입혀 후세에까지 남겨두었으니, 내 것만 옳다고 할 것이 아니라 상대방의 것 중 좋은 것은 수용하여 화합하며 공존해야 하는 인생의 교훈을 배운다.

코르도바에 도착하면서부터 시작된 도전과 문제해결로 출발한 오늘의 여정은 알카사르에서 비록 규모도 작고 화려함 면에서도 부족할지라도 잘 가꿔진 정원과 아기자기한 매력 속에서 작은 만족과 즐거움의 중요성을, 메스키타의 건축물과 장식에서는 서로 다른 문화가 화합하고 조화를 이루는 것이 얼마나 아름다운지를 깨닫게 해주었다. 오늘 코르도바에서 배운 화합과 공존의 가치는 앞으로의 삶에서 더 큰 시야로 세상을 바라보는 데 도움을 줄 것이다. 서로 다른 문화가 충돌 속에서도 아름답게 공존하듯, 나 역시 삶의 다양한 측면에서 균형과 화합을 이루며 살아가야겠다는 마음을 갖게 한 코르도바의 여행이 감사하다.

여행정보 Tip

1. 여행일정
   - 08:40~09:22 세비야에서 코르도바까지 열차 이동
   - 10:45~12:30 알카사르 관람
   - 16:00~18:00 메스키타 관람
2. 예약사항
   - 세비야에서 코르도바까지 가는 기차표 예매 필수.
   - 알카사르 및 메스키타 입장권은 예매 선택. (단, 예매 시 대기 시간 단축가능)
3. 여행 참고사항
   - 코르도바에서 캐리어 라커룸은 코르도바 기차역에 없고, 기차역 길 건너 편 시외버스 터미널에 있으니 참고.
   - 라커룸 이용 시, 동전을 코인으로 바꿔주는 기계에 1 유로 동전을 5 개 넣으면, 라커룸을 여닫을 수 있는 코인이 나오니, 참고.
   - 코르도바 여행시 메스키타 관람은 추천하나 알카사르 관람은 선택.

시행착오 체크리스트 및 대응방안

- [ ] 기차역 근처 라커룸 정보를 과거 블로그를 통해 확인했으나, 정보가 오래되어 라커룸 찾는 데 많은 시간 소비: 최신 정보를 확보하기 위해 여행 전 공식 웹사이트나 최근 여행 후기 등 참고 필요.
- [ ] 28인치 캐리어를 보관할 수 있는 라커가 부족해 수동 방식으로 해결: 대형 캐리어를 사용하는 경우, 기차역이나 공항 등에서 짐 보관 여부를 미리 확인하고 대체 방안 준비 필요.
- [ ] 까르푸에서 필요한 식재료를 구하지 못해 간단한 식사로 대체: 식사 계획은 사전에 주변 가게나 시장의 규모와 재료 종류를 확인해 준비하거나, 간단히 해결할 수 있는 비상 대체식품 준비.

사진 Spot Tip

로마 다리

코르도바 알카사르 1

코르도바 알카사르 2

코르도바 알카사르 3

메스키타 외부 1

메스키타 외부 2

메스키타 외부 3

메스키타 외부 4

메스키타 내부 1

메스키타 내부 2

메스키타 내부 3

메스키타 내부 4

스페인의 심장,
마드리드에서 배운 것들
오해는 느닷없는 해프닝을 낳고

41 일차
스페인 마드리드 시내

　오늘은 코르도바에서의 하루 여행일정을 마치고 마드리드로 떠나는 날이다. 어제 일찍 잠자리에 든 탓인지 자명종에 맞춰 오전 6 시에 일어났는데 피로가 많이 해소된 듯하다. 샤워를 하고 가정식 햄버거에 샐러드로 배를 든든히 채우고 여유로운 시간을 보내니 어느덧 마드리드행 오후 12 시 20 분 열차를 타기 위해 숙소를 떠나야 할 시간이다.

　세계문화유산인 메스키타 근처로 숙소를 예약한 탓에 숙소 인근에는 차량이 통제되어 차를 타려면 7~8 분 거리의 도로로 나가야 한다. 캐리어를 끌고 가며 혹시 택시가 있나 살피지만 역시 택시는 보이지 않는다. 결국 도보로 차량 통제지역을 지나 7~8 분을 더 걸어 코르도바 역에 도착한다. 역에 도착한 우리는 대합실에 앉아 마드리드행 기차를 타기 전 준비한 점심을 먹는다. 기차 안에서 이것 저것을 꺼내 먹기보다 여기 대합실이 먹기가 더 편해서다. 대부분의 여행객이 대합실 내에 있는 카페에 앉아 음료와 빵을 주문하여 먹지만 그다지 맛있어 보이지도, 영양가가 있어 보이지도 않는다.

잠시 후 마드리드행 기차가 도착할 시간이 되어 우리는 앉았던 자리를 정돈하고 일어나 기차를 타기위해 체크인 절차를 마친다. 시간에 맞춰 기차가 도착하여 기차에 오른 우리는 짐칸에 캐리어를 올려놓고, 자리에 앉아 숙소 체크인 정보를 확인하면서 마드리드에 있는 숙박업체와의 실랑이가 생각났다.

40일간 여행하면서 14군데의 도시에서 숙박을 하였고, 이제 마드리드에서 15번째 숙박을 할 예정인데, 마드리드에 있는 모 숙박업체처럼 불편하게 대하는 숙박업체는 처음 경험했다. 여행을 떠나기 수개월전에 우리는 이미 숙소예약을 마무리했다. 하지만 그건 출발에 불과할 뿐 여행일정을 확정하는 과정에서 예약한 숙박업체가 바뀌는 것은 다반사다. 더 좋은 숙소의 등장이나 여행계획의 변경 그리고 경쟁업체대비 저렴한 숙박요금 등 그 이유는 다양하다. 우리의 경우 숙소를 확정하는데 가장 많은 시간을 사용한 듯하다. 이렇게 숙소를 정하고 예약을 하였는데 예약한 날짜가 다가오자 마드리드에 있는 숙박대행업체에서 메일로 온라인 체크인 요청을 하여 절차를 진행하는데, 다른 사항은 온라인으로 체크인하는 다른 숙박업체와 동일한데 여기만 다른 절차가 하나 있는데 신용카드정보를 등록하라는 것이다. SNS로 "부킹닷컴을 통하여 이미 숙박요금을 지불하였는데 무슨 용도로 신용카드정보를 등록하라는 것이냐"고 물었더니, 보증금조로 250유로를 선결제하고 체크아웃 시 변상해야 할 사항이 생기면 보증금에서 차감하고 환불해 주기 위해서라 한다. 이런 날 도둑놈 같으니라고! 지불해야 할 채무가 아직 발생하지 않았고 또 체크인을 온라인으로 하는데, 변상책임을 물으려면 체크인을 하면서 변상해야 할 대상물을 확정하고, 체크아웃 할 때 서로 이상여부를 확인하여 변상대상과 금액을 확정해야 하는데, 이들은 이런 절차도 없이 저들 맘대로 그렇게 하겠다 한다. 한국에서는 이렇게 하는 것이 불법이며 처벌받는다 해도 막무가내다. 결국 숙박예약업체인 부킹닷컴에 메일을 보내어 자초지종을 설명하고 처리를 요구했지만 대답이 없다. 안되겠다 싶어 숙박업체에 SNS 로 "숙박예약시 계약조건에 없는 항목을 당신들이 마음대로 만들어 소비자를 우롱하려 하므로 나는 따를 수 없으니 당신네 조건을 수용하는 다른 고객에게 이 방을 판매하고 내가 지불한 숙박비는 환불해 달라"고 강하게 주장했더니 결국 꼬리를 내리고 신용카드정보는 등록하지 않는 것으로 마무리된 일이 생각난 것이다.

 잠시 후 오후 2시 20분이 조금 지나 기차가 마드리드역에 도착하자 우리는 역에서 내려 택시를 타고 숙소에 도착한다. 짐 정리를 대충하고 나니 시간이 어느덧 오후 4시다. 곧 날이 어두워지니 오늘은 시티투어버스를 타고 마드리드 시내를 한 바퀴 돌면서 여행일정의 미진한 부분을 보완하자고 아내와 의견을 모으고 바로 숙소를 떠난다.

 길가로 나오니 도로 한편에 시티투어버스 티켓을 파는 곳이 있어 24시간 이용이 가능한 시티투어버스 티켓을 구입하여 시티투어버스를 타는 정류장으로 내려가다가 갑자기 구입한 티켓을 확인해 보니, 1인당 28유로인 24시간 티켓을 사야 하는데, 손에는 33유로짜리 48시간 이용이 가능한 티켓이 들려 있지 않은가! 이게 뭔 일이지 영문을 몰라 티켓 산 곳으로 돌아가 24시간 이용이 가능한 시티투어

티켓을 달라 했는데 티켓이 잘못 발권되었다고 설명을 하여 결국 차액을 환불을 받았는데, 그렇게 된 이유를 확인해 보니, 나는 판매자에게 24시간동안 투어버스 이용이 가능한 today(오늘) 티켓을 달라고 했는데, 판매자는 이틀동안 사용이 가능한 two day(이틀) 티켓을 사는 것으로 잘못 알아들어 이런 재미있는 에피소드가 발생한 것이다. 생각해보니 today를 two day로 잘못 알아들어 일어난 해프닝이 재미있기만하다.

  시티투어버스를 타고 투어를 해보니 마드리드에는 프라도 미술관 외에 명소가 별로 없다고 생각했는데 웬걸! 볼 것이 수두룩하게 많음을 알게 된다. 하지만 시간이 일몰에 가까워져 우선 숙소에서 먼 마드리드 왕궁, 알무데나 대성당, 마요르 광장 및 유럽에서 제일 오래된 레스토랑 보틴을 먼저 찾는다. 보틴은 코로나 발발 바로 전에 패키지 여행으로 스페인에 갔을 때 무식하게 보드카를 한 병이나 마셨던 곳이어서 특별히 기억에 남는 곳이다. 대부분 와인이나 맥주를 소량으로 마시는 스페인 문화에서 컵에 따른 보드카를 한 입에 털어 넣는 일은 거의 없으므로, 이렇게 마시는 사람을 본 적이 없는 지배인이 당시 나에게 보드카를 연거푸 갖다 주면서 그 모습이 속으로 얼마나 이상하기도 하고 신기하기도 했을까를 생각해 보면 그저 부끄럽기만 하다.

  아까 시티투어버스 티켓을 샀을 때는 야간까지 시티투어를 할 계획이었으나 내일 마이리얼트립에서 진행하는 세고비야와 톨레도 현지 투어를 갔다 온 후, 모래도 시내를 투어 할 여유시간이 있으니 굳이 그렇게까지 무리할 필요가 없다는 생각이 들어, 우리는 저녁 7시가 넘어 시티투어버스에서 내려 숙소로 돌아오며 마트에 들러 필요한 식재료를 사서 마드리드의 밤길을 걷는다.

마드리드에서의 첫날은 이렇게 소소한 해프닝과 함께 여행의 유연함을 경험하는 하루였다. 언어와 문화 차이로 경험한 해프닝이 때로 불편을 주기도 했지만, 이를 유쾌하게 받아들이는 태도가 여행을 더 풍성하게 만든다는 점을 일깨워 주었다. 시티투어버스를 타고 다니며 마드리드의 풍경을 즐기고 과거를 떠올리며 반성했던 시간은, 내 자신을 돌아보고 성찰하는 과정이었다. 오늘을 교훈삼아 내일은 더욱 알차고 의미있는 하루로 만들어갈 것을 다짐해 보며, 오늘 하루를 마무리 해본다.

여행정보 Tip

1. 여행일정
    - 12:26~14:24 코르도바에서 마드리드까지 열차 이동
    - 16:30~19:30 마드리드 시티버스투어
2. 예약사항
    - 코르도바에서 마드리드까지 가는 기차표 예매 필수.
3. 여행 참고사항
    - 미드리드 시티버스투어 추천.
        - ✓ 미드리드 시내는 지역이 넓은데다 명소가 산재해 있어 시티버스투어가 효과적. (유럽여행 중 경험한 시티버스투어 중 가장 우수)
        - ✓ 게다가 중간에 시티투어버스에서 내려 명소 관람 후 다시 버스를 탈 수 있어 택시 개념으로 버스 이용하면 좋을 듯.

시행착오 체크리스트 및 대응방안

☐ 차량 통제구역에 위치한 숙소로 인해 이동 시 불편 겪음: 숙소 예약 시 차량접근성, 특히 공공교통 및 짐 이동의 용이성 고려.

☐ 숙박업체가 보증금 명목으로 신용카드 정보를 요구했으나 예약 시 명시되지 않았음: 예약 시 계약조건과 추가 요청사항을 철저히 검토하고, 불합리한 요청에는 강력한 대처 필요.

☐ "Today"와 "Two Day"의 발음 혼동으로 잘못된 티켓을 구매함: 의사소통 시 천천히 명확하게 말하며 중요한 단어는 반복하거나 적어 보여주는 방식도 유용.

☐ 이른 아침 이동과 일정으로 체력이 소진되어 야간 투어계획을 조정: 체력 소모가 많은 날에는 일정에 여유를 두고 휴식을 포함한 계획 수립 필요.

사진 Spot Tip

톨레도 게이트

바실리카 1

바실리카 2

알무데나 대성당 1

알무데나 대성당 2

알무데나 대성당 야경 1

알무데나 대성당 야경 2

알무데나 대성당 내부 1

알무데나 대성당 내부 2

마드리드 왕궁

두 도시 이야기,
중세의 숨결, 오늘의 깨달음
장래가 보장되는 장밋빛 인생의 조건

42 일차
스페인 세고비아 & 톨레도

　오늘은 마드리드의 근교도시인 세고비아와 톨레도, 두 도시 투어를 마이리얼트립에서 진행하는 현지투어로 진행하는 날이다. 모임장소 집합시간은 오전 8시 20분. 아침부터 부지런히 준비하고 오전 7시 40분경 숙소를 나서 10분전 모임 장소에 도착한다. 잠시 후 투어를 예약한 다른 여행객들도 하나 둘 모임장소에 도착하고, 오전 8시 20분이 되자 인원파악이 끝난다. 그런데 아직 투어버스가 보이지 않는다. 모임장소 인근도로를 통제하여 다른 곳으로 돌아오느라 버스가 지연되고 있다는 가이드의 설명이다. 출발시간보다 40분이나 지연되어 버스가 도착하여 여행객 모두가 버스에 탑승하자 가이드는 인사말과 함께 오늘 일정 소개를 하고, 버스는 세고비아를 향한다.

　세고비아는 백설공주에 나오는 성의 모티브가 되었던 알카사르 성과 물이 없는 도시나 마을에 물을 공급하기 위하여 세워진 수도교로 유명한 곳이다. 프리오 강으로부터 세고비아 시까지 16킬로미터에 달아는 거리에 높이 9미터의 구조물을 만들어 물을 공급하였으니 당시의 토목공학 기술뿐만 아니라 건축물 자체의 웅장함이 놀랍다.

마드리드에서 1시간 정도 이동하여 세고비아에 도착한 후 전망 포인트에서 잠깐 풍광과 추억을 남기고 알카사르로 이동한다. 세고비아의 알카사르는 규모가 매우 작고 스페인의 다른 알카사르에 비해 화려함이 부족해 보이지만, 갑옷과 투구 등 전쟁과 관련한 장비들이 많이 전시되어 있고 왕의 위엄이 다른 알카사르에 비해 도드라지는 점이 인상적이며 특히 허허 벌판에 성이 하나 큼지막하게 서있어 풍광 또한 뽐낼만해 보인다. 풍부한 역사지식을 기초로 성의있게 설명하는 가이드의 안내에 따라 알카사르를 신속하게 관람하고, 수도교로 이동하여 전망대에서 멋진 풍광과 추억을 담자 점심시간과 자유시간이 주어진다.

우리는 가이드가 추천한 맛 집을 찾아 새끼 돼지고기 구이와 문어 스테이크를 주문한다. 새끼 돼지고기 요리는 생후 3주 미만의 아기 돼지를 원재료로 하여 오븐에 구워 먹는 요리로서 최소 1시간 이상 오븐에서 구워야 하는데, 주문한지 10분도 지나지 않아 나온 것을 보니, 주문을 받아 요리를 한 것이 아니라 이미 해 놓은 고기를 데워서 가지고 나온 것이어서 그런지 껍데기도 엄청 단단하고 잡내가 나서 먹기가 그리 썩 좋은 편이 아니다. 돼지고기의 삼계탕 버전이라고 하면 아주 적합한 표현일 듯싶다. 그래도 문어 스테이크가 그나마 커버를 해주어 그럭저럭 먹을만한 점심을 하자, 자유시간이 끝나고 오후 2시경 여행객들은 다시 버스에 올라 다음 목적지인 2시간 거리의 톨레도로 이동한다.

지금은 스페인의 수도가 마드리드지만 1,000년경부터 1,500년경까지 톨레도는 스페인의 수도였다. 톨레도를 수도로 정한 뒤 스페인은 비약적인 발전을 했으나 스페인반도 안에 있는 모든 유태인들을 추방시키면서 다시 쇠퇴의 길을 걷게 되었다 한다. 당시 톨레도의 경제를 쥐고 있던 유태인의 추방은 경제쇠퇴를 불렀고, 경제적 몰락은 왕권의 정치기반을 약화시켜, 결국 수도를 마드리드로 옮김으로써 톨레도는 사실상 역사의 뒤안길로 사라졌다고 한다. 하지만 톨레도는 어느 성채도시보다 많은 전쟁을 겪었어도 중세도시의 모습을 잘 보존해온 덕분에 오늘날 유럽문명의 가장 값진 유산의 하나로 자리 잡고 있다고 한다. 톨레도에서의 투어도 다른 도시와 마찬가지로 알카사르, 대성당, 유대인지구 등 명소들을 가이드의 설명과 함께 차례대로 관람하며 풍광도 담고 추억도 남기지만, 저녁시간에 진행되는 일정이다 보니 낮에 비해서는 풍광을 담고 추억을 남기는데 다소 아쉬움이 남는다.

　오늘은 성실한 젊은 가이드의 성의있는 투어진행과 역사를 곁들인 전문가다운 설명이 매우 인상 깊었고, 늦은 시간까지 요령 피우지 않고 최선을 다하는 모습에서 장밋빛 장래가 촉망되는 젊은이라는 생각을 하며, 성실과 최선으로 무장된 인생의 중요성을 새삼 깨닫는다.

　투어를 마치고 숙소로 돌아와 시간을 확인해 보니 오후 9시 40분. 밖에서 14시간이나 있었던 셈이다. 그런데도 버스로 편하게 이동하고 이동하면서 중간중간 잠을 잔 덕인지 아내와 둘이서 직접 투어를 한 날에 비해 그렇게 피곤하지는 않은 듯싶다. 이제 이틀 밤을 마드리드에서 자고 비행기 안에서 하룻밤을 더 보내면 집으로 돌아간다고 생각하니, 시원함보다는 벌써부터 아쉬운 마음이 드는 밤이다.

여행정보 Tip

1. 여행일정
   - 09:00~14:00 세고비아 관람
   - 14:00~21:30 톨레도 관람
2. 예약사항
   - 마이리얼트립을 통해 당일치기 코스로 세고비아 톨레도 투어 예약.
3. 여행 참고사항
   - 마이리얼트립에서 운영하는 세고비아와 톨레도 투어 추천.
     - ✓ 하루에 세고비아와 톨레도를 동시에 여행할 수 있는 최선의 선택지라 생각되며 강력 추천.

시행착오 체크리스트 및 대응방안

- [ ] 도로통제로 인한 투어 버스의 도착지연으로 출발시간이 40 분 지연: 여행 시 도로 상황에 따라 일정이 변경될 수 있으므로 시간 여유를 두고 일정을 계획해야 함.
- [ ] 새끼 돼지고기 요리가 기대에 미치지 못했으며, 해 놓은 음식을 데워서 제공하였으므로 음식의 질 저하: 지역음식 선택 시, 리뷰 참고하거나, 직접 요리되는 음식을 주문하는 것이 바람직.
- [ ] 저녁 시간대 투어로 인해 낮보다 제한적인 조명으로 풍경을 충분히 담지 못함: 명소 투어는 가능하면 낮 시간대에 진행하여 충분한 사진 촬영 기회를 갖는 것이 좋음.
- [ ] 14 시간 일정으로 피로가 누적되었으나 중간에 체계적인 휴식시간부족: 장시간 투어 시 중간 휴식과 체력 관리를 고려한 일정을 세워야 함.

사진 Spot Tip

세고비아 알카사르 1

세고비아 알카사르 2

세고비아 알카사르 내부 1

세고비아 알카사르 내부 2

세고비아 알카사르 내부 3

세고비아 대성당 1

세고비아 대성당 2

세고비아 수도교 1

세고비아 수도교 2

톨레도 대성당

톨레도 대성당 내부

톨레도 알칸타라 다리 야경

톨레도 야경 1

톨레도 야경 2

웅장한 마드리드,
건축과 예술의 교향곡
자세히 보아야 진실이 보인다

43 일차
스페인 마드리드 시내

예전에 패키지로 스페인 여행했을 때 마드리드는 프라도 미술관을 제외하고 별로 볼 것이 없는 여행지로 생각하여 이번 자유여행도 마드리드는 사실 별로 기대를 하지 않았는데, 시티투어버스를 타고 시내를 돌아보며 마드리드에 대한 나의 인식이 잘못되었음을 깨닫고, 오늘 도보로 시내투어를 해보니 역시 스페인의 수도답게 그 위용을 갖추고 있다는 생각으로 바뀌게 되어 다행이라는 생각이 든다.

프라도 미술관은 내일로 예약을 해서 우리는 느지막이 숙소에서 나와 프라도 미술관을 지나 레티로 공원을 향한다. 레티로 공원은 마드리드의 중심부에 위치한 넓은 공원으로서, 원래는 왕족의 사유지였으나 지금은 모든 시민과 관광객에게 개방되어 있는 공원이다. 넓은 부지에 조경도 잘 되어있어 조깅을 하는 사람들, 피크닉과 휴식을 즐기는 사람들 그리고 여기저기서 추억의 사진을 찍는 사람들도 눈에 많이 띈다. 또 공원 한 켠에는 버스킹으로 자신의 음악을 선보이는 사람들이 있는가 하면, 공원 한가운데는 커다란 호수도 있어 호수에서 보트를 타는 사람들도 눈에 띈다. 호수 한 켠에는 알폰소 12 세

동상과 옆으로 여러 조형물들도 설치되어 있어, 외관 또한 멋드러져 보여 공원을 걸으며 우리는 멋진 풍광이 펼쳐진 곳에서 추억도 남기고 풍광도 담아본다.

레티로 공원에서 나와 우리는 솔광장을 향한다. 솔광장으로 가는 길 곳곳에 시선을 사로잡는 웅장한 건물들이 얼마나 많은지! 카메라가 가만히 있을 틈이 없다. 여기서도 한 컷 저기서도 한 컷 풍광 담기에 바쁘다. 푸에르타 데 알칼라라 불리우는 개선문, 국립 고고학 박물관, 포세이돈 분수대, 스페인 은행, 고야 작품을 전시하고 있는 미술관 그리고 이름모를 웅장한 건물들이 그 위용을 자랑하고 있다. 바르셀로나가 화려하면서 아기자기한 건물들이 빼곡한데 반해, 마드리드는 웅장하고 무게감있는 건축물들로 가득함을 보며 괜히 수도가 아니구나 하는 생각을 해본다.

솔광장에 이르니 광장 한 켠에서 바이올린과 첼로로 음악을 연주하는 이들이 버스킹으로 오고 가는 여행객들의 눈을 사로잡으니 우리도 한 쪽에 서서 연주를 감상해 본다. 잠시 후 어제 투어를 진행했던 가이드가 추천해 준 빵 집이 생각나 우리는 그 집의 시그니쳐 메뉴 몇 개를 사서 시식해 본다. 처음에는 그다지 맛이 있는 듯 느껴지지 않았지만, 나중에 숙소로 돌아와 편안한 상태에서 빵을 다시 먹어 보니 120년 전통의 명품 빵집임이 분명했고 누구에게 추천해도 전혀 손색이 없음을 알게 된다. 그제서야 왜 그 빵집에 사람들이 엄청 많은지 이해가 된다.

사람들이 가득한 마요르 광장과 산미겔 시장에도 들러 거리 분위기에 취해보기도 하지만, 평상시 일상에서는 겪어 보지 않았던, 사람들이 많이 있는 곳도 다녀보니, 그래서 여행은 새로운 경험이란 생각이 든다. 이렇게 가보고자 했던 주요 명소들까지 다 관람하고 나니 어느덧 오후 2시 30분이다.

마드리드를 관람하며 마드리드는 단순한 도시 그 이상이었다는 생각이 들었다. 웅장함 속에서 느껴지는 도시의 품격과 사람들의 활기찬 모습은 수도로서의 역할을 넘어선 특별함을 보여주었다. 특히, 낯선 곳에서의 새로운 경험을 통해 내가 미처 알지 못했던 세상을 발견하고, 과거의 인식을 변화시키는 계기가 되기도 하였다. 레티로 공원과 솔광장에서의 여유로운 시간은 일상의 소중함과 여행의 의미를 다시금 돌아보게 하였다. 새로운 경험과 발견은 단순히 즐거움에서 그치는 것이 아니라, 삶을 더 풍요롭게 만드는 밑거름이 된다는 사실도 배운 하루였다.

숙소로 돌아와 휴식 겸 씨에스타를 즐기니 40여일이 넘게 누적된 피로가 조금씩 사그라지는 듯하다. 저녁이 되어 어제 사온 고기를 굽고, 겉절이를 하고, 밀키트 음식을 요리하여 마드리드에서의 마지막 저녁을 먹으니 서유럽자유여행의 마지막 도시인 마드리드에서의 마지막 밤이 아쉽게 깊어만 간다.

여행정보 Tip

1. 여행일정
   - 10:00~14:30 마드리드 시내관람
2. 예약사항 없음
3. 여행 참고사항
   - 레티로 공원관람 및 레티로공원에서 솔광장까지 산책 추천.
     - ✓ 잘 알려진 마요르 광장과는 비교도 안될 정도로 웅장하고 장엄한 건물들이 즐비하고 스페인의 수도다운 면모를 볼 수 있어 강력추천.

시행착오 체크리스트 및 대응방안

- [ ] 레티로 공원과 솔광장, 마요르 광장을 포함한 명소들을 둘러보는데 시간과 동선계획이 부족해 일부 체험기회를 놓침: 주요 명소방문 시 예상 체류시간을 고려하여 동선을 최적화하고, 혼잡한 시간대를 피할 수 있도록 일정계획을 세우는 것이 중요.
- [ ] 빵집에서 시식 당시에는 맛을 잘 평가하지 못하고 숙소에서 재시식 후 평가가 달라짐: 여행 중 음식을 평가할 때 환경적 요인(피로, 분위기)이 영향을 미칠 수 있음을 인지하고, 편안한 상태에서 재평가할 기회를 갖는 것이 유익함.
- [ ] 40여일간 여행하며 체력관리 부족으로 피로감 지속: 장기 여행 시 체력을 유지하기 위한 적절한 휴식과 균형 잡힌 식사가 필수적이며, 일정 중 휴식 시간을 반드시 포함해야 함.

사진 Spot Tip

레티로 공원 1

레티로 공원 2

푸에르타 데 알칼라 1

푸에르타 데 알칼라 2

시벨레스 광장 1

시벨레스 광장 2

마드리드 시내 1

마드리드 시내 2

마드리드 시내 3

솔광장 1

솔광장 2

마요르 광장

산미겔 시장 1

산미겔 시장 2

캔버스 위의 역사,
프라도 미술관 산책
과거는 언제나 오늘의 밑거름

44 일차
스페인 마드리드, 프라도 미술관

    44 일간의 서유럽일주 여행을 마치고 오늘 오후 9 시 30 분에 마드리드에서 인천공항으로 가는 비행기를 탈 예정이다. 공항으로 출발하기 전에 프라도 미술관을 관람하기로 하여, 오전 11 시에 3 일간 머물렀던 마드리드 숙소에서 체크아웃 절차를 마치고 미술관을 향한다. 마침 숙소 앞에서 택시를 잡을 수 있어 편하게 미술관에 도착하여, 캐리어를 무료보관하고 미술관에 들어선다. 사실 여행 중 어디를 가든 캐리어가 항상 문제였는데 오늘은 숙소에서 미술관으로 이동할 때도 또 미술관에서 작품을 관람할 때도 캐리어와 관련한 문제(이동 및 보관)가 쉽게 해결되어 마음이 한결 가볍다.

    안내 데스크에서 두 사람용으로 10 유로를 지불하고 한국어 오디오 가이드 수신기와 이어폰을 받는다. 과거 유럽여행을 할 때는 어느 미술관에 가도, 항상 가이드의 안내에 따라 이동하고 작품설명을 들었기 때문에 쉽게 생각이 들어, 이번에 아내와 단 둘이서 미술관 투어를 해보지만, 동선이 복잡해서 쉽지 않았다. 미술관 안내 팜플렛에는 0 층과 1 층 전시관을 주로 보라고 되어 있고 또 작품을 전시하고 있는 방번호를 붙여 놓았지만 일단 찾기가 쉽지 않다. 게다가 오디오 가이드가 방 순서대로 작품을 안내하고 있는 것이 아니라 동쪽에 있는 방에 걸려있는 작품을 소개했다가 그 다음 서쪽에 있는 방에 걸려있는 작품을 소개하는 등 중구난방으로 작품을 소개하고 있어, 어느 방에 어떤 작품이 있는지를 정확하게 모르는 이상, 방 찾는데 소요되는 시간이 미술관에 머물러 있는 시간의 10%내외는 차지하지 않을까 싶다. 예술을 하는 사람들이 만들어서 그런지 일단 최적경로로 작품을 감상할 수 있도록 오디오 가이드가 설계되어 있지 않아 일단 걷는 거리가 길고 피로가 쌓이다 보니 작품관람의 질이 떨어질 수밖에 없음이 아쉽다.

과거 미술관 관람시 수동적으로 관람을 해서 그런지 남는 것이 없었는데, 이번에는 나름 관련 정보도 찾아보고 유튜브도 봐서 그런지 작품들이 눈에 많이 익은 느낌이다. 게다가 한국어로 된 오디오 가이드가 작가, 작품에 대한 배경, 연대기 및 작품 설명까지 곁들이니 나도 모르게 작품의 의미에 새로운 눈이 떠짐을 느낀다.

정오 12시에 미술관에 도착하여 짐 보관 절차를 마치고, 오후 12시 30분 경부터 관람을 시작하여 오후 4시경에 마쳤으니, 중간에 간식 타임을 가진 시간을 제외해도 3시간은 넉넉히 본 셈이다. 작품 하나하나를 세심하게 그리고 가까이서 뜯어보면서 작가의 정성스러운 손길과 노력에서 지식의 심오함과 예술성이 느껴지고, 작품 하나로 많은 내용을 설명하고 있음에 감탄이 절로 나온다. 역시 아무나 할 수 있는 것이 아니구나! 하는 생각이 든다. 예술성이 당연히 필요하지만 작품을 만들어 내기 위해서는 역사적 사실이나 그 정황 가운데 있는 인물들의 심리상태, 인간관계, 권력구도까지 구체적이고 세부적인 사항까지 다 알아야 하므로 하나의 작품에 심혈을 기울일 수밖에 없음이 새삼 깨달아진다.

잠시 후 미술관 관람을 마치고 캐리어를 찾아 거리로 나오자, 바로 그 앞에 또 빈 택시가 서있다. 오늘은 모든 이동시 마다 대기시간도 없고 불편함도 없이 착착 진행이 되는 것을 보니, 그 동안 쌓은 덕(?)이 많아서 인가보다 하고 아내와 농담을 해본다.

공항에 도착하니 오후 5시. 아직 비행기가 이륙하려면 4시간 30분이나 남아 있다. 우선 먹거리를 찾지만, 대부분 느끼한 음식점들 뿐이니 들어가기를 포기하고, 공항에 마련된 의자에 앉아 엊그제 제과점에서 산 맛난 빵을 꺼내 얼음물과 함께 요기를 한다. 지난번 마드리드 근교도시 투어할 때 산 빵인데도 여전히 신선하고 수녀님들이 만들어서 그런지 건강식이면서 맛도 있다.

이어 잠시 졸음시간도 갖고 여행기도 작성해 본다. 60이 지난 나이에 난생 처음으로 자유여행을 해보니, 배운 것도 깨달은 것도 많고 경험한 것도 많다. 체크인을 하고 출국하는 곳으로 가면서, 아내와 나는 우리가 결국 해냈구나! 하며 우리 스스로를 격려하며 칭찬하는 시간을 갖는다. 정말 대단한 생각을 하였고! 대단한 준비를 하였고! 대단한 진행을 하였고! 대단한 마무리를 하였다! 참 잘했다!

이제 또 새로운 여행이 시작된다. 인생이 늘 여행하는 나그네 길이라 생각해 보면, 이번 여행은 다음 여행의 디딤돌이 될 것이다. 44박 45일간의 서유럽 자유여행은 낯선 환경 속에서 도전을 통해 성장하고, 새로운 시각으로 세상을 바라보는 기회를 제공해 주었다. 프라도 미술관에서의 마지막 관람은 단순한 예술 감상을 넘어, 이번 여행을 통해 얻은 감동과 깨달음을 상징적으로 마무리하는 순간이었다.

　이제 여행의 마지막 페이지를 덮고 일상으로 돌아가지만, 그 속에서도 이 여정이 준 교훈과 추억은 나의 삶을 빛내는 길잡이가 될 것이다. 여행은 끝났지만, 나는 여전히 그 여정 속에서 살아갈 것이다. 삶이라는 끝없는 여행 속에서 나는 또 다른 이야기를 써 내려갈 준비를 하며, 발걸음을 다시 내딛는다

여행정보 Tip

1. 여행일정
    - 12:00~16:00 프라도 미술관 관람
    - 21:30~ 　 인천공항으로 출발
2. 예약사항
    - 프라도 미술관은 사전예약 필수.
3. 여행 참고사항
    - 캐리어가 있는 상태에서 프라도 미술관에 입장하는 경우, 미술관에서 무료로 짐 보관(개수 무관)을 해주니 참고.
    - 한국어 오디오 가이드(개당 5유로)가 있으니 참고.

시행착오 체크리스트 및 대응방안

- [ ] 내용: 프라도 미술관 관람 시 오디오 가이드가 비효율적으로 설계되어 동선이 복잡해지고, 방을 찾는 데 시간이 낭비됨: 미술관 방문 전 주요작품의 위치와 관람경로를 미리 숙지하고, 가능하면 가이드북을 활용한 최적경로 설계 필요.
- [ ] 공항에서 느끼한 음식만 있어 미리 준비한 빵으로 대체했으나 다양한 선택지가 부족해 아쉬움: 이동 전 공항에서의 식사 대안을 미리 준비하거나 간단한 간식 휴대 필요.
- [ ] 이전 여행에서는 캐리어 이동 및 보관의 불편함을 겪었으나 이번에는 미술관에서 무료 보관서비스를 잘 활용해 문제를 해결: 여행 전 캐리어 보관 가능장소와 이동경로를 미리 파악해 불필요한 스트레스를 줄이는 것이 중요.

사진 Spot Tip

프라도 미술관 1

프라도 미술관 2